黑格尔
现代性批判思想研究

A Study of Hegel's Criticism of Modernity

陈士聪 ◎ 著

中国社会科学出版社

图书在版编目（CIP）数据

黑格尔现代性批判思想研究 / 陈士聪著 . —北京：中国社会科学出版社，2023.5
ISBN 978 – 7 – 5227 – 1236 – 9

Ⅰ. ①黑⋯　Ⅱ. ①陈⋯　Ⅲ. ①黑格尔（Hegel, Georg Wehelm 1770 – 1831）—哲学思想—研究　Ⅳ. ①B516.35

中国国家版本馆 CIP 数据核字（2023）第 015516 号

出 版 人	赵剑英
责任编辑	杨晓芳
责任校对	郝阳洋
责任印制	王　超

出　　版	中国社会科学出版社
社　　址	北京鼓楼西大街甲 158 号
邮　　编	100720
网　　址	http://www.csspw.cn
发 行 部	010 – 84083685
门 市 部	010 – 84029450
经　　销	新华书店及其他书店
印　　刷	北京明恒达印务有限公司
装　　订	廊坊市广阳区广增装订厂
版　　次	2023 年 5 月第 1 版
印　　次	2023 年 5 月第 1 次印刷
开　　本	710 × 1000　1/16
印　　张	21
插　　页	2
字　　数	272 千字
定　　价	109.00 元

凡购买中国社会科学出版社图书，如有质量问题请与本社营销中心联系调换
电话：010 – 84083683
版权所有　侵权必究

前　　言

自黑格尔（Georg Wilhelm Friedrich Hegel）去世至今，世界的时代精神已经发生了深刻变化。经济的全球化使得资本逻辑的触角遍及世界每一个角落，商品、资本和劳动力在世界范围内流动交换；发达资本主义国家的政治制度、经济秩序和价值信仰正在为世界各民族国家建立现代行政组织和法律体系提供模仿学习的标杆；资本逻辑推动科学技术的不断革新，人工智能重新描绘了人类的生活方式，然而科技革命的背后是工具理性牢牢统治着人类的思维方式和价值观念；以启蒙理性为基础，人们建立起了现代的知识—教育体系、认识—传播体系、道德—伦理体系、审美—创造体系和价值—实践体系等各类现代性体系。同时在 21 世纪 20 年代的今天，全球正在进入高风险时代，经济和金融危机、局地冲突、宗教矛盾、民粹主义、保护主义、单边主义等呈现阶段性上升的态势。

但是时代精神的变化并不意味着我们这个时代不再需要黑格尔。尽管黑格尔的思想艰深晦涩，但他对现代世界的认识和批判产生了无与伦比的影响。马克思（Karl Heinrich Marx）对现代资本主义的分析很大程度上归功于黑格尔的辩证法，克尔凯郭尔（Soren Aabye Kierkegaard）的存在主义是对黑格尔哲学的回应，神学家卡尔·巴特（Karl

Barth）和迪特里希·朋霍费尔（Dietrich Bonhoeffer）的现代神学理论没有黑格尔思想的背景将是站不住脚的。此外，约翰·杜威（John Dewey）的实用主义、伽达默尔（Hans – Görgy Gadamer）的诠释学、哈贝马斯（Jürgen Habermas）的社会理论、德里达（Jacques Derrida）的解构主义都深受黑格尔现代性思想的影响。鉴于黑格尔的现代性批判思想以非凡的方式浸入当代知识分子的生活，今天任何认真寻求理解现代世界形态的人都无法避免地回到黑格尔的思想中去。

一切现代性的因素和逻辑原则的背后都与理性的逻辑密切关联。黑格尔在其青年时期的法兰克福（Frankfurt）时期已经意识到，以理性逻辑作为基础的权本位社会正陷入一种对立和矛盾。现代主义的设计师们并未通过理性建立一种让人满意的政治经济秩序、法律道德伦理秩序、价值信仰秩序。当社会出现问题时，尚可以用思想对出现的现实问题进行批评；但是当作为社会运行原则的逻辑出现了问题时，我们应该如何克服现代性问题？因此，如何克服理性逻辑的缺陷，进而克服现代性的弊病就成为探讨黑格尔现代性批判思想的切入点。

一 黑格尔对现代性的哲学解读

需要指出的是，本书中的现代性是指黑格尔理解的现代性。黑格尔被公认为是从哲学上思考现代性问题的第一人，哈贝马斯指出："黑格尔不是第一位现代性的哲学家，但他是第一位意识到现代性问题的哲学家。"[①] 所以，探讨黑格尔对现代性的哲学解读是我们理解现代性问题、把握时代脉搏的理论前提。黑格尔对现代性中的现代的理解异于传统的理解，"以往在讨论'传统'与'现代'的关系时，人们通

[①] ［德］于尔根·哈贝马斯：《现代性的哲学话语》，曹卫东译，译林出版社 2011 年版，第 51 页。

常是按照线性的思考方式，把'传统'与'现代'在时间的意义上区分开来再加以衔接"①。黑格尔并不是在时间意义上理解现代性，而是在观念变革和时代精神内涵的意义上理解现代性。

在黑格尔看来，现代性是在启蒙运动和资本主义发展进程中酝酿而出的一种精神和制度，意味着现代社会的思想方式和运行制度的法则与传统社会存在根本差异。因此，黑格尔认为现代性相较于传统而言，主要是思想观念和社会逻辑发生了根本变革。黑格尔提出："我们的时代是一个充满创造力的时代，一个向着新时期过渡的时代。精神已经与这个延绵至今的世界决裂，不再坚持它迄今的实存和表象活动，而是打算把这些东西掩埋在过去，并着手进行自我改造。"② 现代性意味着精神观念、价值信仰、思维方式等和传统发生了根本性的决裂；相较于传统时代而言，现代性意味着新的世界观、新的时代精神、新的文明形态。黑格尔把从传统社会向现代社会转变的"伟大的逻辑"归结为从神学逻辑向理性逻辑的转变。

综言之，黑格尔认为，理性的逻辑和主体性的原则是现代社会的根本原则。

一方面，黑格尔提出现代性的逻辑原则即理性逻辑，并且运用理性逻辑来解释现代性。受此影响，不少理性主义者认为，理性在现代性产生与发展的过程中起到核心作用。"这种科学精神（理性）使否定性的宗教精神遭到贬谪，把它从世界统治的宝座上推下来，把它拘禁在处于历史急流彼岸的那个狭窄领域之内，而自己则成为世界的原则和本质，成为新时代的原则。"③ 尽管中世纪信仰高于理性，但伴随着启蒙运动等思潮的兴起，理性重新占据了优势。理性在批判宗教的同

---

① 胡海波：《中国精神的实践本性与文化传统》，《哲学研究》2015 年第 12 期。
② ［德］黑格尔：《精神现象学》，先刚译，人民出版社 2013 年版，第 7 页。
③ ［德］路德维希·费尔巴哈：《费尔巴哈哲学史著作选》，涂纪亮译，商务印书馆 1978 年版，第 15 页。

时，自己成为现代世界的本质和原则。理性之光"'从根本上清除基督教的二元论之超自然形态，力求建立内在的——理性的世界解释，使所有生活领域变成一个自在的有机组织'，而指引着人类摆脱宗教神学与封建社会的双重压迫，建构出一个以人的本质与价值为基础的现代性社会"①。现代性社会是以人的本质和价值为基础的社会，而人的本质和价值奠基于理性的逻辑之上。后现代主义兴起之后，许多学者仍然把现代社会的运行原则理解为"理性"逻辑。例如胡塞尔（Edmund Gustav Albrecht Husserl）的"现象学"、伽达默尔的"解释学"、福柯（Michel Foucault）的"权力论"等，无不把批判"理性"逻辑作为对现代性本身的批判。德国学者维尔默（Albrecht Wellmer）对后现代主义的理性逻辑批判有一句经典概括，"后现代主义的核心思想就是理性已经死亡"②。

另一方面，黑格尔又指出，理性作为现代性的根本原则是现代社会产生弊病的根源。理性逻辑的过度夸大容易导致"人类中心主义""价值虚无主义"等现代性弊病。人类理性的夸大一方面消解了神庙中的"神"，另一方面又导致新的"神"，亦即把主体自身绝对化和神圣化。因此，当人们把"神"请出神庙之后，却发现没有神的世界是可怕的、虚无的世界。"随着资本逻辑的全球化推进，物化与个体化不仅越来越表现为发达资本主义社会的现代性后果，而且也逐渐成为发展中国家所要面对的生活现实。精神生活的物化与个体化，不仅使个人的精神空间日益局促、狭隘与平面化，而且使人们的精神生活失去了应有的从容与和谐，失落了内在超越的精神自由。"③ 现代性的初衷是

---

① 刘同舫：《启蒙理性及现代性：马克思的批判性重构》，《中国社会科学》2015年第2期。

② [德] 阿尔布莱希特·维尔默：《论现代与后现代的辩证法：遵循阿多诺的理性批判》，钦文译，商务印书馆2003年版，第50页。

③ 庞立生：《历史唯物主义与精神生活的现代性处境》，《哲学研究》2012年第2期。

实现个人的精神自由，但是现代性的结果是个人再次失去了精神自由。黑格尔的现代性批判思想试图实现对宗教的理性化解构，以克服片面坚持虔信主义和神秘主义的窘境；同时黑格尔又试图吸收宗教思想中的道德教化和信仰归属功能，以克服现代性导致的理性夸大倾向和信仰虚无危机。

黑格尔基于对现代性的思考，进而反思信仰与理性、思想与时代的关系。可以说，黑格尔的学术理想与抱负同当时的时代问题紧密联系在一起。他深刻地思考思想与时代的关系，并在此基础上创造了一种拯救现代性弊病的哲学。在塑造这一哲学体系的过程中，黑格尔对宗教信仰的态度占据了根本的地位。换言之，黑格尔的整个哲学被他的宗教哲学深深地浸入，并且只有从宗教思想出发，他的现代性批判思想才能真正地被理解。而黑格尔的现代性批判思想又可以视为从宗教动荡的历史阶段到现代性蓬勃发展的历史阶段（18世纪末至19世纪初欧洲的社会历史环境）对时代思想的发展，因此反映了黑格尔对他那个时代最尖锐问题的回答。

二 现代性批判与宗教批判在黑格尔思想中的理论关联

黑格尔对现代性的批判主要集中在理性逻辑导致社会矛盾这一点，并且一直在探索如何克服理性逻辑的弊病进而使得社会有序和谐。所以在黑格尔看来，仅仅依靠现代性理性逻辑下的法律和制度并不足以保证社会与个人的和谐。在此意义上黑格尔强调宗教对家庭、经济秩序和法律制度的补充作用——宗教能够使人认同理性逻辑规定的社会和政治制度。所以，宗教是个人与社会之间的调和剂，如果没有宗教，最好的法律制度也无法和解个人与社会之间的矛盾。

黑格尔对宗教的现代性批判主要是指对未经过宗教改革的基督教以及犹太教的批判。因此黑格尔对宗教的批判绝不意味着对宗教的完全否定。一般而言，"批评对我们来说是吹毛求疵，指出错误，强调不完整性，以及相应的否定和拒绝"[①]。如果从这一意义出发理解黑格尔的宗教批判，那么黑格尔就变成了一名对宗教思想和宗教信仰进行激烈批判的斗士，进而就成了一名无信仰主义者。我们发现确实有些学者从这一角度出发去理解黑格尔的宗教批判思想，进而把黑格尔看作无信仰主义者和无神论者。作为马克思宗教批判思想的重要理论前提，黑格尔并不是在这种意义上进行宗教批判，无论是黑格尔还是马克思都未完全否定人们的信仰，黑格尔强调在批判宗教的同时重新树立一种现代性的理性信仰，马克思则在批判宗教的同时强调树立共产主义信仰。回归黑格尔思想本身，我们发现黑格尔的批判更多的意味着"分析""析取"宗教，亦即分析宗教的特殊性和差异性以发现普遍性的真理。正如卢卡奇（György Lukács）所言，黑格尔对待宗教的态度是复杂的。一方面黑格尔否定宗教中的某些神秘、腐朽的因素，另一方面黑格尔又捍卫维护宗教中的理性、科学的思想。[②] 所以卢卡奇认为，黑格尔一方面批判了传统宗教的"实证性"（Positivität），为回归到"原初状态下的自由宗教"（religion of freedom on the model of antiquity）设定了前提；另一方面又为马克思进行宗教批判提供了理论视角和现实靶向。

从这一意义出发，我们就会发现黑格尔的思想建立在对时代问题进行批判的基础之上，这种批判以批判宗教弘扬现代性为开端，又以批判现代性反思宗教为中场，最后以实现理性与信仰的和解为结局。因此，黑格尔的现代性批判与宗教批判是密不可分的，共同体现出黑格尔对时代问题的追问和批判。

---

① Martin Heidegger, *What is a Thing*, Trans by W. B. Barton & V. Deutsch, Indiana: Gateway Editions Ltd., 1967, p.119.
② György Lukács, *The Young Hegel*, Trans by R. Livingstone, London: Merlin Press, 1975, p.16.

三 探讨黑格尔现代性批判思想的时代意义

在面临现代性冲击的当今时代，信仰与理性的关系仍然是人们需要正面回应的重要问题。所以，我们有必要探讨如何超越理性逻辑的局限，如何重建人类的精神信仰，进而建构一种适应于现代社会发展的人类文明新形态。黑格尔试图克服现代性的理性逻辑与传统宗教信仰的神秘主义的双重缺陷，进而"和解"理性与信仰之间的隔阂，创建一种适应时代发展诉求的社会原则。黑格尔的做法在当今时代无疑仍然具有重要研究价值。

因此，本书探讨黑格尔现代性批判思想的价值和意义主要包括以下几点：

第一，具体地把黑格尔的理论关切与现实关切、思想内容与社会现实结合起来，深入探究了为什么黑格尔在现代性社会还要思考宗教问题，以及黑格尔对宗教的现代化改造对于现代性社会的理论意义和实践指导意义。

第二，在现代性背景的理论关切、历史逻辑的发展脉络、现代性问题的解决路径等方面深入研究了黑格尔现代性批判思想的内在逻辑，以及理论与现实的内在渊源关系；同时厘清黑格尔的宗教批判思想与黑格尔的现代性批判思想之间的内在关联。

第三，黑格尔对宗教的现代化改造，是西方宗教信仰面临现代性问题时所做的一次思想修正，它对于我们探讨宗教信仰从传统的"形式理性信仰"和"虔信主义"向现代多元化宗教信仰的转向具有指导意义，对于塑造当代的理想价值和精神信仰也具有借鉴意义。

第四，现代性批判是黑格尔一生的哲学任务，通过现代性批判，黑格尔把现实社会、世界历史、政治秩序、法律制度、艺术审美、文化修养等统一在一个完整的思想体系中。探讨黑格尔现代性批判有助于理解黑格尔基于思想体系架构与逻辑对现代性批判和拯救的整体性意义。

第五，研究黑格尔的现代性批判思想有利于澄清费尔巴哈、机械唯物主义对黑格尔的误读，发现黑格尔现代性批判思想作为马克思政治经济学批判重要理论来源的原因。

四 本书的主要内容和总体框架

"黑格尔现代性批判思想"涉及现代性问题、哲学思想与宗教思想的关系问题、信仰与理性的关系问题等诸多理论与现实问题。基于这几个问题本书首先坚持历史梳理与文本解读相结合的理论方法，既考察黑格尔思想的历史发展脉络，又探究文本中的思想意蕴；其次坚持思想性、学术性、现实性三个方面相互结合的方法，系统梳理黑格尔现代性批判思想的内容、逻辑和目的。经过深入的思考、钻研、探索，本书形成了如下理论观点与见解：

第一，黑格尔提出现代性批判思想不是基于主观的理论想象和理论体系的需要，而是有着深刻的理论背景和时代背景。本书认为黑格尔现代性批判思想不仅仅是黑格尔思想体系中的一个重要环节，更是对当时的时代问题和社会现实问题的一种回应——宗教的现代化以及现代社会的"祛魅"使得宗教和现代社会都遭遇了危机。为了回应这一危机，一方面需要揭露现代性的本质进而发现现代性危机的根源，另一方面也需要改造宗教进而重塑现代人的精神和信仰。

第二，黑格尔现代性批判思想有着内在的逻辑脉络。基于对现实问题的思考，黑格尔现代性批判思想随着对现实理解的深入也在不断发展变化。本书认为，黑格尔现代性批判思想大概经历了康德主义阶段、基督之爱的阶段、生命体验阶段、直观精神阶段和思辨精神阶段。当黑格尔提出精神的思辨化和概念化之后，意味着绝对精神成为黑格尔思想体系的基本原则，而辩证法成为根本逻辑方法。此时，现代性不仅仅被黑格尔观念化，更需要指出的是，这种观念不仅蕴含着思辨逻辑，而且蕴含着历史的逻辑。

第三，黑格尔现代性批判思想不是要否定现代性而是要改造现代性的精神和逻辑原则；不是要否定宗教，而是要使得宗教现代化。黑格尔的现代性批判思想最终是要使得现代性的原则适应于时代的发展，使得新的宗教适应新时代的要求。这种适应不是使得现代性的主体性原则服从于国家和集体的意志，而是强调个人的主观性与国家的普遍性有机统一；不是使得宗教"世俗化"，而是在保证宗教在道德教化、价值培育等功能的基础上使得宗教"理性化"和"科学化"，进而黑格尔试图实现现代性的理性逻辑与宗教的精神信仰的有机结合。

第四，在现代性批判视域下理解黑格尔宗教批判思想就会发现，黑格尔不是要建立某一种宗教思想。我们不能把黑格尔归结为"一神论""多神论""泛神论"或者"无神论"等宗教思想，因为我们既可以找到证据证明黑格尔是上述任何一种观点，也可以找到证据证明黑格尔不是上述任何一种观点。黑格尔的最终目的是要解决社会现实问题和时代问题，而不是成为一名"神学家"。

第五，黑格尔现代性批判思想，不是要否定宗教或者现代性的成果，不是要构建某种哲学体系或宗教神学体系，而是要提出对社会现实问题的解决方案和路径。具体来说，黑格尔认为现代国家和现代社会仍然需要精神信仰，宗教信仰是现代国家和现代社会的意识形态根基。从这一维度出发，本书探讨了黑格尔宗教批判思想对现代性危机的拯救问题。

从上述理论观点出发，本书的研究对象主要包括以下几个方面：梳理黑格尔现代性批判思想的理论背景和时代背景；探究黑格尔进行现代性批判的研究方法、思想目的和价值导向；发现黑格尔宗教批判与现代性批判之间的内在逻辑关联。针对这些研究对象，本书主要包含以下几个章节：

第一章主要介绍了黑格尔现代性批判思想的时代和理论背景。黑格尔的现代性批判思想与他所处的时代密切相关，即黑格尔在进行现代性批判之时，一方面人们以理性批判信仰的工作取得了很大的成就；另一方面，当时的社会逐渐暴露出理性逻辑至上的危机，这种危机在法国大革命失败之后达到巅峰。宗教批判一方面有着深厚的传统，无论是宗教内部，整个时代，还是哲学理论都展开了对宗教的批判和反思；另一方面整个时代进入现代性之后又暴露了一系列的危机，这些危机的根源可以归结为个人中心主义的传统与主体性原则的狂妄、理性主义的原则与工具理性的统治、价值主体的丧失与虚无主义的弥漫等各个方面。宗教批判的传统与社会问题的暴露使得黑格尔重新反思现代性问题。

第二章主要介绍了黑格尔对现代性原则的审慎接受与运用。在黑格尔看来，宗教思想代表着传统观念和落后思想对时代的桎梏，因此对宗教思想的批判就是对不符合时代潮流的一切落后思想的现代性批判，康德理性思想为黑格尔思考社会现实问题和现代性批判提供了一定的方法论和理论支持。黑格尔现代性批判思想尽管有着多方面的理论来源，但是康德的理性思想无疑对黑格尔影响最大。黑格尔进行现代性批判的价值观念、方法视角和思想立场都受到了康德的影响。然而康德并未意识到时代的"实证性"，实证性导致个人与社会、理性与感性的对立；同时由于知性的界限，康德也没有解决个人作为主体与世界作为客体的对立。因此，黑格尔进行现代性批判的主要动力，就是"和解"前现代思想残余导致的人的对立性以及康德理性思想未解决的主体理性的对立性。康德理性思想无法克服的主体与客体的对立，同时也是现代性导致的理性主体与客体世界的对立，就这一点而言，黑格尔现代性批判同时是对理性逻辑的批判。

第三章主要介绍了黑格尔对现代性之理性逻辑的系统反思。在走出康德主义的影响之后，黑格尔开始探索自己的思想发展之路。他首先找到的第一个重要概念即爱，爱既是基督教的核心原则，又是和解社会的实证性和矛盾的理论武器。爱象征着黑格尔辩证法思想的发端，但是"爱"仍然只是主观的情感，需要客观化和现实化。由此，黑格尔从爱的概念过渡到了生命概念。生命是爱的载体，同时生命又直接面对社会现实生活，因此生命实现了主观意志与客观现实的统一。黑格尔进一步思考得出，生命需要用精神进行把握，真正的生命就是精神。通过对精神的不断思辨化理解，黑格尔的核心原则得以奠定，并预示着黑格尔辩证法思想走向成熟。在这个过程中，黑格尔系统反思了现代性的理性逻辑所蕴含的局限性。

第四章主要介绍了耶拿（Jena）时期及之后黑格尔对现代性逻辑的改造。当其思想在耶拿时期走向成熟之后，黑格尔再一次认为哲学高于宗教，而不是宗教高于哲学。这一转向意味着黑格尔终于找到了以思辨理性和解主体与客体之间矛盾的理论道路，从而也把个人与社会完美地融为一体。二者之所以能够融为一体，是因为黑格尔以精神作为哲学体系的基本原则，并以辩证逻辑把个人的自由与集体的意志紧密联系起来。因此个人与集体的关系问题不是谁否定谁、谁扬弃谁的问题，而是在精神原则统摄下的一体之两面。精神既是个人的信仰对象，也是人们认知思考的真理。

第五章主要介绍了黑格尔思想成熟后对宗教进行现代化改造以和解日常生活中的价值信仰危机。在1827年《宗教哲学讲演录》中，黑格尔再次探讨宗教对现代社会的意义，并且通过思辨体系和辩证法实现了对宗教的现代化改造。在《宗教哲学讲演录》中，黑格尔强调现代宗教精神能够为社会和谐发展提供凝聚力，因此不能仅仅把宗教当作统治工具或意识形态工具。黑格尔试图把宗教信仰理性化，以解决社会中的现代性问题。黑格尔的哲学证明了宗教信仰在当代社会中的重要意义，并在现代世界中对宗教进行哲学上的辩护。黑格尔在对宗教进行现代性改造的过程中，试图实现宗教的理性化、概念化、体系化和去神秘化改造。基于现代性改造之后的宗教便是一种适应了现代社会的现代性宗教，这种宗教中理性与信仰是统一的，哲学与宗教的对象都是真理。

  第六章主要介绍了黑格尔对现代性逻辑的救赎。思想成熟之后的黑格尔再一次对宗教思想进行了清理和批判，这种批判基于他思辨哲学体系的逻辑推演。黑格尔在构建哲学体系的同时，把宗教看作其体系中的一个环节。基于此，宗教在被体系化的过程中也被理性化。这种思辨的哲学体系是以辩证法为思维方法进行建构的，因此宗教在这个过程中也被思辨化和体系化了。同时，黑格尔认为，人们之所以由理性至上陷入虚无主义、信仰丧失等困境，是因为理性主体成为现代性的唯一主体，而价值主体被理性主体所遮蔽和取代。因此，人们需要基于宗教信仰的普遍性和神圣性等特质批判理性逻辑至上的思维，以价值主体取代理性主体。而要做到这一点，需要把上帝和绝对精神看作统一的，亦即把绝对精神神圣化，并作为人们新的信仰。这种绝对精神实现了个人的理性与绝对法则的统一。

  第七章总结了黑格尔现代性批判思想的意义和不足。黑格尔现代性批判思想因为内容和阐释方式等各种原因，导致后人对他的评价始终无法达成统一。但是人们普遍承认，黑格尔现代性批判思想在今天仍旧具有重要的意义和价值。黑格尔对理性神圣化和信仰理性化的探索，对于人们今天思考理性与信仰、哲学与宗教的关系提供了一个很好的切入点。同时，黑格尔基于现代性批判思想提出的实现人类自由的探索，对人们思考自由问题也具有很好的理论借鉴意义。当然，黑格尔的现代性批判事业并未完成，今天人们仍然需要进一步思考现代性的批判与拯救问题。另外，黑格尔现代性批判思想的形而上学特质使得他在处理社会现实问题时对偶然性和特殊性现象有所忽略。因此，我们有必要站在社会现实实践的基础上反思和批判黑格尔现代性批判思想的不足之处，以便为当今时代处理理性与信仰的关系提供理论借鉴。总体而言，黑格尔现代性批判思想的意义和价值值得今人进一步探索。

目　录

第一章　现代性的兴起与宗教批判的传统 …………………（1）

　第一节　现代性的表象与逻辑 ……………………………（2）
　　一　启蒙运动与浪漫主义 ………………………………（3）
　　二　理性的逻辑与工具主义 ……………………………（9）
　　三　主体性原则与个人中心主义 ………………………（15）
　　四　价值主体与价值危机 ………………………………（19）

　第二节　宗教批判的传统及其现代性转向 ………………（30）
　　一　宗教批判的宗教传统 ………………………………（31）
　　二　宗教批判的哲学传统 ………………………………（37）

第二章　黑格尔对现代性的接受：理性逻辑的高扬 ………（43）

　第一节　康德理性思想及其对黑格尔的影响 ……………（44）
　　一　康德的理性思想与道德宗教 ………………………（44）
　　二　康德对宗教的现代性批判 …………………………（48）
　　三　康德对黑格尔的影响 ………………………………（53）

　第二节　图宾根时期：初步接受现代性的理性逻辑 ……（57）
　　一　主观宗教与客观宗教：基于康德理性思想的分析 …（59）

二　民众宗教：个人理性的现实化 …………………… (67)
　第三节　伯尔尼时期：高扬理性逻辑 ………………………… (76)
　　一　理性逻辑对宗教思想的批判 ……………………… (77)
　　二　对理性逻辑的反思 ………………………………… (92)

第三章　黑格尔对现代性的宗教反思：理性逻辑的局限 ……… (102)
　第一节　"爱"：和解宗教思想与理性逻辑 ………………… (103)
　　一　从亲"现代性"到反"现代性"的转向 ……………… (104)
　　二　从拒斥宗教思想到接受宗教精神的转向 ………… (108)
　　三　"爱"的辩证法 …………………………………… (113)
　　四　爱的现代性意义 …………………………………… (119)
　第二节　"生命"：主观情感与客观生活的统一 …………… (121)
　　一　从"爱"到"生命"的转向 ……………………… (123)
　　二　"生命"的哲学意义 ……………………………… (127)
　第三节　"精神"：生命体验与客观精神的统一 …………… (133)
　　一　从犹太人的精神到耶稣的精神 …………………… (133)
　　二　从生命到精神的转向 ……………………………… (140)
　　三　谢林与黑格尔哲学思想的"日出" ……………… (147)

**第四章　黑格尔对现代性的改造：个体理性与集体
　　　　　意志的结合** ………………………………………… (158)
　第一节　现代性的逻辑改造：从形式理性到思辨理性 ……… (158)
　　一　康德理性思想中的"个人"与"集体" ………… (159)
　　二　形式理性与思辨理性 ……………………………… (164)
　第二节　改造现代性的方法：辩证法 ………………………… (170)
　　一　辩证法的正式提出 ………………………………… (170)

二　辩证法与精神 …………………………………… (184)
　　三　辩证法的批判性与建构性 ……………………… (189)
　第三节　黑格尔对"主体性"的现代性批判 ……………… (193)
　　一　抽象的形式主体与具体的主体 ………………… (194)
　　二　个体自我的实践与自由 ………………………… (199)
　　三　个人幸福与集体利益 …………………………… (205)

第五章　黑格尔对宗教的现代性改造：宗教的理性化 ……… (213)
　第一节　黑格尔对宗教信仰的"理性化" ………………… (214)
　　一　宗教的"理性化"改造 ………………………… (215)
　　二　宗教的"概念化"改造 ………………………… (221)
　　三　宗教的"体系化"改造 ………………………… (226)
　第二节　宗教在黑格尔思想体系中的地位 ……………… (233)
　　一　理性与信仰的关系 ……………………………… (234)
　　二　哲学与宗教的关系 ……………………………… (240)

第六章　黑格尔对现代性的救赎：理性与信仰的联姻 ……… (251)
　第一节　对现代性"理性危机"的宗教救赎 …………… (252)
　　一　现代性危机的理性根源 ………………………… (252)
　　二　对理性逻辑的宗教救赎 ………………………… (255)
　第二节　绝对精神：理性与信仰的统一体 ……………… (265)
　　一　绝对精神的理性内涵 …………………………… (265)
　　二　绝对精神的神学内涵 …………………………… (271)

第七章　黑格尔现代性批判思想的意义与反思 ……………… (280)
　第一节　黑格尔现代性批判思想的当代价值 …………… (281)

一　黑格尔现代性批判思想的理论评价 …………………（281）
　　二　黑格尔现代性批判对马克思的影响 …………………（289）
　第二节　黑格尔现代性批判思想的当代反思 ………………（291）
　　一　现代性批判思想的形而上学性 ………………………（291）
　　二　现代性批判之未竟事业 ………………………………（294）

参考文献 ……………………………………………………（301）

后　记 ………………………………………………………（313）

第一章　现代性的兴起与宗教批判的传统

　　黑格尔的学术理想与他对时代问题的反思和批判密不可分。他意图实现人类自由和解放的学术理想以及对社会现实问题的反思和批判，这使得他的思想产生深远影响。要理解整个黑格尔思想，只有从他对时代精神的反思出发才有可能；而黑格尔对时代问题的把握，又是在18世纪末至19世纪初欧洲社会和文化动荡的大背景下发展起来的。因此，黑格尔的思想反映了他对自己所处时代的思考和批判，时代问题反过来又影响了黑格尔的学术研究方向。

　　基于此，我们需要回到黑格尔所处的时代，以期探讨黑格尔现代性批判思想的时代背景。黑格尔所处的18世纪，英国工业革命已经完成，确立了现代资本主义的生产方式。资本主义生产方式成为当时世界上最具有生产力的生产方式，同时资本主义生产方式和理性形而上学的双重力量预示着整个世界具有了新的时代特征。正如恩格斯所言："18世纪是人类从基督教造成的那种分裂涣散的状态中联合起来、聚集起来的世纪，这是人类在走上自我认识和自我解放道路之前所走的一步……知识变成科学，各门科学都接近于完成，即一方面和哲学，另一方面和实践结合了起来。"[①] 随着知识变成了科学，理性成为改变社

[①] 《马克思恩格斯文集》第1卷，人民出版社2009年版，第87—88页。

会的力量，人们在经济、思想、政治、习俗、观念等各个方面开始了批判传统观念、开启现代性的运动。经济上，资本主义的工业革命解放了生产力，进而确定了资本主义生产方式；思想上，文艺复兴、启蒙运动、浪漫主义等思潮进一步觉醒了人们的理性能力；政治上，资产阶级通过民主革命，确立了资本主义政治和法律制度；科技上，思想的解放与生产的发展推动了科技革命——这一切都表明"现代性"的到来。马克思在《1857—1858年经济学手稿》中指出，资本的文明面同以前的奴隶制、农奴制等形式相比，更有利于生产力的发展，有利于社会关系的发展，有利于更高级的新形态的各种要素的创造。① 资本主义社会的诞生推动了生产力的发展，生产力的发展进一步推动了新人类文明形态的产生，人的"主体性"被唤醒并开始关注理性和自我意识的力量。

第一节 现代性的表象与逻辑

现代性意味着，就个人而言，觉醒了自己的理性能力；就政治而言，确立了每个人追求民主自由的权利；就经济而言，确立了私有财产神圣不可侵犯的意识和资本逻辑的统治地位；就社会而言，确立了每一个人的个体性和主体性地位。因此，现代性使得人们开始反思和批判一切违背主体性原则的传统观念，肯定和捍卫理性、民主、自由的现代观念。

启蒙运动和浪漫主义代表着现代性思潮对传统观念的批判。18世纪启蒙运动的蓬勃发展使得每一个人都意识到自己的理性可以认识和改变世界，随之而来的是人们开始崇尚理性和科学技术的力量。浪漫

---

① 参见《马克思恩格斯全集》第30卷，人民出版社1995年版，第390页。

主义则是肯定了人们的情感认同和审美价值，人们开始注重自己的情感、价值、灵感等各种主观性因素的意义。

黑格尔所处的那个时代启蒙运动的余韵仍在，但是人们开始从这种思潮的狂热中逐渐清醒；宗教改革的运动在某些国家已经渐渐告一段落，但是在部分国家才刚刚开始。人们逐渐意识到整个时代正在步入现代性，但是传统的价值观念和封建糟粕（传统宗教的影响）仍在；资本主义工业革命在某些国家已经兴起并取得显著成就，但是封建顽固势力和传统教会势力仍在做最后的挣扎。因此，现代性的确立过程是对落后糟粕的批判过程，宗教被看作落后糟粕的代表。人们要求从宗教统治的牢笼中解放自己的思想，进而确立理性、科学和民主的精神。

一 启蒙运动与浪漫主义

随着资本主义工业革命，18世纪的欧洲处于启蒙（Aufklärung）的时代。启蒙运动对于整个西方社会产生了巨大的冲击，即封建势力和宗教残余不断受到启蒙理性思想和自由主义精神的批判，即使是普通大众也开始尊重理性、向往自由，旧时代的观念逐渐被全新的自由和理性思潮所取代。在启蒙运动刚刚兴起的几十年内，人们对启蒙持一种非常乐观的态度，因为人们认为启蒙所倡导的理性可以把人们从各种蒙昧中解放出来。在这一时期，启蒙理性成为指导人们的思想、文化、社会乃至各个方面的最高原则。施莱格尔（A. Schlegell）认为："启蒙运动具有自己的原则，它提出了种种无所不及的观点，要它们在自身中解决生活的全部事务。如人类自然的关系等等。此外，它力求消除偏见、狂妄和谬误，传播正确的理解。"[①] 启蒙运动要消除人们长

---

① ［德］A. 施莱格尔：《启蒙运动批判》，载孙凤城编选《德国浪漫主义作品选》，人民文学出版社1997年版，第374页。

期以来的偏见、谬误和蒙昧，要通过理性来确立生活中的一切原则。在理性原则高扬的背景下，伊萨克·牛顿（Isaac Newton）从自然科学领域，约翰·洛克（John Locke）从哲学和政治领域，伏尔泰（François-Marie Arouet）从宗教神学领域，伦勃朗·范·瑞恩（Rembrandt van Rijn）从绘画美术领域，拉辛（Racine）和莫里哀（Molière）从文学领域等分别确立了理性的至高无上地位。

在德国，康德（Immanuel Kant）把理性的原则从哲学思辨的角度推上了巅峰，康德的《回答这个问题：什么是启蒙运动》从概念领域概括了理性的精神。康德开篇就指出："启蒙运动就是人类脱离自己所加之于自己的不成熟状态。不成熟状态就是不经别人指导，就对运用自己的理智无能为力。"[①] 不成熟的状态就是不能够自由地运用自己的理性能力的状态，这种状态是一种蒙昧的状态。而宗教被公认为是导致蒙昧的原因，宗教使得人们丧失了理性的能力，而只是一味地服从。启蒙理性则使得人们摆脱了这种束缚，因此康德指出：

> 必须永远有公开运用自己理性的自由，并且唯有它才能带来人类的启蒙。私下运用自己的理性往往会被限制得很狭隘，虽则不致因此而特别妨碍启蒙的进步。而我所理解的对自己理性（Vernunft）的公开运用，则是指任何人作为学者在全体听众面前所做的那种的运用。一个人在其所受任的一定公职岗位或者职务上所能运用的自己的理性，我就称之为私下的运用。[②]

面对一切事情都有公开运用自己理性的自由，否则就是对理性和自由的限制。启蒙运动之前上帝是整个世界的"主人"，整个世界都是上帝的"造物"，人类很自然的就是上帝的"子民"。因此，上帝是整

---

① [德]康德：《历史理性批判文集》，何兆武译，商务印书馆1990年版，第22页。
② [德]康德：《历史理性批判文集》，何兆武译，商务印书馆1990年版，第24—25页。

个世界秩序的创造者，人类所遵循的秩序和法则当然也是以上帝为绝对原则。人们认识到的关于整个世界的规律和知识是上帝创造的，人们进行实践的过程中所遵循的道德法则和伦理秩序也是上帝规定的。

启蒙运动以后，伴随人的自我意识和理性的觉醒，人们逐渐开始意识到自己才是整个世界中的"主体"。人类不再是上帝的"造物"，而是自我决定自我的原子式的理性存在者。黑格尔因此把启蒙运动看作世界历史发展过程中的一个重要环节，因为启蒙运动把理性的精神带给了现代。"一切把精神设想为自我意识的彼岸的规定都消失了，尤其是各种对精神的规定，以及那些把精神陈述为精神的规定，主要是信仰精神、认为精神存在于自我意识本身之外的各种相反，以及一切传统的东西、由权威强加于人的东西，全都消失了。"① 人类开始对自己、对自己的理性有了信心，他认为自己能够认识外部的事物和自己。在认识自然、艺术创作和实践劳动的过程中人类发现了自己的理性具有认识能力、创造能力和改造世界的能力。人类开始喜欢大地和土壤，也开始喜欢自己的职业，因为那里存在着对真理的探索和实践。物质世界再次呈现在人类面前并引起人类的兴趣，新的科学方法为人类认识和改造世界铺平了道路。人类越来越意识到自己与宇宙之间的密切关联，因此开始认识到他们的内心是自由的。

启蒙运动之前，人们一般认为人是上帝创造的，现在上帝成为人类的创造对象——人类为了信仰的需要自己创造了一个抽象的对象。贺来教授这样评价这种颠倒：

> 主体性的获得不仅是知识与存在的哲学基础，而且它还是近代以来人们确立人与社会生活价值的规范性源泉，它要代替中世

---

① ［德］黑格尔：《哲学史讲演录》第4卷，贺麟、王太庆译，商务印书馆1978年版，第216页。

纪上帝的神圣权威，为人生意义、社会理想、道德价值等确立一劳永逸的基础。在中世纪，上帝是社会和人们生活的意义根据和价值源泉，但近代以来，人们要求从神意的统治下摆脱解放出来，寻求新的基础，来取代以往宗教所发挥的绝对的一体化力量，这一新的基础就是人的主体性。①

上帝与人类在主体地位上的变化意味着整个时代精神发生了变化。现代性的根本原则也随之发生了变化，理性逻辑和主体性原则成为现代性的根本逻辑和原则。然而，启蒙运动以来所强调的理性逻辑在现实实践过程中却遭遇了巨大的危机。人在知识领域发现了理性并非万能，很多对象无法运用理性进行科学解释；人在道德领域发现理性至上导致的恶果是没有了统一的价值标准和普遍的伦理法则，理性的计算凌驾于普遍的道德之上；人在精神领域发现信仰的缺失和虚无，心灵丧失了赖以慰藉的精神家园……这一切都表明，启蒙运动所宣扬的理性至上主义存在巨大缺陷。

因此，有学者认为："启蒙过程本身就是矛盾的，它的起始点中就蕴含着矛盾，它的目标追求与手段之间更是如此。《启蒙辩证法》的核心之一就是要告知人们，启蒙过程就是一个矛盾的过程，没有矛盾就没有启蒙。"②启蒙诞生的起点就孕育在矛盾之中，因为启蒙理性想要解决上帝与人、理性与现实、信仰与政治等各个方面的矛盾。而启蒙运动所确立的理性原则一直与非理性、与社会现实处于矛盾纠缠之中。

浪漫主义（Romanticism）是对启蒙运动所宣扬的理性主义遭遇危机后的一种拯救。"启蒙失败之后，反革命的保守派作家试图借助源于某种一神论神学的类比（Analogie），从意识形态上奠定人身性的君主

---

① 贺来：《"主体性"的当代哲学视域》，北京师范大学出版社2013年版，第8页。
② 刘森林：《启蒙主义、浪漫主义与唯物史观》，《南京大学学报》2010年第3期。

主权。"① 这就是浪漫主义对启蒙运动的批判和发展。

然而在很长一段时间内，浪漫主义都被看作非理性主义、情感主义、主观主义的近义词，因而被看作反动和复古的思想运动。海涅（Heinrich Heine）的《论浪漫派》、卢卡奇的《理性的毁灭》与《德国文学中的进步与反动》等都从这一维度批判了浪漫主义。在启蒙理性占据主流地位的现代意识背景下，人们习惯于谴责而不是接受浪漫主义。例如，卡尔·施密特（Carl Schmitt）把浪漫主义看作实践过程中的伴生情绪反应，浪漫主义"作为一种主观的机缘论，它没有能力……在理论的、实践的和实质性的思考中，使自己的精神实质客观化"。因而也就"常常表现得十分激动和兴奋，却从来没有自己的决断，从来不承担自己的责任和风险"②。施密特认为，社会现实中的客观运行秩序并不以浪漫主义的幻想和主观意志为转移，因此浪漫主义并不能够改变社会现实，也不希求改变社会现实。因为浪漫主义的实践行为往往导致灾难性的后果。夏尔·莫拉斯（Charles Moraes）在《智慧的未来》中也指出："浪漫派的文学攻击法律或国家、公共的和私人的纪律、祖国、家庭和财产；他们的成功的一个几乎是唯一的条件好像是取悦反对派，为无政府状态工作。"③ 这种把浪漫主义看作无政府主义的极端做法在理性主义占主流的那个时代并不鲜见，对浪漫主义的一味贬低实质上是拒绝承认浪漫主义即现代性的一维。

与之相对，有些学者则认为浪漫主义是现代性不可或缺的一部分。德国浪漫主义者博雷尔（Karl Heinz Bohrer）在《浪漫主义批评》一书中指出："浪漫主义批评的澄清有助于解释对现代性的一些仍在持续的

---

① 刘小枫选编：《施米特与政治法学》，上海三联书店2002年版，第132页。
② ［德］卡尔·施密特：《政治的浪漫派》，冯克利、刘锋译，上海人民出版社2004年版，第153页。
③ ［法］安托瓦纳·贡巴尼翁：《反现代派：从约瑟夫·德·迈斯特到罗兰·巴特》，郭宏安译，上海三联书店2009年版，第144页。

误解。"① 浪漫主义对现代社会的理性原则进行了反思和批判，它为现代社会的反思提供了有益的思路。因此，浪漫主义是矫正理性主义的有益力量，其本身就代表了现代性的一个发展维度。米勒（Jane-Werner Müller）在阐释现代性与浪漫主义的关系时提出：

> 现代意识一直是完全由浪漫主义、幻想和反讽的伟大创新而形成的。但正是这个意识，越来越与现代性的技术——理性化相抵触，并由此形成了一个反科学理性的诗意的现代性。……博雷尔把德国浪漫主义"独特道路"的传统理论放在首位：现在，浪漫主义被解读为现代性的精髓，而不是像19世纪以降所形成的观点那样，把浪漫主义看成德国意识中无理性的部分，或者甚至像卢卡奇曾说的那样，是法西斯主义的前提条件。②

如果我们承认无论是理性主义还是浪漫主义都是现代性的一个维度，那么浪漫主义的有些本质特征才能真正被理解。按照黑格尔的说法，现代性的原则是主体性。这一点比较容易理解，因为如果我们承认理性是现代性的逻辑，而理性的载体和目的是主体，因此主体性就是现代性的根本原则。但是同时我们发现浪漫主义本质上也推崇主体自我，认为主体自我是一种自我决定自我的、原初的力，它决定了我们的世界以及一切。刘森林教授对此指出：

> 从某种意义上说，浪漫派的自我相比于启蒙运动的主体更加具有不依赖于外部存在的特质。启蒙式的主体更加依赖于对外部客体的统治与占有，外部客体对于启蒙主体来说是唯一展现、检

---

① Karl Heinz Bohrer, *Die Kritik der Romantik*, Frankfurt am Main：Suhrkamp Verlag, 1989, s. 8.
② ［德］米勒：《另一个国度》，马俊、谢青译，新星出版社2008年版，第235页。

验、证明主体的疆域，被占领的这个疆域越大，启蒙主体的威力和尊严就越大。而浪漫派的主体却不是这样，他依靠的只是那天才般的反讽既定现实的能力，也就是即刻间不为物化现实所累、超越物化现实的能力，这种能力更加不依赖于外部物性存在，却更加注重自我之个性，也就是那种不但异于外部客体而且也异于其他主体自我的特性。①

在浪漫主义看来，世界不是别的，只是主体的自我显现，或者说世界就是为我的存在。就此意义而言，浪漫主义比理性主义更加强调主体性，浪漫主义的主体更加独立。

理性主义和浪漫主义都对传统观念提出了批判，或者说现代性的生成本身就意味着对传统观念的批判和反思。现代性强调的"主体性"原则与传统观念所强调的精神存在着天然的对立。传统的精神中只有一个绝对的主体，即上帝；其他所有人和事物都是上帝的"造物"，都只是客体。这种主客对立的传统观念在向现代社会转变的过程中，首先遭到批判。

启蒙运动和浪漫主义等思潮促使人们在观念上发生重大变革，对传统思想观念尤其是宗教神学的批判促使人们开始重视理性的能力，进而唤醒人类自身的"主体性"。可以说，这一切都表明现代性的到来更多的是指一种观念变革而不是一种时间的断定。同时，启蒙运动和浪漫主义等思潮对当时的社会产生重大冲击。社会的运行逻辑不再是以上帝为基础的逻辑，而是以理性为基础的逻辑。

二 理性的逻辑与工具主义

哲学是时代精神的精华，而现代性则是对现代社会的"本质""特

---

① 刘森林：《启蒙主义、浪漫主义与唯物史观》，《南京大学学报》2010年第3期。

性"的概括和表征。因此如何精确把握现代性的"本质"成为现代哲学关注的一个核心问题。有学者指出，我们要想把握现代性的本质，必须首先探讨现代性的逻辑内涵，本质是一个事物之所以成其为这一事物的根据，因此必须从逻辑上给出现代性本质的清晰界定。①

自从柏拉图（Plato，Πλατών）和亚里士多德（Aristotle，Αριστοτέλης）开始，西方人的心中逐渐树立起理性至上的思想传统，这种理性的传统逐渐成为西方人认识实践的价值评判标准和知识根基，甚至影响了现代国家经济、法律、政治和社会关系的发展与延伸。尽管中世纪由于宗教的原因使得"信仰"高于理性，但是伴随着启蒙运动等思潮，理性重新占据了优势。相较于传统社会而言，以个体理性至上的思维方式为基础，整个时代在生产方式、交往方式、生存方式和思维方式（包括意识形态和观念）等方面都发生了重大变革。西方学者们总结这种时代的变革认为我们这个社会是与传统社会不同的"现代性"社会。直至今天为止，理性的逻辑原则仍然是主导整个世界的"看不见的手"。或言之，当今时代人类文明仍处于"现代性"的理性逻辑之中。

理性使得"否定性的宗教精神遭到贬谪，把它从世界统治的宝座上推下来，把它拘禁在处于历史急流彼岸的那个狭窄领域之内，而自己则成为世界的原则和本质，成为新时代的原则"②。理性在批判宗教的同时使得自己成为现代世界的本质和原则。正是由于理性之光"从根本上清除基督教的二元论之超自然形态，力求建立内在的理性的世界解释，使所有生活领域变成一个自在的有机组织，从而指引着人类摆脱宗教神学与封建社会的双重压迫，建构出一个以人的本质与价值

---

① 参见韩庆祥《现代性的本质、矛盾及其时空分析》，《中国社会科学》2016年第2期。韩庆祥教授指出精确界定现代性的逻辑对于我们界定现代性本质有着关键意义。

② ［德］路德维希·费尔巴哈：《费尔巴哈哲学史著作选》，涂纪亮译，商务印书馆1978年版，第15页。

为基础的现代性社会"①。理性逻辑一方面批判了以宗教原则为核心的传统思想，另一方面建立了一个尊重人的本质与价值的现代社会，这个现代社会的一切运行逻辑都受到"理性"的规约。当时的西方社会强调理性至上，政治权力、技术力量、启蒙理性、价值伦理等各个方面的现代性反思的背后都是受到了"理性"形而上学力量的影响。理性主义者和现代主义哲学家们认为，现代性逻辑是现代国家经济、法律、政治和社会关系的发展与延伸，是现代人认识实践的基础。

随着人们对"理性"的认识和研究不断深入，"理性"有了不同的命名，如"技术理性""工具理性""交往理性"等。但是所有这些不同的命名实质上只是"理性"逻辑的"变种"。直到后现代主义兴起之后，许多学者仍然把现代社会的运行原则理解为"理性"逻辑，并认为理性已经死亡。正是由于现代性的原则被解读为"理性"，因此后现代主义思想者认为现代社会产生弊病的根源是"理性死了"，理性死了的背后是人的生命意义和价值的死亡。因此，人们把批判现代性弊病的矛头指向理性。理性已经灭亡的深层含义是现代主义已经灭亡，我们已经进入了后现代主义。后现代主义的反理性主义倾向确实有助于揭示启蒙运动后西方社会运行逻辑的形而上学本质，并且有助于批判在现代社会中这种形而上学本质的理性原则。不过需要指出的是，后现代主义并没有超越"理性"本身去批判理性逻辑，即后现代主义者对现代社会形上本质的批判仅仅是运用"理性"的话语框架去批判"理性"本身。或言之，后现代主义是现代性的进一步发展，因此对现代性的批判并没有结束。

施莱格尔认为把理性看作现代性的最高原则，亦即把一切都理性化之后，容易导致的结果是理性的工具化。在施莱格尔看来，如果真

---

① 刘同舫：《启蒙理性及现代性：马克思的批判性重构》，《中国社会科学》2015年第2期。

的彻底遵循理性至上的原则，那么"人类的存在和世界也应单纯得像算术例题一样明白畅晓"①，其结果便是一切不合理性法则的东西都会被当作非理性之物而被否定和批判。一切理想信念之类的东西都会被看作荒谬的空想，实践中的价值性追求都会被当作别有用心的谎言，实践和劳动便没有了理想和阳光。"阳光，就是作为伦理运用于实践生活的理性，而我们在实践生活中正是被束缚在现实的条件上。"② 基于理性的法则，一切东西都会被束缚在理性的计算之下，而理性的计算又是以客观事实的规律为依据。其结果便是一切实践和认识都被束缚于现实的客观性之中，理想和信念、诗和远方被排除在理性主义者的视野之外。"生活的魔力赖以存在的基础，正是一片黑暗，我们存在的根正是消失于其中以及无法解答的奥秘之中。这就是一切诗的魂。而启蒙运动则缺乏对于黑暗的最起码的尊敬，于是也就成了诗最坚决的敌人，对诗造成了一切可能的伤害。"③ 诗代表的是浪漫、情怀、理想等非理性的寄托，但是这些对象在理性看来是不可计入理性统摄的黑暗领域，需要被否定和忽视。因此，主体高于一切便会导致主体没有了一个可以慰藉自身、安定自身的根基和"家园"。

一切都必须纳入理性法则的统摄之中，成为理性的对象，这实质上是一种"同一性"的逻辑，即把一切都同一化为理性的逻辑。以理性来衡量和规定一切东西，这在表面看来是把多元的、复杂的、矛盾的对象全都"同一化"为清楚明白的理性逻辑，亦即把矛盾化解为同一的逻辑。但是世界万物并不都能进行理性的同一化界定，有些事物

---

① ［德］A. 施莱格尔：《启蒙运动批判》，载孙凤城编选《德国浪漫主义作品选》，人民文学出版社1997年版，第376页。

② ［德］A. 施莱格尔：《启蒙运动批判》，载孙凤城编选《德国浪漫主义作品选》，人民文学出版社1997年版，第377页。

③ ［德］A. 施莱格尔：《启蒙运动批判》，载孙凤城编选《德国浪漫主义作品选》，人民文学出版社1997年版，第378页。

必然是非理性的、神秘的。当我们过于强调理性的逻辑时，非理性的东西反而更加显白地表现出来。弗兰克（Philipp Frank）曾指出："用可理解性来解释一切事物，这些做法的不合理性在这里达到登峰造极的地步，因为完全由矛盾织成的人，不跌进不解之谜的深渊，是不可能洞察无形和永恒事物的。"① 在弗兰克看来，人的本质就是矛盾，人既是理性的，又是非理性的。因此，当我们过于强调理性的一面，反而使得非理性的一面暴露得更加彻底，我们过于强调理性的同一性，反而使得事物的矛盾本质更加明显。

在霍克海默（Max Horkheimer）和阿多诺看来，理性的同一性逻辑一方面为人类奴役自然提供了可能性，另一方面又为人类被奴役提供了可能性。因为理性同一性逻辑的本质是把一切都进行量化和工具化。有学者对此认为："一旦思想变成工具性量化知识，一旦世界成为抽象的公式，理性就必然成为顺从直接性现存的简单机器。这种思想机器唯一能做的事情就是以抽象的概念关照无质性的量化对象的同义反复……正是在这种工具理性和资本主义市场抽象量化统一性进程中，就必然出现了一个从对自然到对人的新型统治和奴役过程。"② 理性逻辑是一种"同一性"的抽象化逻辑，这种同一性在人与人之间的关系之中意味着对人的"同质化"和抽象化。简言之，理性形而上学表征着有一种"抽象物"在统治人。这种抽象物或者说是抽象观念和抽象存在，是工具化的理性。

工具化的理性"为现代性肆意统治和掠夺自然（包括其他所有种类的生命）的欲望提供意识形态上的理由。这种统治、征服、控制、

---

① ［德］A. 施莱格尔:《启蒙运动批判》，载孙凤城编选《德国浪漫主义作品选》，人民文学出版社1997年版，第382页。
② 张一兵:《反人类中心主义：工具理性与市场逻辑批判——〈启蒙辩证法〉中的一条逻辑主线》，《求是学刊》2000年第5期。

支配自然的欲望是现代精神的中心特征之一"①。理性原则为工具化的统治提供意识形态上的理由和形而上学的理论支持，这一方面使得人们丧失对自然的敬畏和尊重，自然不再是神圣的"上帝造物"，而变成人们可以"任意打扮的小姑娘"；另一方面使得人们掠夺自然、控制自然有了科学技术上的支撑和理论上的基础。进而，理性逻辑成为统治、征服、控制、支配人类与自然的"时代精神"和工具。

对人本身而言，强调工具理性的逻辑就是强调以理性来压制和规定感性。感性所强调的情感、意志、信念等全都以工具理性的方式进行解读。"启过蒙的人们于是自信有权把所有越出他们感官的感受性的界限以外的现象，统统视为病相，并随时都慷慨地以狂热和荒谬的名字相与。他们完全没有看到想象的权利，只要有机会，就把人们从想象的病态中彻底治愈。"②启蒙主义者以为理性通过自身的"同一性"就可以消除病态的想象和荒谬的情绪。他们完全没有看到想象的权利，想象等非理性主义的因素被打入尘埃，"人们把神话打入迷信的层次时，一切虚构的源泉便枯竭了，象征也就从自然中消失得无影无踪"③。表面看来，理性取得了胜利，一切感性的、非理性的东西全都在理性逻辑的统摄下消失了，想象的源泉枯竭了，感情的深度丧失了，理想的追求放弃了。但是在理性无法触及的地方，非理性主义的东西正在孕育，在逻辑无法"同一化"的地方，矛盾正在生成。

这种工具理性在国家之间的关系之中意味着以抽象观念评判现实世界。西方文明奉行的西方中心论主要表现为"一元论""主客二分"

---

① ［美］大卫·雷·格里芬编：《后现代精神》，王成兵译，中央编译出版社 1998 年版，第 5 页。
② ［德］A. 施莱格尔：《启蒙运动批判》，载孙凤城编选《德国浪漫主义作品选》，人民文学出版社 1997 年版，第 380 页。
③ ［德］A. 施莱格尔：《启蒙运动批判》，载孙凤城编选《德国浪漫主义作品选》，人民文学出版社 1997 年版，第 390 页。

的思维，无论是"一元论"还是主客"二元论"都是这种"同一性"的抽象化逻辑的代表。例如，西方国家认为自己是"主体"和"我"，非西方国家是"客体""异类"和"他者"。它标榜西方价值的普遍同一性和西方道路的唯一性，无论是普遍性还是唯一性，都是试图把整个世界的知识体系和价值体系"同一化"为一类体系。盲目崇信西方文明的人认为西方文明才是人类真正的文明，他们的道德评判标准是唯一正确的标准，世界上一切国家都需要向西方国家一样，具有同样的价值标准和知识标准。在这种"同一化"逻辑中，"客随主便""我族歧视异类"自然是西方认为情理之中的事。显然，西方文明蕴含的"同一化"逻辑只能是观念上的主观统一，应用到现实世界之中则是"对抗"和"斗争"，世界因此被切割成相互冲突的不同阵营和集团。

伴随着人与人之间的关系、人与自然之间的关系、国家与国家之间的关系都被工具理性所影响和控制。在这个过程中，旧时代的有些异化问题和矛盾可能得到了缓解，但是新的异化问题和矛盾在工具理性的统摄下随之产生。并且新的矛盾冲突更加难以缓解；尽管人们已经意识到了这些矛盾，但是以理性逻辑和工具主义为本质原则的现代性逻辑使得整个世界都处于其统治之下，而人们却无法通过理论自身克服这些矛盾。

三 主体性原则与个人中心主义

启蒙运动以前的整个西方历史，都是以一种绝对性的原则作为"主体"，这种绝对性的原则在古希腊时期是柏拉图的"理念"或者亚里士多德的"实体"；而到了中世纪，这种绝对性的原则就是上帝。上帝是人们的知识基础和价值基础，人们想要学习和接受新的知识必须以是否符合上帝的真理观为前提，人们想要进行实践或者道德判断必须以符合上帝的意志为基础。在这种人与上帝的关系中，人是服从于上帝的，或言之，上帝是人的主人，我们在宗教话语中也会经常听到教徒亲切地称上帝为"主"。上帝是人的"主体"或者"主人"，人是上帝的"客体"或"奴仆"。因此，启蒙运动之前，人不具有"主体性"。

人的"主体性"的获得，在历史进程中可以追溯到启蒙运动和工业革命。理性启蒙和资本主义生产方式确立了人的"主体性"地位。通过理性的觉醒解放人的精神，通过资本的扩张解放生产力，这是人类走出中世纪、走进资本主义文明的标志。同时，科学和技术成为一种主导人们生活的生产力，与之相应的则是人们盲目信任科学和技术的力量，或者说人们盲目信任自己理性的力量，认为自己的理性可以通过掌握科学与技术进而宰制整个世界。

人的"主体性"的获得，在哲学进程中可以追溯到近代认识论转向，而近代认识论的转向自笛卡儿开始。笛卡儿使得"我们踏进了一种独立的哲学。这种哲学明白：它自己是独立地从理性而来的，自我意识是真理的主要环节。哲学在它自己的土地上与哲理神学分了家，按照它自己的原则，把神学撇在一边"①。人的自我意识的觉醒以及理性的启蒙使得人们不再把上帝看作自己的主人，而认为自己就是自己的主人。由此，人从上帝的怀抱中解放出来，开始按照自己的理性去认识和实践，在这个过程中人获得了"主体性"。贺来教授对人的主体性的获得与上帝的主体性的丧失这样评价：

> 主体性的获得不仅是知识与存在的哲学基础，而且它还是近代以来人们确立人与社会生活价值的规范性源泉，它要代替中世纪上帝的神圣权威，为人生意义、社会理想、道德价值等确立一劳永逸的基础。在中世纪，上帝是社会和人们生活的意义根据和

---

① ［德］黑格尔：《哲学史讲演录》第4卷，贺麟、王太庆译，商务印书馆1978年版，第59页。

价值源泉，但近代以来，人们要求从神意的统治下摆脱解放出来，寻求新的基础，来取代以往宗教所发挥的绝对的一体化力量，这一新的基础就是人的主体性。①

人们的价值源泉和知识的基础在近代发生了变化，上帝不再是神圣的权威和价值规范的基础，人自身成为知识与价值的基础，或言之，人的主体性成为新的基础。

人的"主体性"的获得，在实践的过程中表现为一种主客二元论的逻辑。张汝伦教授对现代性的"主客二元对立"这样评价：

> 标志着现代世界的，是一系列的二元分裂：人与自然、自我与非我、个人与社会、社会与国家、自然的非社会化和社会的非自然化、自然与人文、教化与政治、精神与物质。不仅世界是分裂的，人本身也是分裂的：作为主体（意识）的人和作为客体（肉体）的人、作为认识者的人和作为行动者的人。人的能力也是分裂的：感性与知性、知性与理性、信仰与知识、判断力与想象力、认识与审美、理论与实践、理论理性与实践理性。人的生活也是分裂的：私人生活与公共生活是泾渭分明的两个领域。总之，古代世界观和生活的那种统一的整体性完全消失了。而这种根本分裂的根源，是现代的特产——主体性原则。主体性原则不但使理性本身，还使"整个生活关系的系统"陷于分裂状态。这是黑格尔对现代性问题的基本诊断。这种分裂使得哲学本身"经受了一种内在的解体。②

理性逻辑表面看来是一种同一性的逻辑，但是这种同一性过于强

---

① 贺来：《"主体性"的当代哲学视域》，北京师范大学出版社2013年版，第8页。
② 张汝伦：《西方现代性与哲学的危机》，《中国社会科学》2018年第5期。

调理性作为主体对客体的规定，结果导致对客体内容的忽视，因而实质上是一种主客二元对立的思维方式。这种思维方式强调主体对客体的控制——人与自然、人与人、人与社会的关系都变成了控制与被控制的关系，这种关系是一种"主客二元论逻辑"下的主体与客体的关系。进言之，人们把自然、他人和社会都看作"客体"和对象，是可以进行控制和改造进而满足自己利益和需要的对象。在这个过程中，人类实践的道德伦理法则发生了重大变化——伦理秩序不再是基于上帝的一种普遍性秩序，而是从自己的理性出发的一种个体优先的秩序。

人在实践领域作为主体地位的确立实质上是一种"主客二元对立"的逻辑在实践领域中得以确立。自我成为实践的主体，一切对象成为实践的客体。立足于自我，一切自我之外的东西和对象都称为非我和客体，一切非我或客体都由主体所规定。"与绝对第一性的、高于一切的自我相比，非我完全是一种派生的、外在的事物。可见，个人主体性原则体现着的是一种以自我为中心，把外在之物对象化的统治性原则。"① 主体成为选择和实践的绝对根据，其他一切外在于主体的东西都是被主体所规定的对象，经常被批判的"人类中心主义"正是由此而来。

人类中心主义强调人类作为主体一方面是知识的出发点和基础，另一方面也是人类自身道德法则的制定者和评判者。以人类为中心，或者说强调主体至上的结果如下：首先，无限性的客观世界究竟为何因为主体的有限性而无法认知；其次，个体的理性作为道德依据使得客观普遍性的道德法则失去了约束，人们变得无法无天。因此，主体高于一切便会导致主体没有了一个可以慰藉自身、安定自身的根基和"家园"。虚无主义等恶果正是产生于此。

---

① 贺来：《"主体性"的当代哲学视域》，北京师范大学出版社2013年版，第203页。

很多学者都对人类中心主义的原因展开了讨论，并认为近代认识论转向和理性启蒙是人类以自我为中心，并把自我当作"主体"的原因。同时以人类为中心的理性逻辑演绎出很多研究范式。比如探究理性形而上学之于现代性，交往理性之于现代性，技术理性之于现代性，等等。工业革命则是检验了人类作为"主体"的可能性，人类发现通过自己的理性可以更好地解放和发展生产力，更好地认识和改造自然界。在霍布斯（Thomas Hobbes）看来，这种理性逻辑成为现代性根本原则的背后是人的本性发生了根本性的改变——人的本性经历了一个从服从于一个绝对的权威到保存自身的权利的改变。施特劳斯（Leo Strauss）这样评价霍布斯的观点，"对于死于暴力的恐惧最深刻地表达了所有欲求中最强烈、最根本的欲求，亦即最初的、自我保全的欲求"①。人把自我保存看作自己的根本权利和本质，人的生命不再任意被牺牲，人的尊严不再被任意践踏，如同亨利希（Dieter Henrich）所说，"如同在物理学中一样，于现代开始的形而上学的基础性理论中，自身保存上升为一种根本性概念"②。保存自身的生命、权利和尊严成为启蒙运动之后新的时代精神。而理性是保证这一切成为可能的基础，只有运用理性的能力才能够对威胁自身保存的风险进行判断和应对。

四　价值主体与价值危机

伴随着人的主体地位的获得，人不仅仅是知识和认识的基础，而且是人生意义、社会理想、道德价值的基础。因此，人在获得主体性地位的过程中，同时也成了"价值主体"。价值主体成为"主体性"不可消解的维度，只要有了主体性作为现代性的原则，那么价值主体

---

① ［美］列奥·施特劳斯：《自然权利与历史》，彭刚译，生活·读书·新知三联书店2016年版，第185页。

② Dieter Henrich, *Die Grundstruktur der Modernen Philosophie*, Stuttgart: Philipp Reclam jun, 1982, s. 87.

就成为我们探讨现代性不可或缺的关键问题。康德说："正是由于自由的缘故，每个意志，甚至每个人格自己特有的、针对他自己的意志，都被限制在与理性存在者的自律相一致这个条件上，也就是说，不使理性存在者服从任何不按照一个能够从承受主体本身的意志中产生出来的法则而可能的意图；因此，这个存在者绝不可以仅仅是被用作手段，而是同时本身也用做目的。"① 人成为价值主体使得道德和伦理的基础必须服从于自己的理性。

  现代性即意味着人的认识和道德都放弃了以上帝为基础并改为以理性为基础———一切知识和认识都需要被理性规定，一切道德和伦理规范都需要以理性为标准。在此基础上，人们在科学、道德、政治等各个领域确立了理性的权威。人们不再以上帝而是以理性构建自己的道德实践的法则体系。康德说："在整个创造中，人所想要并能够有所支配的一切都可以仅仅作为手段来使用；惟有人亦即每一个理性造物是目的自身。因为人凭借其自由的自律而是那本身神圣的道德法则的主体。"② 人们基于自己的理性构建了一套指导自己道德实践的价值体系。

  从上帝为价值主体到人成为价值主体的这一转向对人们的道德和伦理的影响是巨大的。一方面，人不再卑躬屈膝地去讨好上帝和宗教，人们不必再通过宗教来获得心灵的慰藉，人们不必再担心自己的某一行为是否违背了宗教的律令。另一方面，人们也不必再盲从与宗教同流合污的政府的法律法规，人们开始反思法律是否束缚了自己的自由，法律是否违背了自己心中的"道德律"。人们开始注重自己的尊严和幸福，强调自主选择的权利，不被强制所束缚，以及在私人领域中有足够的自由。主体性原则和理性主义逻辑主要导致了个人在观念上发生

---

① 《康德著作全集》第 5 卷，李秋零主编，中国人民大学出版社 2006 年版，第 93 页。
② 《康德著作全集》第 5 卷，李秋零主编，中国人民大学出版社 2006 年版，第 95 页。

了根本性的变化——从把上帝作为知识和价值的基础到把个人的理性和"主体性"看作知识和价值的基础。

个人成为一切价值的中心和目的，这便形成了一种个人作为主体对其他事物作为客体的暴力关系。"这种暴力体现在对他人的关系上，将把他人作为客体加以压迫，每个人不仅把社会共同体视为只具有工具性价值的东西，而且也把他人视为只具有工具性价值的东西，由此必然导致社会生活共同体的分裂和伦理总体性的瓦解，这一点在市民社会这一展现个人主体性的舞台中得到了最为集中的体现。"① 价值主体的暴力使得价值个体主义盛行起来，而价值共识却遭遇了危机。每一个人都以自身为目的，以自己的私利为尺度。为了达到自己的目的，在与他人发生关系的过程中，自觉地把他人视为"客体"、变为手段。推而广之的结果是，人们把自己特殊的、个体的目的上升为普遍的、总体的道德原则。

施莱格尔认为把一切都理性化是一种傲慢自负，其结果将会导致对价值的遮蔽和诋毁，这也是导致"价值虚无主义"的根源。为何傲慢自负的理性能够导致对价值的诋毁呢？在施莱格尔看来，理性的"统一性"逻辑实质上是一种"以利害为宗旨"的逻辑。理性的计算首先以利害关系为考量原则，而对利害关系的考量与对真理的坚持是矛盾的。"在这里，使真正的善服从于功利的这种本末倒置的思维方式昭然若揭。所谓功利，是指以促进身体的幸福为目的，我们已经给这种追求排定了很高的座次。谁竟把功利奉为圭臬，必将看到功利由此的结果是感官的享受，说得再清楚、再前后一贯些，他必然是享乐主义的信徒，崇尚感官的神化。"② 理性主义的逻辑的实质是功利的逻辑，

---

① 贺来：《"主体性"的当代哲学视域》，北京师范大学出版社2013年版，第203页。
② [德] A.施莱格尔：《启蒙运动批判》，载孙凤城编选《德国浪漫主义作品选》，人民文学出版社1997年版，第376页。

亦即一种强调理性算计的逻辑，并且这种理性的算计是从主体自身的利害关系出发，而不是从一种超验的普遍性逻辑出发。所以这种功利的理性算计是一种世俗的、反真理的、反崇高的逻辑。

施莱格尔认为，"左右启蒙运动者的乃是经济的原则"①，但是这种理性主义的经济原则只能够解决人们在社会现实生活中遇到的问题，并且这种对尘世事务的解决是一种对事实的价值判断和选择，一种基于客观事实本身的经验总结，而不是基于超验的价值追求和理想信念。因此，现代性的理性原则在指导人们的道德实践的过程中忽视了超验的理想信念。最终的结果是，理性的价值选择和判断只是出于理性主体自身的主观诉求，而这种诉求受到主体的价值观念、利益诉求、个人爱好等多个方面的影响。表面看来，从理性出发尊重了每一个人的理性，是一种价值多元主义的表现；实质上，所有的道德实践行为都是基于经济或功利原则。所以施莱格尔指出："凡不愿屈就尘世事务的有用性的德行，启蒙运动按照它经济的倾向一律斥为过度紧张和空想。甚至连特殊的奇才也不例外，启蒙运动要把所有人都同样地套进一定的市民义务的牛枙中，套进职业的、职务的、然后是家庭生活的牛枙中。"② 利益成为理性进行价值选择首先要考虑的维度，并且逐渐成为道德判断和道德选择的标准。如果某一道德选择会威胁到自身的利益，或者和自身的利益并不相关，那么人们往往会改变或者放弃对道德行为的追求和实践。比如，如果一个老年人跌倒在车水马龙的大路上，来往的司机和行人可能因为自身的利益会被侵害而不去帮助受伤的老人，甚至仅仅是因为和老人互不相识而放弃对老人的帮助。以前人们可能会把尊老爱幼看作一种道德上的荣誉，这种荣誉象征着中华民族

---

① ［德］A. 施莱格尔：《启蒙运动批判》，载孙凤城编选《德国浪漫主义作品选》，人民文学出版社1997年版，第376页。
② ［德］A. 施莱格尔：《启蒙运动批判》，载孙凤城编选《德国浪漫主义作品选》，人民文学出版社1997年版，第381页。

的传统美德，但是现在，"荣誉被启蒙运动者当作无聊的幻景受到轻蔑的对待，原因自然是无利可图，因为在这里，荣誉无论如何也不愿与自己的利益趋于一致。荣誉简直就是一种浪漫化了的道德；古代人为什么不知道这个意义上的荣誉，原因就在于此"①。理性主义的逻辑对传统的道德和伦理持一种轻蔑的态度，人们认为只有符合自己利益诉求的道德法则才是需要遵守的法则，否则就是一种不道德，就应该受到唾弃。

当个人成为价值主体进而统治整个价值实践领域之后，普遍性的价值规范和伦理原则消失了。每一个个体都把自己的独立性看作绝对的，把自身看作价值的最高主宰。基于这种价值个体主义的立场，一切价值都只是基于价值主体的判断和选择。我们究竟应该如何选择和判断某一价值更好，最后的根据来自个体自身。由此，普遍性的、客观性的道德规范和法则丧失了合法性存在的根基。当人们失掉了普遍性价值规范之后便陷入了"价值虚无主义"（Value Nihilism）。

在现代性的语境下，"价值虚无"不再仅仅是一个理论名词，而是变为一种发展状态和过程，亦即价值虚无化的过程。"所谓价值虚无，就是把价值虚无主义化，即否定、拆解和摧毁真实的价值。"② 尼采（Friedrich Wilhelm Nietzsche）把价值虚无主义定义为人们对最高普遍性价值的自我废黜，并且把虚无主义理解为西方现代化过程中的历史运动。海德格尔也赞成把虚无主义看作一个动态的历史过程，并指出这一过程不以人们的客观意志为转移，也不是某一学派的观点或主张。价值虚无主义作为一个动态的发展过程显现出作为主体的人的"主体性"的不断丧失："生命个体的自由被抹杀，生命个体的独立人格遭窒

---

① [德] A. 施莱格尔：《启蒙运动批判》，载孙凤城编选《德国浪漫主义作品选》，人民文学出版社1997年版，第382页。
② 贺来：《"主体性"的当代哲学视域》，北京师范大学出版社2013年版，第90页。

息……生命个体为非人身的抽象力量所支配和宰制。"① 个体的自由和独立被限制,生命个体被外在于自身的力量所统治,"主体性"丧失了。近代认识论转向之后,人刚刚获得了"主体性",然而马上又陷入了"价值虚无主义"进而丧失了主体性。丧失了主体性的人就不再是主体,而只能作为一个被统治的对象,亦即作为"客体"而存在。

这里我们马上需要追问,"价值主体"丧失的原因是什么,或者说人们陷入"价值虚无主义"的原因是什么?对于这一原因,哲学史上一直不断地在进行探讨。诺斯替主义(Gnosticism)把价值虚无主义的根源归结于现实世界的堕落和罪恶,尼采和海德格尔等人把虚无主义的根源归结为西方传统形而上学与基督教,施特劳斯把虚无主义的根源归结于现代性浪潮对客观的自然权力的冲击和破坏,等等。无论是现实世界的堕落,传统形而上学与基督教还是现代性浪潮等都是在表征有一种"抽象物"在统治着人。"这里所说的抽象物,主要包括两个类型:一是抽象观念;二是抽象存在。二者独立存在或相互支持,但所导致的后果是共同的:个人的自由被剥夺,个人的独立人格被压制,负责任的价值主体因此被虚无化,而随着价值主体被虚无化,使得一切价值诉求以及价值重建的努力最终必然是无根的,价值的'被虚无化'也就成为不可避免的结局。"② 抽象观念和抽象存在就是指理性形而上学和资本。理性形而上学与资本互相扶持和纠缠,结果导致个人的"价值主体性"被压制,从而价值主体被虚无化。理性形而上学与资本的联姻构成了现代性的根本逻辑,或者说,理性形而上学与资本的联姻是导致现代性弊病的根源。"这种双重的经纬,方始成为一种现实性的力量:就像这种力量一方面来自资本之无止境的推动一样,它

---

① 贺来:《"主体性"的当代哲学视域》,北京师范大学出版社2013年版,第91页。
② 贺来:《"主体性"的当代哲学视域》,北京师范大学出版社2013年版,第91页。

也来自现代形而上学之无止境的谋划。"① 正是资本与理性形而上学的双重谋划使得"价值主体"丧失了。在这里，理性具有了资本的性质，同时资本也具有理性的性质。资本统治下的人类的发展历史就是理性形而上学的统一性逻辑在现实社会中的发展历史。简言之，资本的统一性就是理性形而上学的统一性，理性与资本的统一构成了一种有逻辑的资本，亦即"资本逻辑"。

前面提及资本和理性在"价值主体"确立的时候曾经起到巨大作用。资本逻辑在初期对于人类理性的启蒙以及自我意识的觉醒曾经给予了巨大的物质力量。马克思说，资本"是一张普照的光，它掩盖了一切其他色彩，改变着它们的特点。这是一种特殊的以太，它决定着它里面显露出来的一切存在的比重"②。资本改变了人类的生产方式，资本主义生产方式取代了封建主义的生产方式，伴随着生产方式的改变，人们的理性和自我意识也发生了巨大的变化，人们开始意识到自我的力量，开始从自我出发思考知识与道德等诸问题，由此人确立了"主体性"，"价值主体"随之被确定。

然而，资本逻辑具有两面性。一方面解放了人们的思想，确立了人的"主体性"；另一方面又开始给人套上新的枷锁，限制人的"主体性"。"资本主义生产使它汇集在各大中心的城市人口越来越占优势，这样一来，它一方面聚集着社会的历史动力，另一方面又破坏着人和土地之间的物质变换，也就是使人以衣食形式消费掉的土地的组成部分不能回归土地，从而破坏土地持久肥力的永恒的自然条件。"③ 伴随着生产力的解放，理性逐渐引起人们的重视，人作为价值主体的地位便被时代所承认。然而，资本逻辑同时蕴含着一种破坏的逻辑，这种

---

① 吴晓明：《论马克思对现代性的双重批判》，《学术月刊》2006 年第 2 期。
② 《马克思恩格斯全集》第 30 卷，人民出版社 1995 年版，第 48 页。
③ 《马克思恩格斯全集》第 44 卷，人民出版社 2001 年版，第 579 页。

逻辑表面看来破坏了人对于对象的实践，实质上是对人的"主体性"地位的破坏。资本逻辑开始限制或者说束缚人的"主体性"，人不再是基于自身而进行选择，而是基于资本被迫做出选择。例如，对资本家而言，"世界上没有一样东西不是为了金钱而存在的，连他们本身也不例外，因为他们活着就是为了赚钱，除了快快发财，他们不知道还有别的幸福，除了金钱损失，也不知道还有别的痛苦"[①]。资本家进行生产的目的不再是实现自己的自由和价值，而只是谋取更多的资本；他们不再把幸福和自由等价值尺度作为他们的实践标准，而是把追逐利益和金钱作为他们的实践目的。同时，工人和劳动者的生产实践活动不是为了实现自己的人生价值，而是在资本剥削的前提下被迫进行的劳动。

无论是资本家还是工人都丧失了"价值主体"，而变成了资本逻辑的奴隶（客体）。有学者这样评价这种"价值主体"的丧失，"……货币是受人尊敬的，所以，它的持有者也受尊敬。货币是最高的善，所以，它的持有者也是善的"[②]。货币这种外在于人的东西成为他们的价值标准，幸福和自由等关乎人自身的属性被排除于价值标准之外。货币或者资本成为价值标准的结果就是，人自身不再作为价值标准，人也就丧失了"价值主体"的地位。正如雅斯贝尔斯所说："在此过程中，人类已经并正在丧失其一切根基，人类成了地球上无家可归的人，他正在丧失传统的连续性。精神已被贬低到只是为实用功能而认识事实和进行训练。"[③] 丧失了"价值主体"，人彻底沦为资本逻辑的"客体"，与之相对的是资本逻辑成为"主体"。

此时，"主体—客体"的关系再一次发生了颠倒——人又一次沦为

---

① 《马克思恩格斯全集》第 2 卷，人民出版社 1972 年版，第 564 页。
② 郭湛：《主体性哲学》，中国人民大学出版社 2011 年版，第 153 页。
③ ［德］雅斯贝尔斯：《历史的起源与目标》，魏楚雄、俞新天译，华夏出版社 1989 年版，第 114 页。

"客体",并且人们发现很难摆脱这种"客体"的地位,价值虚无正在成为一个无法跨出的深渊。因为资本逻辑永远不会甘于平静,它是一种增值价值的手段,"它像吸血鬼一样,只有吮吸活劳动才有生命,吮吸的活劳动越多,它的生命就越旺盛"①。资本逻辑取得了"主体"的地位之后,随着自身的不断增值,其生命力越来越强,越来越旺盛,"主体"的地位也便越来越稳固。这便导致一个严重的后果,即人陷入了无法摆脱的"客体性"之中,这即是现代性的弊病。尽管现代性的弊病涉及多个方面,例如环境污染、道德崩坏、信仰危机……但是无论哪一个方面都是与"价值主体"的丧失密切相关。

既然现代性弊病与"价值主体"的丧失密切相关,那么我们就需要克服现代性的弊病,进而拯救"价值主体";或者说,我们需要重建"价值主体"。如果我们要是承认现代性的原则是主体性原则,"价值主体"的获得表明现代性的到来,"价值主体"的丧失需表明现代性的危机;那么我们想要解决现代性问题,最直接最有效的解决方式无疑是拯救"价值主体"。又因为"价值主体"丧失的原因是因为资本逻辑的统治,因此,我们要把"人"从资本逻辑的奴役中解放出来。然而,何以解放被重新"客体化"的人?一方面,我们需要消解资本逻辑的影响;另一方面,我们需要重新赋予人一种"主体性"。

其实,消除资本逻辑的影响与重新赋予人主体性是一回事。只要我们消除了资本逻辑的影响,也便消除了资本逻辑的主体地位。人便重新建立了"价值主体",也便重新拥有了"主体性";同时,只要我们重新拯救了"价值主体",也便消除了资本逻辑的影响。

现在的问题是,当资本逻辑在当今这个时代暂时无法被直接消灭的时候,我们应该如何拯救"价值主体"?我们知道,人的主体性之所

---

① 《马克思恩格斯全集》第 44 卷,人民出版社 2001 年版,第 269 页。

以丧失，是因为在资本逻辑的统治下，人们只关注自己个体的私利和"个体性"诉求，而忽视了普遍性的精神信仰和道德法则。但是这里有一个不可拒绝的问题是，我们是否需要重新给人们以一种新的"总体性"诉求？或者说，我们要重新建立一种"普遍主体"吗？如果我们希望诉诸"大全式的、普遍性、总体性"的主体来为人的解放重新奠定新的规范和价值尺度，希望通过给人民意志终极的目的来为人的解放提供论证，希望构建一个新的以"主体性"为中心的价值秩序；那么，我们只是重走了"启蒙运动"的老路而已。如果我们主观地想要重新树立一种所谓的"普遍主体"，那么"当主体性成为一种实体性（普遍性）存在的时候，它正是把本来属于个体性和特殊性的存在说成了普遍性的存在，并把普遍的东西说成是统治的东西。这种主体于是成为禀赋神性的权力中心，成为拥有控制和统治合法性的神圣权威"①。当一种新的"总体性"价值诉求建立起来的时候，便是一种新的"神"被重新置于人之上的时候。

因此，"价值主体"的拯救不是外在地重新建立起一种新的"总体性"诉求；同时我们需要明确，"价值主体"的拯救也不是重新回到理性启蒙语境中的"价值主体"。如果回到了启蒙理性的语境之中，我们仍然无法解决现代性的弊病以及价值虚无主义的难题；我们仍然无法解决"主体—客体"二元对立的逻辑冲突，无论是把他人和自然当作客体，还是把自己当作主体，都容易导致"暴力"的统治关系。因此，"价值主体"的拯救不是重新回归到旧的"主体性"框架之中，而是要建立一种新的"价值主体"。

为了避免重新回到旧的"主体性"框架之中，也为了避免陷入"价值虚无主义"，"价值主体"需要克服现代性固有的逻辑框架。"在

---

① 贺来：《"主体性"的当代哲学视域》，北京师范大学出版社2013年版，第17页。

马克思看来，现代性的逻辑在本性上是一种使人的生命陷入抽象化的逻辑。"① 人与他人、人与社会、人与自然所陷入的"主体—客体"二元对立的逻辑框架就是现代性的逻辑产物。所以，我们要重建"价值主体"必须要摆脱现代性的抽象化逻辑，从而拯救人的生命的丰富性和具体性。资本逻辑的统治就是对人的"价值主体性"的抹杀，亦即对生命的丰富性和具体性的抹杀。

人的生命的丰富性和具体性应该包含以下三个层面②的含义。首先，个人的生命存在与社会生活具有丰富的内涵。其次，个人的生命存在与社会生活具有一种"历史性"和"自由"内在统一的特征。再次，个人的生命存在与社会生活打破了传统的"主体—客体"二元对立的逻辑。"价值主体"不再是"主体—客体"关系中的主体，而是一种"自我—他者"的平等关系中的主体。因为"主体—客体"关系中的主体象征着一种暴力的规定和征服关系——主体对客体的规定与征服；"自我—他者"的关系则是一种平等的同时又密切关联的关系。马克思说"假定一种存在物本身既不是对象，又没有对象。这样的存在物首先将是一个唯一的存在物，在它之外没有任何存在物存在，它孤零零地独自存在着……非对象性的存在物，是一种非现实的、非感性的、只是思想上的即只是想象出来的存在物，是抽象的东西"③。一方面，我们不能陷入"主体—客体"的二元逻辑；另一方面我们又不能摆脱人与对象、自我与他者之间的关系。因此，我们一方面需要扬弃暴力的"主客二元论"的逻辑，另一方面需要建立一种平等的"自我—他者"的关系。有学者指出，"人的生命存在不能被还原和归结为脱离于'他者'关系的、以一驭万的超绝实体。只有在具有上述属性

---

① 贺来：《"主体性"的当代哲学视域》，北京师范大学出版社2013年版，第120页。
② 参见贺来《"主体性"的当代哲学视域》，北京师范大学出版社2013年版，第120页。
③ 《马克思恩格斯全集》第3卷，人民出版社2002年版，第325页。

时，我们才可以说这是人具有了现实的'主体性'"①。

综上所述，现代性的本质是理性形而上学与资本逻辑的联姻而导致的社会观念变革。人们开始注重自己的理性能力和"主体性"，并认为从理性主体出发可以重新构建现代社会的价值观念和秩序。但是理性逻辑的缺陷使得工具主义、人类中心主义、价值虚无主义等现代性的弊病暴露无遗。这种缺陷的根源表面看来是人们对理性认知主体和理性价值主体的混淆，实质上同样在于理性形而上学与资本逻辑的联姻。这种联姻使得价值主体性被理性认知主体所遮蔽，同时理性认知主体又被资本逻辑所操控。

与马克思一样，黑格尔同样认识到理性逻辑在现代社会中的统摄性作用，因而要克服现代性的弊病不能在传统理性逻辑的框架中进行。对此，黑格尔希望打破传统理性逻辑与宗教信仰的局限，进而实现对现代性和宗教的双重救赎。宗教在经历现代性批判之后陷入危机，现代性在经历了理性主义之上的发展阶段之后也陷入了危机，这种双重的危机使得人们有必要重新在现代性的视域下反思宗教批判问题，以及在重建信仰的前提下拯救现代性的问题。当然，黑格尔并没有像马克思那样反思和批判资本逻辑在现代社会中的作用，黑格尔把矛头指向了人类社会的精神视域。

第二节　宗教批判的传统及其现代性转向

启蒙运动之后的现代西方社会，宗教受到理性主义思潮的冲击，丧失了传统意义上道德伦理依据和精神信仰依托的功能。传统宗教不再是慰藉人类心灵的精神家园，上帝也不再是进行赏善罚恶的令人敬

---

① 参见贺来《"主体性"的当代哲学视域》，北京师范大学出版社2013年版，第120页。

畏的裁决者。同时，对自然的科学发现使得宗教失去了神秘主义的面纱。宗教逐渐与自然认识发现和社会历史实践等世俗生活分离，而仅仅作为一种信仰生活存在。与之相应的是上帝不再是人类世俗生活中的至高权威，而只是作为神庙之中的雕塑。进而，传统宗教在现代社会面临着被消解的风险。

当上帝不再是人类生活世界中的"主人"和绝对权威，理性便逐渐树立起在人类的世俗生活的绝对权威。启蒙运动和资产阶级工业革命使得人们逐渐认识到理性的能力——理性指导人们的实践，建立道德的规范，驱使人们实现自身的意志。在这个过程中现代性思想对宗教的批判改变了一直以来宗教自我批判的传统。伴随着宗教的产生就诞生了的对宗教思想的自我批判，在近代逐渐发生了转变。这种对宗教的批判传统的转变不仅体现在宗教内部，也体现在哲学思想领域。

一 宗教批判的宗教传统

传统宗教，尤其是基督教一直以来就有进行自我反思和自我批判的传统。这种对宗教思想的自我反思保证了基督教长期存在的生命力。如果只是在宗教之外展开对宗教的批判，那么这种批判对宗教本身而言可能只是意味着对宗教的背叛或者来自异教徒的攻击。施特劳斯指出："在一般情形当中，以宗教的有害本质或它实际造成的危害，而不是以其教义中的谬误为对象的宗教批判，并不会有损于该批评的科学性。同样，这种宗教批判已经逾越了理论上的反对而进入实际上的背叛。"① 而只有基于宗教内部的自我批判才会对宗教本身造成重要影响和变革。

---

① ［美］列奥·施特劳斯：《斯宾诺莎的宗教批判》，李永晶译，华夏出版社 2013 年版，第 59—60 页。

自从基督教诞生之初，其内部就有自我反思和批判的传统。到近代，传统宗教内部已经具有了三种性格迥异的自我批判传统："他们通常被称为伊壁鸠鲁传统、阿威罗伊传统与马基雅维利传统。"① 在施特劳斯看来，我们很难把这三种传统彼此区分开，他们彼此结合共同影响了近代启蒙运动的宗教批判。同时近代对宗教批判的宗教传统和哲学传统影响了人们对宗教的看法，黑格尔正是受到这种影响才开始在图宾根（Tübingen）时期和伯尔尼（Bern）时期把批判的矛头首先指向了宗教。

　　自罗马沦陷之后，整个欧洲陷入了一千多年的黑暗中世纪。在黑格尔看来，中世纪缺乏社会公德，而只有宗教法规；现实生活中缺乏"神圣性"，而只有僵死的仪式。在一千年的中世纪，宗教精神成为时代精神，教会把自己看作人与神之间的桥梁。经历一千多年的发展，宗教在近代逐渐暴露出诸多矛盾："教会既然鄙夷财富，或者是号称鄙夷财富，那么当它靠着一种外界生存的地位，取得各种所有物和大宗的财产——这种情形就成为一种谎话。"② 同时，教会否认世俗的政治权力，但是它通过封建主义攫取了巨大的政治权力——通过十字军东征实现对世俗的征服。宗教的矛盾伴随着教会的腐朽越来越明显。近代以来，随着生产力的发展与科学技术的进步，人们的受教育水平③、认识能力和认识水平得到了巨大的提升。人们逐渐认识到自己的理性能力在传统宗教的牢笼中被严重忽视。因此，受到现代性思潮的影响，在基督教内部也兴起了一股思潮，即对传统宗教精神的现代性反思。传统宗教尤其是天主教在很多方面的腐朽表现和教权主义，加剧了宗

---

① ［美］列奥·施特劳斯：《斯宾诺莎的宗教批判》，李永晶译，华夏出版社2013年版，第75页。
② ［德］黑格尔：《历史哲学》，王造时译，上海书店出版社2006年版，第359页。
③ 16世纪的欧洲，成人教育越来越普及，这一方面是由于经济水平和生活水平的上涨，另一方面则是由于印刷术、造纸业的发展和人文主义运动的持续发展。

教内部对改革的诉求。16世纪20年代开始，瑞士的苏黎世开始了宗教改革的运动，并且逐渐在政治和神学上产生了一系列的影响。

事实上，宗教改革运动在基督教史上是一个蕴含着复杂含义的概念——它在广义上既是指由批判传统基督教而来的新教的诞生，又是指在神学和灵性上进行自我革新的天主教变革，同时还是指"宗派"的兴起。宗派代表着不同类型的基督教，如圣公会、浸信会、路德宗和公理会。因此，广义的宗教改革运动包括路德宗的宗教改革、加尔文宗的宗教改革、激进派（重洗派）的宗教改革、天主教的宗教改革。而狭义的宗教改革仅仅是指新教改革，而不是指传统宗教的自我变革。不过在人们的日常看法中，尤其是很多国人的看法中，宗教改革仅仅是指路德宗和改革宗（加尔文）的变革，而不包括重洗派（激进派宗教改革）和天主教的变革。

1517年10月31日，威登堡大学神学教授马丁·路德（Martin Luther）以著名的《九十五条论纲》（*Ninety - five Theses*）正式拉开了宗教改革的序幕。马丁·路德认为信徒只要阅读圣经就能够从圣经中获得圣道的启示，圣道的启示与阅读福音书是内在统一的。在路德看来，圣经中的文字和内容是清楚明白的，因此，圣经传播的圣道具有直接启示信徒的力量。"他一方面强调语法和语言学的重要性，另一方面又强调圣经意义的明晰性使教育水准、语言能力不同的人有着同等理解圣经和接受启示的机会。"① 通过强调圣经可以直接传播圣道，信徒可以直接从圣经中获得启示，罗马教皇对圣经解释的垄断特权被打破。进而，传统宗教中的精神特权被取消，神职人员作为高人一等的阶级地位以及教皇作为最高统治者的地位都被取消了。马丁·路德认为人不能够违背上帝，也不能怀疑和批判上帝。他说："我们的理解能力确

---

① 赵敦华：《基督教哲学1500年》，人民出版社2007年版，第587—588页。

定并毫无疑虑地宣称三加七等于十,但不能提出任何理由说明这是真的,为什么不能否认其为真;就是说,它规定自己,因为它被真理判断而不判断真理。……即使在哲学家中间也没有人规定那些判断其余一切的共同信念,同样,圣灵在我们心灵中间判断一切而不被任何人所判断。"① 作为一名虔诚的信徒,他能够确认的是上帝启示给他的真理是什么,但是他不能判断真理的合法性以及真理的真假。但是,马丁·路德毕竟承认了人不必通过宗教就能够从上帝和圣经中获得启示,并且人有接受上帝启示的理性能力。这是路德与传统宗教相比的一个重大进步,即开始承认人的理性能力。

  与马丁·路德相比,加尔文(Jean Calvin)的宗教改革试图按照更加符合圣经的方式来进行。因此,教会神职人员的道德表现和教会所强调的教义教礼成为加尔文希望变革的核心。另外,加尔文认为,信仰是知、情、意三者的统一,即理性可以领悟和理解信仰的对象,意志能够把理性理解的对象转化为被情感认同的心灵依托。人只有全身心的、虔诚的信仰上帝,才能够获得确信的信仰。或者说确信的信仰是上帝赋予的,"只有全副身心地投入信仰对象的人才能有确信的信仰,换而言之,只有在信仰对象的支配下,人才能获得确信的信仰。人的理性所能达到的只是知识的确信,上帝却能赋予人信仰的确信"②。加尔文强调,信仰的确信只能来源于上帝,只有虔诚的信仰上帝才能够获得上帝的赐福。从这一角度出发,加尔文认为信仰高于理性,人类的理性不能够去怀疑信仰,而只有虔诚地去信仰才能够获得确信。但是不可否认的是,加尔文同样强调理性在信仰中有着重要的地位。

---

  ① Luther Werke,Band19,Walsh,pp. 128 – 129. 转引自赵敦华《基督教哲学 1500 年》,人民出版社 2007 年版,第 587 页。
  ② 赵敦华:《基督教哲学 1500 年》,人民出版社 2007 年版,第 592 页。

事实上，从经院神学时期开始，理性在宗教信仰中就具有重要的地位。只不过中世纪时期的基督教把理性置于一种近乎被忽视的地位，使得人们遗忘了自己的理性能力。现代性使得人的理性在宗教信仰中重新具有了重要的地位，这种变化与现代性对理性原则的重视是分不开的。不过需要指出的是，理性对信仰具有强力的"消解"功能，当我们用理性去证明信仰的时候，就意味着对信仰的解构。因为证明本身就意味着被证明的对象遭受到了质疑，而证明只是在消解这种质疑。但是反过来，又会有新的质疑去质疑证明的合理性。总而言之，质疑和证明意味着信仰的消解。

宗教改革运动时期象征着一段充满创造性和颠覆性的时期，新的思想不断地诞生出来，旧的思想不断被颠覆，无论是教士还是信徒的思想都处于不断革新的状态。最终宗教改革运动奠定了现代宗教的基础，进而促使新教的兴起。

黑格尔则认为，宗教改革运动是自罗马时代以来世界历史上最重要的事件之一。与传统宗教相比，宗教徒的"主体性"觉醒了。新教首先强调圣经的优先地位，基于圣经优先的原则，宗教便处于次要的地位。人们因此不再是把宗教教义看作自己遵守的最高法则，而是把圣经看作实践的最高律令；进一步说，宗教所强调的中世纪礼仪也被新教所反对，尤其是七种圣礼被看作违背了圣经中所规定的礼仪——洗礼和圣餐。神职人员因为宗教地位的下降，而不再是与平信徒明确区别的一个阶层，虽然新教中的神职人员和信徒之间仍具有差别，但是这种差别没有了等级的差异。教皇的地位伴随着宗教教义、宗教礼仪和神职人员地位的下降也受到了影响，教皇被希望返回到一种更加简单的教会领导的身份，而不再是最高的统治者。信徒与上帝的联系不再是通过宗教，而是通过圣经为中介，每一个虔诚的信徒都能直接聆听上帝的启示。这一切变化都意味着，宗教不再是信徒沟通上帝的中介和桥梁,新的中介是人们自己的理性,"每一个基督徒——无论其性别或社会地位——在上帝的眼中都是祭祀"①。宗教徒的理性能力被新教所尊重和接受,宗教徒因作为一个单个的个体而同样被尊重和接受。因此,受到现代性的影响,宗教也经历了现代性的改造。宗教徒不再是作为上帝创造的对象或"客体"而存在,而是可以直接思考和认识上帝的"主体",宗教徒的主体性原则也树立起来了。

在这个过程中,传统宗教,即天主教并不是一成不变的坚持旧的教义和礼仪,而是在与新教的斗争中寻求出路。尽管最开始的时候,传统宗教的主要任务和活动都是在"反宗教改革"(Counter-Reformation),其中"特兰托公会议"(Council of Trent)被看作反对宗教改革的典型标志。但是在反对宗教改革的过程中,传统宗教自身也进行了变革,这种变革的目的一开始是对抗新教对他们的批判。但是伴随着传统宗教自身的改变,表现出了一些倾向于新教的特征。"天主教这个改革的结果就是,许多被要求改革的弊端,无论是人文主义还是新教徒提出来的,现在都被消除了。"② 现代性所强调的主体性原则,也逐渐被天主教所接纳,并做了一定的让步(当然,传统宗教承认的更多的是主体的"灵性"而不是理性)。这些变化使得天主教逐渐收复了一些对宗教改革持同情态度的地区,并且巩固了虔敬区的信仰。因此,到今天为止,传统宗教即天主教的信仰仍然存在于世界很多地区。

宗教自我批判的传统使得信徒们对宗教如何改革有了可以自由发表意见的权利和意愿。无论是在宗教内部,还是在文化、政治、哲学等各个领域都有了改革宗教的探索。人们越来越感觉到宗教关乎私人的信仰,而不关乎公共的生活。

---

① [英] 阿利斯特·E. 麦格拉思:《基督教概论》,孙毅、马树林、李洪昌译,上海人民出版社 2013 年版,第 261 页。
② [英] 阿利斯特·E. 麦格拉思:《基督教概论》,孙毅、马树林、李洪昌译,上海人民出版社 2013 年版,第 264 页。

黑格尔认为，宗教改革作为宗教自我批判的典范，是"中古时代期终跟着那种黎明的曙光升起来的光照万物的太阳"①。宗教改革是面对教会腐败的必然结果，在黑格尔看来，这不是偶然的发展，而是教会不将上帝视为纯粹精神，而将其视为物质对象这一事实的必然结果。天主教会建立在仪式和其他外在形式的基础上。根据黑格尔的说法，人类的精神因素被束缚在纯粹的物质对象上，因为顺从它们被认为是宗教生活的必要条件。这种根深蒂固的败坏的最终表现，就是出卖罪孽得赦所带来的属灵平安，这关系到人最深处的本性。宗教改革者们正是在这一背景下，开始提出批判宗教、改革宗教的目标。在黑格尔看来，宗教的自我批判运动在近代改变了人类历史的发展进程。在1830年，黑格尔作为大学校长发表演讲时认为，现代性应当肇始于宗教改革运动而不是法国大革命。

二 宗教批判的哲学传统

伴随着文艺复兴、启蒙运动和宗教改革等一系列的思潮或运动，哲学家们也开始了对宗教的批判和反思。在现代性兴起之前，对宗教思想进行批判往往被认为是异端。但是进入现代社会之后，对宗教的批判被看作思想的进步。

历史学家布克哈特（Jacob Burckhardt）指出现代性开始于文艺复兴（Renaissance），因为正是文艺复兴使得人成为主体性的个人。主体性的觉醒使得人们开始关注自己的理性和自由，而在当时严格束缚人们的理性和自由的就是传统宗教。其中对宗教的哲学批判造成重大影响的有笛卡儿、洛克、霍布斯、斯宾诺莎（Baruch de Spinoza）等哲学家。

---

① ［德］黑格尔：《历史哲学》，王造时译，上海书店出版社2006年版，第386页。

17世纪笛卡儿（René Descartes）的思想对宗教改革产生了重大影响。笛卡儿提出："没有正确理解上帝的观念的那些人就是这样地制造了各种假上帝的各式各样的观念。不过自从人们一旦领会了真实上帝的观念以后，……它的观念……不过仅仅是更清楚、更明显罢了。"① 笛卡儿强调人的理性对认识上帝的重要作用，人的自我意识的觉醒以及理性的启蒙使得人们意识到一切信仰对象和认识对象都是以自己的理性为基础才有可能，未被理性所认识和理解的对象是不存在的。

洛克（John Locke）在《基督教的合理性》（*The Reasonableness of Christianity as Delivered in the Scriptures*）一书中试图以理性的逻辑重新阐释宗教信仰。在洛克看来，人们的日常行为需要遵守宗教教义，但是宗教教义和法律不存在的地方人们需要遵守理性，当理性与教义发生冲突的时候，人们需要以理性去思考和分析产生冲突的原因。就这意义而言，洛克认为理性制定的自然法高于宗教制定的教义教规。但是需要指出的是，洛克并没有盲目崇拜理性的力量，因为在洛克看来，个人的理性由于受到情欲、嗜好等方面的影响具有内在的局限性。因此，人们仅仅依赖于理性并不能制定出一种完善的法律规范，这个时候我们需要借助于宗教信仰完善理性的自然法。

霍布斯（Thomas Hobbes）的宗教批判也是以理性主义为基础展开的。在霍布斯看来，进入道德哲学的领域，我们就能够发现理性与宗教是彼此对立的，因为理性象征着谦逊，而宗教则象征着虚荣。霍布斯把"虚荣—谦逊"（gloriatio - modestia）的对比看作构成道德根基的最终对比。"作为虚荣的产物，作为对地位和名望的欲望、对自身力量的过高估计以及自我感觉良好的产物，宗教遭到了

---

① 笛卡儿：《第一哲学沉思集：反驳和答辩》，庞景仁译，商务印书馆1986年版，第372页。

摈弃。"① 宗教被霍布斯看作虚荣的产物，亦即是对名望、地位有着强烈欲望的产物，是把自我看得过高的产物。因此，如果我们把宗教看作虚荣的产物，而不是违背了科学精神的产物，那么我们只要批判这种虚荣就可以了。"如果万恶之源乃是虚荣，那么就没有必要从物理学精神的角度批判宗教幻觉，因为这种尝试的手段不恰当；当宗教幻觉遭到批判，是因为它起源于虚荣。"② 我们没有必要从科学精神或者物理学精神的角度去批判宗教，因为宗教作为一种幻觉之所以被批判是因为它起源于虚荣，而不是起源于伪科学。因此，与宗教相对立的不是物理科学，而是理性。"理性对所有人都是共通的，就是存在于所有人身上的那种理性。人们所不同的仅仅是对这种共通的自然属性的调教与开发方法因人而异。方法，虽然事实上废除了自然的平等，但它承认自然的平等，而作为虚荣的预言却不承认这一点。理性是谦逊的。"③ 理性的谦逊使得人们承认自然意义上的平等，而虚荣却不承认自然意义上的平等，而是过于夸大自身的崇高进而贬低他者的地位。进而言之，理性是谦逊的，而宗教是虚荣的，二者存在天然的对立性。

理性的谦逊被霍布斯进一步运用到政治哲学领域。"因为思想是自由的，独立的个体就总有这样的选择：或者去信仰那些据说是神迹的行为，或者不去信仰。然而，如果涉及信仰的公开告白问题，那么私人的理性必须从属于公共理性，亦即从属于治理的意志。"（《利维坦》xxxvii）④ 私人理性需要从属于公共理性，反过来公共理性尊重每一个

---

① ［美］列奥·施特劳斯：《斯宾诺莎的宗教批判》，李永晶译，华夏出版社 2013 年版，第 145 页。
② ［美］列奥·施特劳斯：《斯宾诺莎的宗教批判》，李永晶译，华夏出版社 2013 年版，第 145 页。
③ ［美］列奥·施特劳斯：《斯宾诺莎的宗教批判》，李永晶译，华夏出版社 2013 年版，第 147 页。
④ ［美］列奥·施特劳斯：《斯宾诺莎的宗教批判》，李永晶译，华夏出版社 2013 年版，第 151 页。

人的个体性，而宗教无法尊重人们的个体性。基于此，霍布斯进一步探讨了宗教与国家的关系。霍布斯指出，如果神职人员严格遵守圣经的规定，那么宗教与国家的冲突就不会产生。因为"圣经的写作主要是向世人昭示上帝的王国，并使他们准备好做上帝忠顺的子民；至于世界及其哲学则让世人去争论，以便锻炼他们的自然理性……自然理性要求他们服从正当的权力，以便维护和平"①。圣经规定了信徒要做好上帝子民的职责，也同时容许世人在世俗的国家锻炼自己的自然理性，服从国家的正当权力，国家与宗教并不冲突。同时，"上帝的命令非常清楚，即必须服从尘世权力"②。国家并不会因为人们求助于圣经而感受到威胁，因为圣经的规定与国家的权力并不冲突。但是事实上却是，国家与宗教长期处于紧张的关系中，教皇与国王时常因为权力的争夺而进行斗争。在霍布斯看来，国家与宗教产生矛盾的根源在于，人们把圣经的权威建立在圣经自身之上，由此，垄断了圣经解读权的宗教就有了对抗世俗权力的力量。因此，"他（霍布斯）试图证明，圣经的权威基础并不在圣经本身，而完全在于尘世权力所下达的命令，因而是依附于尘世权力的"③。圣经的权威来自国家而不是来自宗教，这样我们就能够和解宗教与国家的对立。而国家是公共理性的代表，进而个人的理性也得到了尊重和维护。

笛卡儿等人开启的对传统宗教进行批判的哲学传统使得人们开始从哲学上反思宗教。这种反思不是否定宗教，而是希望以一种理性的方式重新阐释宗教，进而使得宗教符合当时的时代诉求。通过对传统宗教的哲学阐释和批判，人们开始强调从自我意识和理性出发进行认

---

① ［英］霍布斯：《利维坦》，黎思复、黎廷弼译，商务印书馆1983年版，第59页。
② ［美］列奥·施特劳斯：《斯宾诺莎的宗教批判》，李永晶译，华夏出版社2013年版，第153页。
③ ［美］列奥·施特劳斯：《斯宾诺莎的宗教批判》，李永晶译，华夏出版社2013年版，第154页。

识和实践，而不是从上帝出发。这对于整个西方的宗教价值体系产生了巨大的冲击——封建势力和宗教残余不断受到启蒙理性思想和自由主义精神的冲击，即使是普通大众也开始尊重理性、向往自由，旧时代的观念逐渐被全新的自由和理性思潮所取代。人们逐渐认识到以下几点：第一，对基督的信仰是理性的信仰，因此人们可以运用理性考察自己信仰的合理性和合法性。第二，既然信仰是理性的，那么我们就可以运用自己的理性推演出自己的信仰。第三，理性能够对我们的信仰进行判断，判断上帝对我们的启示是否是真实的，以此来消除任何非理性的和迷信的成分。

经由对宗教的哲学批判，宗教逐渐失去在认识领域和道德实践领域的话语权，而只是在信仰和神秘领域保留了一些地盘。因而宗教在近代社会遭遇了严重的危机，即人们从自己的心灵出发对宗教存在的合理性进行了一系列的批判性思考，这些思考使得宗教中很多不适应现代社会发展需求的因素遭到否定。"对于纯粹识见来说，如果要保留信仰，那么信仰也必须是有用的。它强调，一切超越的东西都必须在理性（实际上是知性）的思维框架中被重新思考。"[①] 随着自然科学的发展，宗教的神圣性痕迹从自然中被驱逐，人们尝试对自然规律给予理性的解释，而不再是归结为上帝的神迹。伴随着自然界中的神迹被驱逐，神圣性的价值因素也从自然界中消解，人类需要重新赋予自然和社会以新的价值，而这种重新赋予的基础不再是上帝而是人类自身的理性。

黑格尔受到宗教批判传统和现代性的双重影响，认为对宗教的批判是整个时代进入现代性的前提。或言之，在黑格尔看来，批判宗教与接受现代性是一回事。因为批判宗教即意味着从传统宗教价值观的

---

① 王晓升：《黑格尔与法兰克福学派的现代性批判理论》，《社会科学战线》2019年第1期。

束缚中解放出来承认人的自由与理性，而自由与理性恰恰是现代性的典型特征。所以，黑格尔对现代性的接受是从批判传统宗教、弘扬理性逻辑开始的。尽管当时多数思想者都把法国大革命和启蒙运动标榜的理性和自由奉为新的"圣经"，而严厉批判传统宗教。但是黑格尔与大多数人不同的是，他对宗教的批判是以改造宗教为前提，而不是完全否定宗教思想。

第二章　黑格尔对现代性的接受：
理性逻辑的高扬

　　黑格尔在大学求学时的图宾根神学院时期以及大学毕业之后从事家庭教师工作的伯尔尼时期，德国思想界由于受到现代性思想的冲击开始展开批判传统（主要指束缚德国人民思想的宗教）的运动。这一时期启蒙运动的浪潮已经开始影响德国，同时受到其室友荷尔德林（Johann Christian Friedrich Hölderlin）和谢林（Friedrich Wilhelm Joseph Schelling）的影响，黑格尔逐渐对康德思想产生兴趣。康德思想和启蒙运动宣传的理性思想在青年黑格尔看来并不冲突，在有些情况下，黑格尔直接把康德的理性思想等同为启蒙理性。伯尔尼时期，黑格尔被公认为处于"康德主义时期"。

　　因此，受到康德理性思想影响的黑格尔在伯尔尼时期以及之前，试图接受现代性的理性逻辑，并以理性批判性地改造宗教。这一时期可以看作黑格尔现代性批判思想的萌芽时期。这一时期的黑格尔并未完全否定现代性的思想成果，他受到康德等人的影响承认现代性的主体性原则对个人精神的觉醒具有重要作用，现代性的理性逻辑对个人的认识实践具有重要影响。同时，黑格尔敏感地察觉到启蒙理性的局限性，认为需要挖掘传统宗教神学思想中的"合理因素"以应对启蒙理性的负面影响。不过黑格尔受康德和启蒙理性的影响，认为宗教思想有很多方面已经不符合时代精神的诉求和理性的逻辑，需要进行现代性的批判。就此而言，我们可以从康德的理性思想出发理解黑格尔在图宾根和伯尔尼时期的现代性批判思想。

第一节　康德理性思想及其对黑格尔的影响

在以康德理性思想为坐标探讨黑格尔的现代性批判思想之前，我们需要指出的是，黑格尔在思想早期并不仅仅只受到康德影响。谢林、荷尔德林、雅克比（Friedrich Heinrich Jacobi）、卢梭（Jean – Jacques Rousseau）、门德尔松（Moses Mendelssohn）、莱辛（Gotthold Ephraim Lessing）等都对黑格尔产生了重要影响，但是康德的思想无疑对黑格尔影响最大。黑格尔试图从康德实践理性思想中找到批判传统宗教思想的方法，这与当时学界的主流做法相一致——当时学界主流的做法是运用启蒙理性思想批判和改造宗教，而康德思想被看作对启蒙理性思想的最好总结。

一　康德的理性思想与道德宗教

伊曼纽尔·康德（Immanuel Kant，1724—1804）以其"批判"哲学在1780年代改变了德语国家的知识世界。他的三大"批判"①：《纯粹理性批判》、《实践理性批判》和《判断力批判》对传统思维方式和价值观念进行了深刻的揭露，并且对现代性的本质与逻辑进行了精确的概括和总结。

---

① 《纯粹理性批判》（Kritik der Reinen Vernunft）。
《实践理性批判》（Kritik der Praktischen Vernunft）。
《判断力批判》（Kritik der Vrteilskraft）。

康德在《纯粹理性批判》中批判传统宗教哲学证明上帝存在的论据并不合理，从而澄清了人类理性的认识能力。但是在《实践理性批判》中，康德以一种调和哲学与宗教的方式指出，上帝的存在对于所有理性存在者而言都是必要的。"尽管无法通过理论理性确保上帝的存在，但上帝仍然是实践（即道德推理）的必要'前提'，康德认为他已经证明了这一点的必要性。"① 在康德看来，人们有必要假设上帝的存在，因为上帝的存在意味着人们可以更好地建构道德实践体系。事实上，康德把上帝的存在界定为一种"假设"是从现代性的理性逻辑出发的思维方式。康德认为这种对上帝的假设不是存在于理论理性领域，而是存在于实践理性领域。在《实践理性批判》中，康德通过指出上帝是人们的"公设"（Postulat，也译为"悬设"），而把上帝存在的根基植于人类的实践理性，这是对宗教神学思想的理性化解构。康德提出只有出于纯粹道德法则的行为（亦即出自理性的实践行为）才算是真正道德的行为，人们的实践行为是为了义务而义务，不能掺杂个人的情感与利益。

　　因此康德的实践理性是一种压制个人的欲望和特殊感性诉求的理性，特殊的个体与普遍的理性之间存在着二元对立性。伯尔尼时期的黑格尔对康德实践理性所设定的义务与情感、理性与感性的对立并不完全认同。黑格尔这一时期致力于寻求理性与感性、观念与现实、主体与客体的"统一性"，而实践理性在黑格尔看来恰恰导致了二元对立。

　　其实，康德已经认识到了这种二元对立的弊端，感性的需求与理性的法则在康德看来并非永恒对立，而是可以在理性中实现统一。为此，他提出了大概两种弥补措施：

---

① Paul Redding, "Hegel's Philosophy of Religion", *Nineteenth–Century Philosophy of Religion*: *The History of Western Philosophy of Religion*, Vol. 4, 2009.

第一种弥补措施,即他提出了一种情感——敬重(Achtung)。为义务而义务的道德实践并不是完全忽略了感性的情感,它还有一种感性的动机——敬重感——"这是人们做道德行为的发条,真正的动机是自由意志的普遍法则,然而发条否定其他任何的情感和利益动机,任何其他情感在道德律面前变得不值一提。"① 敬重感被看作人们之所以做某件事的动力,但是综合看来,道德律忽视了人们其他的一切情感与特殊的利益和欲望追求。或言之,道德律排除了一切特殊的感性需要而只考虑发自理性的普遍道德法则。

第二种弥补措施,即康德提出上帝存在的"公设"。现实的生活中,如果要完全按照道德律行事会发现个人的特殊需求被压制的窘境,人们按照道德律从事实践活动的结果是使得自己陷入无限的痛苦。康德为了保证"德福一致"而设定了上帝存在以及灵魂不朽,人在感性世界的死亡并不是生命的结束。灵魂不朽保证了人有来世,遵循道德律行事可能在这一世不能获得好的回报,但是会在来世获得好报。假设灵魂不朽可以让人们为自己的实践行为树立道德的理想目标,而且会获得来世有福报回馈的希望。但是这种福报的回馈需要有一个最高的裁决者执行赏善罚恶的职能,以保证"善有善报、恶有恶报"的因果律得以实现,这个最高的裁决者就是上帝。

康德引进上帝作为道德信仰的"最高保障"使得道德行为在日常生活中可以完全不顾及个人的利益荣辱,这保障了道德律的公正和客观。从这里我们可以发现:"康德的上帝是一种建立在道德的确信和道德的最终目的性的基础上的上帝,而不是传统意义上的建立在自然目的和自然的适合目的性的基础上。"② 上帝不是一般意义上的出于自然

---

① 邓晓芒:《德国古典哲学讲演录》,湖南教育出版社2010年版,第165页。
② 参见[德]库诺·菲舍尔《青年黑格尔的哲学思想》,张世英译,吉林人民出版社1983年版,第31页。

的信仰的上帝，而是建立在"道德公设"基础上的上帝，上帝的存在是由于道德和伦理的最终根基源自上帝。同样，我们可以反过来说，道德律的一切特质得以保证的最根本原因是公设的"上帝"作为一种道德信仰存在于道德行为之中。"因为理论和推论是容易犯错误的，但上帝之存在是基于道德之考虑而被设定的法则，无可驳斥。因为要否定上帝除非我们把道德法则的效力也否定掉，但对康德而言，这即等于人类要否认自己是人。"① 因此上帝以一种"道德公设"的方式确立了其合法性，上帝的信念是道德理性的一项设定；反过来说，道德理性的合法性根基同样是由于上帝的存在，二者是一种相互促进、相互论证的关系。就这意义而言，康德的上帝是一种道德伦理意义上的上帝，而不是自然的和自然的"合目的性"的天启上帝。

所以说，康德所谓的宗教不再是传统意义上的基于信仰和天启的宗教而是一种基于道德和理性的宗教。"康德非常强调纯粹宗教信仰或理性宗教与实证宗教（天启宗教）或法令的教会信仰之间的区别。"② 康德把他的实践理性思想运用于他的神学思想之中，进而认为，真正的教会只有遵循神的意志和法则才是真正合理的。"一个伦理共同体只有作为一个遵循上帝的诫命的民族，即作为一种上帝的子民，并且是遵循德性法则的，才是可以思议的。"③ 人们只有遵循上帝的律法和道德规范才能够被认为是合理的。有学者对此认为，在康德那里，"真正的宗教乃是以道德为归宿的伦理共同体，他不同于以合法性为基础的律法共同体，伦理共同体的法则不像公民政治共同体的法则，是人民

---

① ［德］里夏德·克朗纳：《论康德与黑格尔》，关子尹译，同济大学出版社 2004 年版，第 79 页。
② ［德］库诺·菲舍尔：《青年黑格尔的哲学思想》，张世英译，吉林人民出版社 1983 年版，第 31—32 页。
③ 《康德著作全集》第 6 卷，李秋零主编，中国人民大学出版社 2007 年版，第 100 页。

普遍意志的自我立法，而是由神立下的"①。真正的宗教遵循的法则是神的法则，而不是世俗宗教订立的世俗法则，世俗的律法有着对人的约束性，而神的立法会赋予人真正的自由。真正的宗教的法则是人民普遍意志的自我立法。因此，真正的宗教是神的谕旨，宗教法则与个人理性的统一，神谕的目的就是维护和实现个人的自由。黑格尔早期十分赞同康德的宗教思想的这一点，甚至认为耶稣的训诫就是康德主义的理性思想。

二 康德对宗教的现代性批判

自从启蒙运动以来，人们的思想追求和价值取向都发生了重大革新。但是人们并未对启蒙运动的本质给予说明，只有康德才真正实现了对启蒙理性的本质概括。康德指出：

> 启蒙运动就是人类脱离自己加之于自己（Selbstverschudet）的不成熟状态。不成熟状态就是不经别人的引导，就对运用自己的理智（Verstand）无能为力。当其原因不在于缺乏理智，而在于不经别人的引导就缺乏勇气与决心去加以运用时，那么这种不成熟状态就是自己加之于自己的了。Sapere aude！要有勇气运用你自己的理智！这就是启蒙运动的口号。②

康德认为启蒙运动就是强调人们勇于运用自己的理性去认识和实践，启蒙运动的实质即赋予人们以理性的能力。因为人们具有了理性，因而可以思考什么是对的，什么是真的。或者说，人们具有了理性，因而可以思考"自然科学何以可能"和"形而上学何以可能"的问

---

① 朱学平：《古典与现代的冲突与融合——青年黑格尔思想的形成与演进》，湖南教育出版社 2010 年版，第 33 页。
② ［德］康德：《历史理性批判文集》，何兆武译，商务印书馆 1990 年版，第 23 页。

题。"什么是真的"问题亦即"自然科学何以可能",是指人们可以运用自己的理性构建知识体系,这涉及的是理论理性的能力;"什么是对的"问题亦即"形而上学何以可能",则是限制人们的知识能力,为道德伦理行为的实践留下地盘。

反过来说,凡是不被人的理性所规定的东西都是假的。比如,传统宗教思想中的上帝,如果不经过理性的设定就失去了存在的合理性。"康德在《纯粹理性批判》中据称驳斥了传统哲学证明上帝存在的证据。"① 康德将上帝的非法形而上学概念的起源追溯到人们渴望掌握统一宇宙知识的最终基础的愿望。他指出,柏拉图式的宇宙整体概念表达了这种解释性统一的目标,"只有事物在宇宙中相结合的整体才完全符合那个理念"②。柏拉图的理念论象征着人们希望建构一种可以统摄整个宇宙的理念知识体系。"但是,尽管柏拉图认为自己的理念是自身事物的原型,但对于康德来说,柏拉图的思想却被正确理解为要求对认识的统一,并就实践理性而言,要求普遍实现实践准则。"③ 在康德看来,基于柏拉图的这种理性思想,人们建构起来的最高统一体只是人们虚构的假象,因为这个统一体脱离了人们感性经验的检验范围。康德因此认为,现实中的宗教必须以那种可以指导人们进行现实实践的理想信念(上帝)为原型。真正的宗教必须满足以下几点要求:"第一,教会的统一性,即教会是唯一的;其次,纯粹性,纯然以促进道德为旨归;第三,以自由原则为处理教会内部以及宗教与国家之间关系的原则;第四,除了教会的偶然的规章制度之外,其宗旨永远不变。这样的教会纯粹是一个追求道德的松散的联合体,既非君主

---

① Paul Redding, "Hegel's Philosophy of Religion", *Nineteenth-Century Philosophy of Religion: The History of Western Philosophy of Religion*, Vol. 4, 2009.
② 《康德著作全集》第 3 卷,李秋零主编,中国人民大学出版社 2004 年版,第 243 页。
③ Paul Redding, "Hegel's Philosophy of Religion", *Nineteenth-Century Philosophy of Religion: The History of Western Philosophy of Religion*, Vol. 4, 2009.

制，亦非民主制，也不是贵族制，而是一种服从道德上的父亲的家庭合作社。"① 教会的这几点要求无不表现出真正的宗教是维护人之自由的宗教，教会不会教人向恶、不会压制人的道德，相反教会维护和保障人的道德。依据上帝的法则和自由意志建立的宗教是以理性与道德为基础的宗教而不是以仪式与教义律法为基础的宗教。假如一个人完全建立起了自己的纯粹理性的信仰，那么教义与律法对他来说就成为可有可无的东西。但是在现实的生活中，尘世的宗教需要依循教义教规劝导和启示生活在世俗中的人们去信仰上帝。尘世的现实宗教是使得人们接受上帝的一个必不可缺的手段，教会要强化信仰的神秘性来确保人们对上帝的虔敬。而强调信仰高于理性必然导致宗教对理性的压制。因此康德指出，在尘世建立上帝之国对人们来说是遥不可及的，以规章和律法为手段的世俗宗教与纯粹理性的宗教注定无法形成统一。

康德在《单纯理性限度内的宗教》（Die Religion Innerhalb der Blossen Vernunft）一书中弘扬理性的宗教，并将耶稣视为道德的榜样。他虽然不否认耶稣是"一个超自然的人"，但他指出"因为在实践的观点看来，假定后者对于我们并没有任何好处，因为我们加给这种显象的那个原型，永远还必须在我们自己（虽然是自然的人）里面寻找"②。因此，耶稣只有被人的理性所认知，并且指导人们的理性实践才有现实的意义。这种弘扬理性在宗教中具有重要地位的思想被学界命名为"理性神学"。与"理性神学"相对立的即压制和否定人类理性的"启示神学"，在康德的这一语境中，基督教和犹太教思想都属于"启示神学"，即宣扬通过天启而不是理性来认识上帝。

---

① 朱学平：《古典与现代的冲突与融合——青年黑格尔思想的形成与演进》，湖南教育出版社2010年版，第34页。
② 《康德著作全集》第6卷，李秋零主编，中国人民大学出版社2007年版，第63页。

第二章 黑格尔对现代性的接受：理性逻辑的高扬

康德的理性神学思想强调了上帝意志、个体理性、道德法则的"三者一致"，从而形成了一个"闭合"的系统。这个系统把个人的感性、欲望、情感，客观的具体事实，宗教教义的形式规定都排除在外。经过这些思考之后，人们发现只有经由理性规定之后人们才能获得自由。所以启蒙理性赋予人们以自由的意志，只有被理性规定了的行为才是真正符合自由意志的行为。邓晓芒先生对此指出：

> 因为人有自由意志，对此不必从认识论上推论或从科学上推论，它是一种实践的设定，即你可以也应当按照有来世、有上帝那样去做，而不管实际上是否有来世和上帝。所以在这两大悬设之外还有第三大悬设，或者说最根本的悬设——自由意志。自由意志的悬设是最根本的。因为我们设定了意志自由，所以我们必须设定灵魂不朽和上帝存在……因为有自由意志，所以人必须要有德，要有德又必须追求一种完满的善，即不仅仅是道德高尚，还要有与之相配的幸福，而要有这样完满的善就必须设定灵魂不朽和上帝存有。①

在康德看来，至善的可能性只有通过上帝的公设才能得到保证：

> 只有预设一个最高的理智，这种可能性才是可思议的；因此，假定一个最高的理智的存在与我们的义务的意识是结合在一起的，尽管这种假定本身是属于理论理性的；仅仅就理论理性而言，这种假定作为解释根据来看可以叫做假说，但在与一个毕竟通过道德法则提交给我们的客体（至善）的关系中，因而在与一种实践的意图中的需要的关系中，它就可以叫做信念，而且是纯粹性的信念，因为惟有纯粹的理性（不仅在其理论应用上，也在其实践

---

① 邓晓芒：《康德哲学讲演录》，广西师范大学出版社2006年版，第91页。

应用上）才是这种信念由以产生的源泉。①

基于纯粹理性假定上帝的存在，同时基于纯粹的理性设定道德实践的法则，这实质上是一种道德上的"主体论"（Subjectivism）——理性是主体，实践对象是客体。上帝保证了遵循道德律的人会得到相应的福报，进而，上帝成为主体理性的一种最高假设。"虽然道德的信仰并非对人的信仰，而为对上帝的信仰。然而这信仰的对象却非客体式客观存在，而是——最高的主体——绝对的自我。"②关于上帝存在的道德信仰是出自主体的，因此上帝最终以一种道德的、主体理性的方式被认知。康德强调人的理性是人实践行为的指导者，道德意志成为人的理性行为的核心，"如果道德意志乃是人类自我之核心——如果此一自我以道德为中心——而且，如果道德乃是世界观之核心的话，则此一世界观必须是出自主体的"③。上帝作为道德之公设出自主体的设定，那么道德原则也是出自主体的假设，甚至整个世界都是出自主体的设定。因此，上帝作为"最高公设"的理性神学思想本质上是一种道德上的"主体论"。

然而，道德上的"主体论"导致康德理性思想根本无法克服自身的二元对立性。因为道德原则出自主体的假设而忽视了客观的现实；同时，道德原则出自主体的理性而忽视感性诉求的丰富内容。要确保道德律的普遍有效性就必然强调主体与客体的二元性，不能因为现实生活的偶然性而任意更改。因此，康德试图用"上帝的公设"来弥补其思想中二元性的努力是失败的。康德提出，人们作为自由的"主体"

---

① 《康德著作全集》第5卷，李秋零主编，中国人民大学出版社2006年版，第133页。
② [德] 里夏德·克朗纳：《论康德与黑格尔》，关子尹译，同济大学出版社2004年版，第96页。
③ [德] 里夏德·克朗纳：《论康德与黑格尔》，关子尹译，同济大学出版社2004年版，第96页。

必然按照自己的自由意志去实践，这种对"主体"行为的肯定就是对现实世界中客观对象的否定。实践理性并不去认知对象的内容，而只是出自自由意志的目的，这便忽视了自然的客观性。为了使得主体的道德意志可以自由地行事，客观的自然必然受到限制。同时，主体的认知功能也受到了限制，因为"主体的认知功能必须自我限制才能够让主体的自由意志得到滋长"①。因此理性在认知领域处处受限，而在实践领域大展身手。实践理性统辖了人们的意志，而理论理性（认知理性）对感性世界加以条件限制。理论理性无法认识自然，而只能认识感性世界，实践理性与自然的关系反而更加密切。因为通过实践的意志，实践理性可以直接与自然发生关系。然而这并没有从实质上弥补主体与客体的对立，康德的实践理性以无视客观的现实为前提。因此，完全遵循上帝的诫命和意志建立的宗教只是一个理想的信念，不可能在现实中完全实现。

三 康德对黑格尔的影响

法国大革命把统治阶级以及与统治阶级联姻的宗教一同送上了断头台，但是当时的德国仍旧处在封建势力和传统宗教的阴影之下。德国的启蒙思想者们包括黑格尔在内都试图以批判宗教为手段批判德国的落后现状。德国的思想者们认为，要想改变德国的现状必须先要改变统治德国人民的思想和精神，而他们认为统治德国人民思想的是当时的传统宗教思想。对于黑格尔来说，更重要的是，同其他任何思想者相比，康德的哲学创造了一种语境，在这种语境中，康德在理论理性领域中认为认识上帝是不可能的，在实践理性领域中则认为上帝是主体理性的"假设"。简言之，康德哲学对上

---

① ［德］里夏德·克朗纳：《论康德与黑格尔》，关子尹译，同济大学出版社2004年版，第98页。

帝和宗教的理性化解构为黑格尔提供了批判社会现实和宗教弊端的理论武器。

黑格尔开始进行宗教问题的思考时,发现宗教本身陷入康德主义的语境之中:"我们的时代不再因为对上帝一无所知而感到忧虑,倒不如说,对上帝的认识甚至是不可能的这一点被看作是最高的洞见。基督教把'你们应该认识上帝'宣布为最高的绝对命令,被看作是一种蠢行。耶稣说'你们要完全,像你们的天父完全一样。'——对于我们时代的智慧来说,这样高的要求是一句空话。"① 基于康德主义的语境,对上帝的无知意味着上帝成了没有意义的"物自体"。因此,任何企图认识上帝的做法长期以来遭受驳斥,最后导致的结果是人们对上帝一无所知。既然人们无法通过自己的理性去认识关于上帝的内容和知识,那么上帝存在的合理性根基也就不存在了。

此外,康德对上帝存在证明的攻击不仅抹杀了这个或那个特定的证明,而且抹杀了任何证明上帝存在的企图。黑格尔认为,康德的攻击具有深远的影响,这种影响甚至渗透神学界,甚至连神学家们都放弃了证明上帝存在的计划,对神的本质的实质性追问几乎停止了。因此,神学不再被视为科学的皇后,而是属于宗教学说,成为人类学中的一个子领域,进而成为一种仅具有主观有效性的实践理性假设。黑格尔受康德的影响,认为上帝的存在取决于人类理性的设定。"黑格尔在其他地方清楚地表明,上帝的存在取决于对上帝有思想的人类的存在,而对于一个正统的基督徒来说,这听起来很像泛神论。在灵魂永生的问题上,黑格尔的辩护似乎同样令人担忧。黑格尔似乎很少说出肯定或否认灵魂是不朽的东西,而是将注意力转移到时间概念的问题上,这些时间概念由对立的概念'不朽'和

---

① [德]黑格尔:《宗教哲学讲演录》Ⅰ,燕宏远、张国良译,人民出版社2015年版,第25页。

第二章　黑格尔对现代性的接受：理性逻辑的高扬

'不朽'所预设。"①

康德的批判体系本身就是针对现代性对"无穷无尽的物体"的"知道"或者说认识问题。康德通过确定哪些问题属于人类理性可以回答的能力范围，而哪些问题不在人类理性的回答范围内，力求解决已经被广泛讨论但没有定论的问题。对上帝存在的理性批判是一种新的探究方式，这种探究方式不是对已知对象的探究，而是对知识对象的可能性条件的探究。对已知对象的感性直觉，其形式是时空，并且获得的认识结果可以通过可理解的范畴（例如因果、实质等）进行规定和思考。这种批判性探究的结果是，某些运用范畴的认知（自然科学和数学）被证明是合理的；另外一些运用范畴的认知，包括对形而上学对象（自我、世界和上帝）的认知则被认为不合理。由于没有与这些对象相对应的直觉，这些运用范畴的超验认识被认为违反了康德的关键原则，即没有直觉的概念是空洞的，试图仅仅根据概念进行思考就会陷入形而上学的幻觉。康德排除了超验的形而上学认知的可能性，认为只有内在经验的形而上学才是可能的。

黑格尔指出，康德坚持在学会认识之前要考察认识的能力和界限，这种能力和界限塑造了批判哲学。这种考察假定在进行认识活动之前应首先确定有关认识能力的性质和界限。黑格尔对此诘问道，这个探究如何执行？可以通过认知之外的任何其他方式执行吗？如果是这样，则涉及一种可以自我抵消的需求，也就是说，人们在认识之前就已经开始了认识：

> 假如说我们没有理性地认识到理性就不应该去从事哲学思考，那么根本就不应该开始，因为当我们认识到它时，我们才能理性

---

① Paul Redding, "Hegel's Philosophy of Religion", *Nineteenth‑Century Philosophy of Religion: The History of Western Philosophy of Religion*, Vol. 4, 2009.

地理解它；然而，由于我们正应该首先认识理性，我们才应该放弃这一点。这是那些夸夸其谈者（Gascogner）所提出的统一要求：不想下水就能学会游泳。不是理性的人，事先就不能研究理性的活动。①

尽管与康德有分歧，但黑格尔承认康德从实践理性出发探讨神学问题的做法具有重要意义。黑格尔早期最为关注的康德理性是"实践理性"。在黑格尔法兰克福时期以及之前的著作中，我们没有发现他对康德理论理性思想的直接论述。我们从黑格尔在图宾根时期的书信以及著述中发现，早期的黑格尔主要思考和探究的是《单纯理性限度内的宗教》和《实践理性批判》。伯尔尼时期在黑格尔代表作《耶稣传》（*Biographie von Jesus*）中，我们发现黑格尔仍然是主要在关注"实践理性"，至于"理论理性"（或者说认识论）在黑格尔看来仿佛无关紧要。康德实践理性对宗教神学思想的批判性深深地吸引了黑格尔。黑格尔认为，对神学问题的最有力批判是通过实践理性而不是理论理性或物理学。黑格尔借鉴康德的观点指出："我可以给予这样的社团以监督我的道德生活、给我以道德指导、要求我坦白我的过失并科给我相应的处罚的权利，但是这些权利只有当我决心把这些权利所赖以产生的义务加在我身上时，它们才能够保持下去。"② 黑格尔试图把宗教生活与康德实践理性指导下的道德生活联系起来，实现宗教生活的理性化。同时，黑格尔在其《宗教哲学讲演录》I（*Vorlesungen Uber Die Philosophie Der Religion* I）中声称，我们关注的不是以上帝作为自然神学的抽象对象，而是以上帝作为其共同体中存在的精神，并且"上帝的

---

① ［德］黑格尔：《宗教哲学讲演录》I，燕宏远、张国良译，人民出版社2015年版，第37页。

② ［德］黑格尔：《黑格尔早期神学著作》，贺麟译，上海人民出版社2012年版，第197页。

教义作为宗教教义来教导"① 我们在日常生活中的道德实践。

黑格尔和康德之间的相似之处延伸到从精神向上帝的跃升。黑格尔称赞康德在自由意志和实践理性的意识中正确地确立了这一提升的起点。因为康德的自由与无条件的道德法则相互蕴含，道德法则是自由的实践根据，而自由是道德法则的本质。因为只有一个自由的人才能理解应然的东西，其中一个人判断他可以做某事仅仅是因为他知道自己应该做某事，没有道德律的实践对他来说仍然是未知的。

> 如果人们假定，纯粹理性能够在自身中包含着一个实践的、亦即足以规定意志的根据，那么，就存在着实践的法则；但如果不是这样，那么，一切实践的原理都将是纯然的准则。②

通过把康德的绝对道德律与上帝的宗教律法相结合，黑格尔看到了把宗教教义理性化的可能性。宗教教义的理性化意味着上帝可以成为人们进行道德实践的指导者，而不仅仅是宗教生活中的崇拜者。所以，黑格尔受到康德的宗教批判思想的影响，试图批判性地改造传统宗教。

第二节 图宾根时期：初步接受现代性的理性逻辑

在黑格尔就读时的图宾根神学院（Eberhard – Karls – Universitaet Tuebingen），主要是一所教授传统宗教思想的大学。这所大学的性质使得黑格尔关注和思考宗教问题，但是这种关注与神学院的主流教育思想并不一致。或者说，黑格尔并不是在肯定的意义上关注宗教思想，

---

① 参见［德］黑格尔《宗教哲学讲演录》Ⅰ，燕宏远、张国良译，人民出版社2015年版，第153页。
② 《康德著作全集》第5卷，李秋零主编，中国人民大学出版社2006年版，第19页。

而是在一开始就对宗教思想持批判和怀疑态度。同时，由于受到康德理性思想和启蒙运动的影响，黑格尔在图宾根神学院求学时期对人类历史和社会变革这两个现代性主题都充满兴趣。这两个主题并不矛盾，因为要想进行现代社会变革就需要理解人类历史的发展规律，反过来说，只有通过对人类历史发展进行探索才能够深入理解社会起源以及社会现实问题的实质，进而思考现代社会变革问题。黑格尔通过对社会和历史的观察之后发现，社会历史与宗教是密不可分的关系——整个西方社会是以宗教为文化根基的社会，整个西方历史是以宗教的发展为推动力的历史。简言之，理性、社会历史和宗教是刺激黑格尔思考的三个重要方面。因此黑格尔在图宾根时期的思想主要受到三个方面的影响："第一，启蒙运动对基于自主理性的人类自我决定的自由的理想给黑格尔留下了深刻的印象，特别是在基于康德意义上发展而来的对个体勇于充分利用理性而没有寻求他人指导的意识鼓舞了黑格尔对理性的信心。其次，黑格尔充满了对人类存在内部以及人类与世界之间真正统一与和谐的渴望，因此渴望克服分裂，对立和异化的感觉。第三，他渴望实现一种以合理性为特征的宗教表达方式，即所有宗教主张都应通过明确的理性原则进行阐释。"① 一方面黑格尔受到启蒙运动和康德理性思想的影响开始重视人类理性的能力，另一方面黑格尔希望整个现代社会的各种矛盾能够得到和解。而对现代社会矛盾的和解就涉及宗教问题，或者说黑格尔认为宗教由于其顽固落后的传统不适应于当时社会的发展诉求。因此黑格尔希望用康德理性思想重新阐释基督教，实现宗教与哲学、信仰与理性的结合。

所以，黑格尔基于现代性的理性逻辑对基督教的顽固守旧倾向持强烈批判态度。在黑格尔看来，教会中的神职人员要么试图表面容纳

---

① Raymond Keith Williamson, *Introduction to Hegel's Philosophy of Religion SUNY Series in Hegelian Studies*, New York: State University of New York Press, 1984, p. 1.

启蒙运动的精神，同时保持传统不变；要么主张脱离世俗生活，完全沉浸在宗教的幻想之中。基督教强调宗教生活与现代生活的分裂这一点受到黑格尔的重点批判。黑格尔认为，基督教要适应时代和社会的发展需要就必须在世俗生活中建立根基。对人民世俗生活具有持久兴趣的宗教才是活的主观宗教。然而，参与宗教生活的经历使黑格尔确信基督教是一种死的"客观"宗教。因此，分析基督教的性质和缺陷以及探讨如何改变宗教的问题是黑格尔早期现代性批判思想的重点，这就是为什么可以准确地说他的工作的核心是宗教。

一 主观宗教与客观宗教：基于康德理性思想的分析

黑格尔对基督教的批判和怀疑一方面受到了理性主义思潮所宣扬的自由主义思想的影响，启蒙运动、康德主义思想和法国大革命宣扬的个人自由思想对处于蒙昧反动状态下的图宾根神学院造成了重大冲击；另一方面则是因为当时图宾根神学院教授的宗教思想和当时的社会现实处于脱节状态，这种脱节导致学生们非常反感学校宣传的教育观念。因此，黑格尔从大学求学时期开始一直到在伯尔尼和法兰克福做家庭教师的时期，都在反思和批判宗教思想。

图宾根时期，黑格尔写的第一部正式学术著作《民众宗教和基督教》(*Fragmente über Volksreligion und Christentum*，并未公开发表）中，对宗教做出了"主观宗教"（Subjective Religion）和"客观宗教"（Objective Religion）区分。黑格尔认为，"主观宗教"应该是尊重个人权利和生命自由的宗教，而不是压制人类情感诉求和理性能力的宗教。希腊时期的宗教被黑格尔认为是主观宗教的典范；而犹太教、基督教则被黑格尔称为"客观宗教"，客观宗教约束人的自由、造成个人意志与现实生活、个人理性与宗教教义的对立。黑格尔认为，凡是尊重人的内心情感、意志自由和理性能力的宗教，即真正意义上的宗教，是

"主观宗教";与之相对,拘泥于僵化的教义的宗教,即形式化的宗教,是"客观宗教"。

　　黑格尔把古希腊宗教看作主观宗教,这与西方人把古希腊当作精神家园的情节分不开。当时的德国处于理性主义和浪漫主义思想的影响下,同时又充斥着对古希腊精神的向往。向往古希腊思想是当时德国学界一种十分普遍的现象,康德、歌德(Johann Wolfgang von Goethe)、席勒(Johann Christoph Friedrich von Schiller)、黑格尔及其他同学谢林、荷尔德林都是古希腊精神的支持者和"粉丝"。"希腊,一个不断再现的记忆。在记忆中,那段日子,天和地还没有分开,人类和世界与自己是一体的……那时的希腊,天和地似乎是没有分开的。真实与非真实交错在一起。人与神很接近,紧密在一起。"① 古希腊宗教精神首先倡导主体与客体的统一,人与世界是统一的;其次倡导万物有机融合的思想,天和地、人与环境都是一体的;最后倡导浪漫主义情节,古希腊精神的浪漫主义和对自由的渴求是一致的。古希腊精神的各种本质都深深吸引着德国的思想者。

　　黑格尔思想的一生都蕴含着对古希腊思想的倾慕之情。他对古希腊精神的向往最早可以追溯至其中学求学时期,他在这一时期所写的一篇重要文章《论希腊人和罗马人的宗教》(1787年8月10日作)中表现出对古希腊精神的尊崇和赞赏。图宾根时期的黑格尔、谢林和荷尔德林在对法国大革命表现出浓厚兴趣的同时,对雅典时期的古希腊精神也充满了向往。黑格尔在这一时期把启蒙运动、法国大革命宣传的思想和古希腊精神看作具有内在一致性的思想。黑格尔认为,启蒙运动和法国大革命所宣传的理性主义就是古希腊的理性主义,同时也是德国人民需要的理性主义。"在他们自己的心目中,他们把对法国大

---

① [德]莉塔·古金斯基:《与黑格尔同在的夜晚》,林敏雅译,(台北)玉山社出版事业股份有限公司2009年版,第90页。

革命的热情和希望,与他们对古希腊不断增长的钦佩结合起来。"① 法国大革命所宣扬的自由、平等、博爱的精神亦即古希腊宗教精神的表征,法国大革命所追求的社会生活方式亦即古希腊宗教所倡导的生活方式。特里·平卡德(Terry Pinkard)这样评价黑格尔关于法国大革命与希腊宗教精神之间关系的看法:

> 他们继续把法国大革命理解成一种新的改革,三个朋友着手用古希腊雅典时期理想化形象,来描述这种精神上的重生。黑格尔和荷尔德林理想中的希腊的形式,还在于部分地凭借他们所理解的卢梭理想化的乌托邦。理想化古典希腊城邦开始代表着的是,他们希望法国大革命将给欧洲带来的东西,特别是将给神圣罗马帝国的衰朽结构带来的东西,并且,理想化古典希腊城邦被他们看作一种社会生活,在这种社会生活中,个人并不疏远周围的社会秩序,在这种社会生活中,政治、宗教和日常生活中的社会习俗,被用来维护个人本身在世界中的地位观念,而非被慵懒削弱这种地位观念。②

希腊生活的方式和习俗,在黑格尔看来是与法国大革命所追求的自由、平等、爱等精神联系在一起的。黑格尔对当时宗教所进行的批判往往是以古希腊宗教思想为标准,他认为古希腊宗教思想应该被用来改造当时的基督教与犹太教。

威廉姆森(Raymond Keith Williamson)认为可以把黑格尔关于希腊宗教与基督教、主观宗教与客观宗教的差异总结为知性(Verstand)

---

① [美]特里·平卡德:《黑格尔传》,朱进东、朱天幸译,商务印书馆2015年版,第33页。
② [美]特里·平卡德:《黑格尔传》,朱进东、朱天幸译,商务印书馆2015年版,第32—33页。

和理性（Vernunft）之间的区别：

一方面，基督教作为知性的宗教是客观的宗教，无条件地把宗教和上帝的权威强加于人，因而个人与宗教的关系是异化的。同时，个人与社会的关系也是异化的，因为在客观宗教面前，人们的精神和需求是割裂的。宗教只要求对教义、仪式、信仰内容的知识（Verstand）和记忆（Gedächtnis），而不要求人们的情感认同。当宗教系统化，强调以书面形式进行表达，同时减少可以口头讲授的内容时，宗教就变为客观宗教。

另一方面，希腊宗教作为理性的宗教是主观的宗教，它源于人们的经验并反映人们的经验，因此能够满足人们的需要。这种需要既包括发自生命本能的自然需要，也包括发自精神诉求的理性需要。基督教只关注信仰的内容、信条、教条和仪式，因而仅仅是知性和教条式的记忆。基督教的信仰只强调屈从和死亡，而不尊重自由和生命。因此，基督教在他那个社会所表达的无非客观宗教、知性宗教。相反，希腊宗教是一种主观宗教，是直接体验的宗教。希腊宗教在本质上关注个人的自由，为人类的自由解放提供教义上的支持，因而是理性的宗教。

黑格尔通过使用知性和理性这两个术语来解释两种宗教的差别，进而也就解释了古希腊社会和当时社会的差别。这对黑格尔来说是一个重要的区别，因为他在其中找到了理解社会问题本质的关键，即以知性（Verstand）为特征理解当时基督教社会的本质，以理性（Vernunft）为特征理解希腊社会的本质。[1] 基于这种差别黑格尔认为自己找到了改革和更新当代社会的方式和线索。

在黑格尔看来，基督教在很多方面都表现出僵化落后的特征，不

---

[1] Raymond Keith Williamson, *Introduction to Hegel's Philosophy of Religion SUNY Series in Hegelian Studies*, New York: State University of New York Press, 1984, p. 12.

适合现代社会的发展需求。当代社会的不和谐、分裂和异化等问题皆是因为基督教的僵化落后因素渗透社会各个领域而造成的。青年黑格尔对宗教和社会问题的思考所得出的结论正是基于他对人类历史的研究。通过对人类历史的研究，黑格尔注意到希腊宗教与基督教之间存在明显的差异，而这种差异在黑格尔看来是建立在古希腊社会与德国社会之间的鲜明差别的基础之上的。基督教起源于德国之外的地方，对德国人来说是外来的、异化的。因此，基督教的精神与当时德国人的精神和需求背道而驰。基督教只是作为一种外部权威强加给德国人。与之相对，希腊宗教在黑格尔看来源于希腊人民的社会生活经历并反映了他们的经历，进而构成了他们文化的重要部分。因此希腊宗教深深植根于希腊人民的精神之中。通过对比基督教和希腊宗教，黑格尔发现，客观宗教是现行的、僵死的、客观的宗教，而主观宗教是发自人的心情的、内在的、主观的宗教，是人们真正相信的、内心认同的宗教。概言之，客观宗教是"死"的，主观宗教是"活"的。

运用康德的知性来界定黑格尔对基督教和当时社会的看法很明显是精确的，不过黑格尔关于主观宗教的定义很明显要比"理性"界定的内容更加丰富。黑格尔认为主观宗教不仅仅尊重人的理性，而且尊重人的情感、意志和内心世界。威廉姆森也意识到了黑格尔的这一观点，他说："在主观宗教中，听从内心的声音要比知性更加重要，莱辛在《智者纳旦》（*Nathan*）中的修道士和耶稣接受'怀着爱与善意的信徒，一个曾经过着恶名昭彰生活的女人为他的身体涂油'都证明了内心声音的重要性。"① 只有听从内心的声音才能真正地将宗教原则转化为实际行动，过上更好的生活。内心深处的声音既包括感性的情感和意志，也包括理性的普遍原则。强调服从内心的普遍原则这一点是

---

① Raymond Keith Williamson, *Introduction to Hegel's Philosophy of Religion SUNY Series in Hegelian Studies*, New York: State University of New York Press, 1984, p. 16.

黑格尔受到了康德道德律令思想的影响。康德强调人们的行为实践要服从心中的绝对律令，因此在这里黑格尔把康德的绝对律令和宗教的原则看作统一的。对于黑格尔来说，这些发自内心的普遍原则和实际行动才是主观宗教的本质。同时，黑格尔认为，宗教的主观性不仅仅体现在听从内心的普遍法则，同时也表现在听从内在的情感和本能。所以宗教的主观性既要能够打动人们的内心（包括情感和意志），为人类的行为提供动力，也要能够服从内心的理性原则，为人们行动的目标提供理由和支持。

所以在黑格尔看来，真正的宗教不应该只强调客观的知识和抽象的理智，更应该注重丰富的情感，同时尊重我们的意志自由。"宗教不仅只是历史性的或理性化的知识，而乃是一种令我们的心灵感兴趣，并深深地影响我们的情感和决定我们的意志的东西。"① 之所以做出这种区分，是因为黑格尔在这一时期认为，宗教乃是心情的事情。狂飙突进和浪漫主义思潮对启蒙理性的反思性批判影响了黑格尔，使得黑格尔认为只有当宗教起源于感觉和行为的直接经验时，它才是主观的。哈里斯（Henry S. Harris）指出："主观宗教是活的，它对我们的内在心灵有效，同时对我们的外在行为有效。"② 主观宗教被比喻为自然界的生物，而客观宗教则被认为类似于保存在博物馆陈列柜中的自然物种。与自然无限且相互联系的各种目的相反，这些"自然物种"都被安排用于特定的研究目的。基督教在传播信仰时的方式简化为要求信徒相信仅需学习书籍就可以获得信仰，而不是利用新的启蒙理性重新思考当代基督教神学的内容。主观宗教不仅仅强调抽象的知识和理智，而更强调关注于人的心情与情感，是一种内心的感受。黑格尔说："当

---

① ［德］黑格尔：《黑格尔早期神学著作》，贺麟译，上海人民出版社2012年版，第9页。
② Henry S. Harris, *Hegel's Development: Toward the Sunlight*, 1770–1801, Oxford: Clarendon Press, 1972, p. 180.

我说，某一个人有宗教时，我不是指他对于宗教有很多知识，反之，我的意思是说，他的心感到了上帝的行动、上帝的神迹和上帝的临近。他的心在他的本性里、在人的命运里认识了并且看到了上帝。"① 真正的宗教是人们在自己的生命本性中，在自己最内在的心灵感触中发现和看到了上帝，而不是把上帝看作一个客观的、外在的、存在于教义中和神学中的知识。宗教之所以能够长久以来保持着对信徒的吸引力，是因为宗教从来不依靠理智和抽象的知识使人们信服。

　　黑格尔认为客观宗教忽视了人们的内心情感，而片面强调抽象的理智和僵死的知识。"理智的活动、理智的怀疑只能使心情冷淡，而不能使他热恋。启蒙的理智力量对于促进人的改善、教导人具有伟大的坚强的意向，达到高尚的情操和坚决的独立自主，并不起多大作用。"② 理智并不能使得人们的信仰更加坚定，相反有可能会起反作用，动摇人们的信仰；理智并不能提高人们的道德水平，相反，理性的计较可能会使人道德堕落、心灵污浊。而坚定人们的信仰和理想的只能是"主观宗教"。"客观宗教等同于神学，等同于已确立的、得到传播的信仰学说，等同于教会的慈善机构的体现。主观宗教贯穿于一个人的整个生活中；它是关于人心的问题，而不是关于学说的问题，它激起置身于它之中的个人，按照一定的方式做事，而这种方式是干瘪的客观宗教学说所不能决定的。"③ 黑格尔把客观宗教对教义和抽象知识的坚持看作一个东西，即都是不尊重人的内心情感和意志的抽象知识。

　　这种强调抽象知识的宗教思想即我们所熟知的"神学"思想。黑格尔说："当我说到宗教时，我总是完全从其中把关于神的一切科学的知识，或者毋宁说形而上学的知识、人与神以及全世界与神的关系等

---

① ［德］黑格尔：《黑格尔早期神学著作》，贺麟译，上海人民出版社2012年版，第11页。
② ［德］黑格尔：《黑格尔早期神学著作》，贺麟译，上海人民出版社2012年版，第16页。
③ ［美］特里·平卡德：《黑格尔传》，朱进东、朱天幸译，商务印书馆2015年版，第40页。

等的知识都抽象掉了。这种仅仅为抽象论证的理智所从事寻求的知识，只是神学。而不复是宗教。"① 片面强调知识的神学思想，在黑格尔看来即客观宗教，因为神学同样只是强调关于神的形而上学知识，只是强调人神关系、神与世界的关系等抽象知识。赵林先生对此评价道："在黑格尔看来，宗教是完全不同于神学的东西。神学即所谓的客观宗教，它是大众所信仰的宗教，在那里起作用的力量是理智和记忆，它寻求知识和透彻思维，并把所知和所思的结果凝固为一个权威性的体系或者一本书，强迫人们去信仰。"② 客观宗教或者说神学是一种忽视个人内心的情感与意志的抽象理性，是抽象的理性把关于神的心情客观化为知识的结果。

我们可以发现黑格尔这一时期思想中的矛盾之处。一方面赞同以康德的理性思想解读基督教和当时的社会本质，另一方面又认为仅仅从理性出发不足以解释他内心的真正宗教——主观宗教。经过对黑格尔早期思想发展的考察，我们发现产生矛盾的原因在于，黑格尔在这一时期不仅仅受到康德的影响，同时也在阅读卢梭、门德尔松和莱辛的作品；黑格尔不仅仅对启蒙运动所强调的理性原则充满期待，同时也对启蒙理性的局限性有所警惕。可以说，黑格尔在这一时期的思想是复杂的，有些地方甚至存在着自我冲突，不过黑格尔到了法兰克福时期真正克服了这一矛盾。在图宾根时期黑格尔在对比主观宗教和客观宗教的差异时，思想中已经隐藏着对康德的不满之处，即认为仅仅从理性出发容易导致对个人心情的忽视。

主观宗教仅仅只是基于心情的一种宗教吗？黑格尔在反思主观宗教与客观宗教的过程中，对如何划分是主观宗教还是客观宗教的依据也在不断地进行思考。黑格尔思考划分依据时指出："应该如何来评

---

① ［德］黑格尔:《黑格尔早期神学著作》，贺麟译，上海人民出版社2012年版，第13页。
② 赵林:《黑格尔的宗教哲学》，武汉大学出版社2005年版，第69页。

判宗教是主观宗教还是客观宗教?主要是考虑其情感成分吗?客观宗教不如说是神学,见费希特序言。为了保持宗教仍然是宗教,理智推论在多大程度上掺入其中呢?"① 神学方面的知识,理智的推论在真正的宗教中亦即在主观宗教中依然起作用,假如一个宗教没有神学知识,那么这个宗教同样不能算是真正的宗教。那么,主要考虑情感成分,同时兼顾了理智推论的神学知识的宗教就算是真正的宗教了吗?或言之,真正的宗教是主观的心情与客观的教义的统一吗?如果我们认为是这样,那么,我们是否可以把情感作为评判一个宗教作为真正宗教的依据?就此意义而言,黑格尔认为,这种标准并不贴切,因而马上便不再局限于主观宗教与客观宗教的划分,而是过渡到民众宗教。

二 民众宗教:个人理性的现实化

对于黑格尔、谢林、荷尔德林和他们这一代的许多其他成员来说,传统宗教主义的生活方式已经过时,黑格尔和他的朋友们试图成为一种新生活方式诞生的"助产士"。从一开始,黑格尔参与这些复杂的社会、文化和政治变革的核心推动力是探索宗教在为现代世界提供社会凝聚力方面的作用。尽管他在早期写了很多关于宗教的文章,但他并不是以任何传统意义上的神学家的身份写作,而是以一名现代性作家的身份写作。黑格尔列举主观宗教与客观宗教的差异并不是单纯地批判和否定基督教,更多的是想为德意志人民建立自己的宗教。贯穿他 18 世纪 90 年代著作的指导思想是公民宗教(Civil Religion)或民众宗教(Vorksreligion)如何充当现代社会的黏合剂,而不是压迫或侵犯个人理性与自由的工具。在这些著作中,他认为基督教无法

---

① [德] 黑格尔:《黑格尔早期神学著作》,贺麟译,上海人民出版社 2012 年版,第 394 页。

扮演这个角色，并探讨了基督教失败的根源以及替代方案的可能性。黑格尔寻求一种融入生活各个方面的宗教，一种不是国教的公民宗教。这一时期，黑格尔几乎所有的著作都在考虑宗教在克服现代社会和自我分裂方面可能发挥的作用。通过更广泛地关注宗教对现代社会的影响，黑格尔试图阐明现代社会对民众宗教的要求以及实现这些要求的可能性。

那么，如何建立人们普遍认可的"公民宗教"或者说"民众宗教"？黑格尔认为，民众宗教应该是人民从内心中普遍认可的宗教，希腊宗教就是古希腊人"真正相信的、用心感受的"宗教，因而是希腊人自己的民众宗教。很明显，他的"民众宗教"的理想是由古希腊提供的。希腊哲学思想为黑格尔提供了关于神格的更为开明和崇高的概念，尤其是关于人类命运方面的崇高概念。受到希腊思想的影响，黑格尔认为，上帝赋予每个人足够的能力和力量来实现幸福，即通过个人的理性能力和善良意志来实现真正的幸福。但是，这只是希腊人的民众宗教，而不是德国的民众宗教。因此，如何把希腊人的民众宗教在当时的社会现实中实现出来就成为黑格尔思索的重要问题。在前面我们已经提及黑格尔认为希腊宗教是"主观宗教"，而希腊宗教的现实化也就是主观宗教的现实化和对象化，即"民众宗教"。

基于此，黑格尔并没有因为关注"民众宗教"就放弃了"主观宗教"。在黑格尔看来，二者是一个东西，只不过主观宗教主要是指个体性、个人的宗教，而民众宗教是社会性的主观宗教。哈里斯指出，民众宗教"就像活着的自然秩序，每个生物都过着自己的生活并有自己的目的，但它们彼此依存"。[①] 因此，在谈到民众宗教时，黑格尔讨论了主观宗教对于社会和共同体的意义。"民众宗教"首先具有主观宗教

---

① Henry S. Harris, *Hegel's Development: Toward the Sunlight, 1770 – 1801*, Oxford: Clarendon Press, 1972, p. 484.

的特征，这种宗教尊重人的情感和意志的自由，是美的、自由的宗教。"对黑格尔来说，希腊宗教是一种富于想象力和热情的宗教。"① 古希腊宗教既是富有想象力的、美的"主观宗教"，也是富有想象力、美的"民众宗教"。在黑格尔所有早期著作中我们发现，古希腊宗教是黑格尔唯一一种只给予赞美之词，而未进行批评的宗教。同时，"民众宗教"也具有了客观宗教的特征。即"民众宗教"要想成为真正的宗教，必须在现实生活中实现出来，宗教在现实生活的实现必须要有教义、教规、仪式、禁忌等各种客观的东西。综合而言，"民众宗教"是主观宗教与客观宗教的统一。

所以，黑格尔希望把客观的基督教改造为"民众宗教"。黑格尔在图宾根时期大部分注意力都放在对古希腊人的宗教与当代德国的基督教之间进行的比较上，这不仅在于他对客观宗教和主观宗教的理解，而且在于他对民众宗教（公民宗教）的理解。民众宗教与人民的精神紧密相关，并构成人民文化中的重要元素。古希腊宗教与当时的基督教之间形成了鲜明的对比，前者具有自然的自发性，而后者则具有非自然的人为性。通过对人类历史的研究，黑格尔认为希腊城邦提供了一种理想的社会模式，因为它是一个和谐统一的社会，享有真正的自由，外部权威让位于内部自决。与之形成鲜明对比的是，黑格尔认为18世纪的社会是一个以不和谐和对立性为特征的社会，在这种社会中，人们在屈从于外部权威的条件下生活。在黑格尔的术语中，这是一个屈从权威的社会，是一个异化（Entfremdung）的社会。

但是，德国当时的社会状况并不能直接复活希腊宗教作为自己民族的宗教。因为大多数普通民众由于受教育水平等限制并不熟识希腊宗教的精神，所以无法"为普通民众建立宗教"。德国社会要想建立民

---

① ［德］里夏德·克朗纳：《论康德与黑格尔》，关子尹译，同济大学出版社2004年版，第149页。

众宗教，必须添加其他元素，并且必须将"纯粹原理嵌入合情合理的外壳（Sensible Shell）中"①，以及把基督教的原理和德国的民族精神以及民族诉求结合起来。那么，健康的民众宗教的标准是什么？黑格尔认为民众宗教必须符合以下三条标准：②

一，民众宗教的思想必须以普遍理性为基础。

二，幻想、内心和情感决不能因理性作为基础而消失。

三，国家的公共事务与个人生活的所有需求必须紧密联系在一起。

这三条标准是黑格尔依据希腊宗教的性质建立起来的，或者说希腊宗教作为民众宗教的原型，为民众宗教提供了标准。

第一，民众宗教的学说必须建立在一般理性之上。古希腊宗教奠基于古希腊理性精神之上，是一种理性的宗教。尽管古希腊宗教也在宣扬神，但是宣扬神的目的并不是去蒙昧人民，而是鼓励民众发扬自己的理性，维护自己的自由。希腊神话中的诸神都是理性与自由的化身，为了追求自由，他们同自然斗争，与敌人战斗，坚忍顽强、足智多谋。在黑格尔看来，宗教不应该停留在知性的水平上，因为这仅仅是关于教义的理论讨论，并不符合理性的要求。为了满足这些要求，即使声称以神圣启示为基础的学说，也必须"真正地由人类的普遍理性确认"③ 其合理性；它们"也必须是简单的"，而不是基于晦涩而复杂的论点；他们必须是"人道的"，即必须表明人不是抽象的人，而是真实的人，并且在他们处于的活生生的现实生活中必须得到事实的满

---

① Henry S. Harris, *Hegel's Development: Toward the Sunlight, 1770 – 1801*, Oxford: Clarendon Press, 1972, 1972, p. 491.

② Henry S. Harris, *Hegel's Development: Toward the Sunlight, 1770 – 1801*, Oxford: Clarendon Press, 1972, p. 499.

③ Henry S. Harris, *Hegel's Development: Toward the Sunlight, 1770 – 1801*, Oxford: Clarendon Press, 1972, p. 499.

足。因此，民众宗教的学说必须"与人民所达到的精神文化和道德阶段相适应"①，亦即民众宗教必须和人们的理性以及社会道德生活相适应。如果宗教的精神被囚禁于传统的教义教条中，那么它作为信仰就会成为人们沉重的负担。而如果要求人民将教义作为普遍准则去接受，这在现代性冲击下的西方社会变得不再现实。宗教必须在以普遍理性为基础的同时，结合当时的具体情况来使人们接受。

第二，它必须使心灵和感觉从它这里各有收获，而不是空无所得。古希腊宗教是一种劝人入世的宗教，其宗教的一切元素无不强调人们要注重生活的具体性和丰富性。在黑格尔的主张中，对康德的隐含批评在以下观点中变得更加明显，即仅靠理性是不够的。因为，民众宗教不应忽视人们的感性和情感。宗教概念的要素、基本习俗（例如基督教中的受洗和圣餐）以及仪式应兼顾人的内心和爱好。概念应以美丽的图像和神话来表达；基本习俗的结构应源于"人民的精神"，"否则他们将没有生命，冷冰冰，没有力量"②；并且在仪式上应使用色彩、戏剧、民族节日等方式，尽管应始终注意确保构成宗教仪式的表象不"被视为宗教的本质"③。希腊宗教是一种扎根于生活、来源于生活、包容了与生活相关的一切文化因素的宗教，这种宗教的目的在于让人更加平等、更加自由。"仪式、节日、游行、运动会、神谕、祭礼，总而言之，是宗教活动；它也是关于神话故事、关于神在具体情况下的所作所为，而不是关于抽象教条的东西。"④古希腊宗教异于近代宗教的地方之一就在于它是关注生活和俗世的宗教。古希腊宗教更多地体

---

① Henry S. Harris, *Hegel's Development: Toward the Sunlight, 1770 – 1801*, Oxford: Clarendon Press, 1972, p. 500.
② Henry S. Harris, *Hegel's Development: Toward the Sunlight, 1770 – 1801*, Oxford: Clarendon Press, 1972, p. 504.
③ Henry S. Harris, *Hegel's Development: Toward the Sunlight, 1770 – 1801*, Oxford: Clarendon Press, 1972, p. 504.
④ 张广智：《世界文化史》古代卷，浙江人民出版社2000年版，第219页。

现为一种日常生活之中的活动——仪式、节日、游行、运动会、神谕、祭礼、集会、狂欢等既是人们的宗教仪式也是人们的公共生活。这种对宗教与生活的一致性使得古希腊宗教是一种公共生活、公共参与的宗教。它不是避世的，相反，它鼓励人们热爱、享受世俗的生活。

第三，在人们接受的教义和实践的生活方式之间不应有任何差异。当然，黑格尔所谓的生活方式不仅是指个人的生活方式，还代表社会的生活方式。正如哈里斯所说，"民众宗教与政治自由息息相关，因为它激发并滋养了维持自由体制法的崇高情绪。民众宗教，历史传统和一个民族的政治体制共同构成了民族精神"①。因此，人们可以得出一个卢卡奇的结论："即使只是图宾根大学的学生，（黑格尔）也已经将主观的公共宗教视为人民的自我解放的宗教。"②古希腊人的宗教就是"公民"参与的或者民众的宗教，一切宗教活动，都是公共生活和社会活动。"不是自然，而是社会才是神话（宗教）的原型。宗教的所有基本主旨都是人的社会生活的投影。靠着这种投影，自然成了社会化世界的映像；自然反映了社会的全部基本特征，反映了社会的组织和结构区域的划分和再划分。"③古希腊宗教生活就是社会公共生活的投影，社会是宗教的原型。因此对宗教虔诚的人们也便会积极地投入公共生活，而人们参与公共生活也便是一种对宗教的信仰。古希腊宗教并不限制人们的社会生活，反而鼓励人们积极地参与社会公共生活。古希腊这种尊重民众参与公共生活的做法与启蒙运动所倡导的公民自由有相契合之处。这种不约束使得古希腊宗教在德国思想者看来是一种尊重理性与自由的宗教。

---

① Henry S. Harris, *Hegel's Development: Toward the Sunlight, 1770–1801*, Oxford: Clarendon Press, 1972, p. 149.

② György Lukács, *The Young Hegel*, Trans by. R. Livingstone, London: Merlin Press, 1975, p. 29.

③ ［德］恩斯特·卡西尔：《人论》，甘阳译，上海译文出版社2011年版，第101页。

第二章 黑格尔对现代性的接受：理性逻辑的高扬

从民众宗教的三条标准出发，黑格尔在图宾根时期《民众宗教和基督教》一文中把古希腊宗教称为"主观宗教"并且进一步上升为"民众宗教"。通过古希腊宗教精神与基督教精神的比较，黑格尔发现，基督教是"客观宗教"而不是民众宗教。当然，把基督教界定为客观宗教有一定的片面性，因为基督教从历史的角度进行考察有其民众性的一面。但是黑格尔"研究基督教的一个主要目的就在于，考察基督教是否能够有利于人们参与公共生活和实践生活"[①]。宗教的目的是否有利于人们的实践成为黑格尔判定一个宗教是否是民众宗教的重要标准。黑格尔从三个方面论证基督教不符合民众宗教的标准。

第一，基督教的教义与教规不符合人的理性与人性。自文艺复兴以来，西方对传统宗教的批判往往伴随着维护人的自由与理性的目的。黑格尔对传统宗教的批判也是以基督教阻碍了人的理性与人性为契机。纵观黑格尔整个思想历程，我们发现维护人的自由与理性始终是黑格尔追求的目的。这一时期，黑格尔以追求古希腊宗教精神的实现为目标。黑格尔认为："希腊人这种信仰一方面尊重自然必然性的流转过程，（另一方面）同时具有这种信心，相信神灵是按照道德律统治人的，所以它在神的崇高性面前显得是有人情味的……"[②] 古希腊宗教的信仰建立在对理性的深刻认同之上，建立在人性之上；与之相对的是基督教的教义违背了人们的理性和人性。"在基督给他的学生和听众所定的诫命中有许多诫命，如不是以合乎德行精神的精神去实行它们，

[①] Henry S. Harris, *Hegel's Development: Toward the Sunlight, 1770–1801*, Oxford: Clarendon Press, p. 122.

[②] ［德］黑格尔：《黑格尔早期神学著作》，贺麟译，上海人民出版社2012年版，第48页。

而仅仅是按照字面去实行,它们就会是无益的,甚至有害的。"① 基督教的教义教规并不要求人们从理性上、道德上认同,而是建立在命令和强制的基础上。

第二,与古希腊宗教相比,基督教把人间描绘成一幅恐怖的地狱景象。基督教试图让基督徒在内心中认为,人活在世上就是为了赎罪和忏悔。他们有一种原罪观念,生活中的一切都是他们赎罪的契机,他们不能在人间发现任何一处乐土。与之相反,古希腊人对神则是充满了感谢与亲切,古希腊人的宗教仪式不是为了忏悔和赎罪,而是一种对自然与神灵的感激。古希腊宗教"神灵赏善罚恶(即让可怕的复仇之神来处理恶)的信仰建筑在理性的深刻道德需要上面(而理性却充满了活泼可爱的情感的温暖气息)"②。在古希腊人的心中,世间充满了爱与善意。而基督教则更多地强调世间的罪与恶,强调只有在彼岸世界才能得到解脱与救赎。

第三,基督教是一种私人的宗教,根本不关心公共生活。在黑格尔看来,宗教应该是公共的宗教,是民族解放的宗教,是维护民族尊严的宗教。"希腊人的民族节日无疑地全都是宗教的节日,对一个神或者对一个国家有功勋、因而也被神化了的人表示崇敬。一切节日活动,甚至豪饮的人群的狂欢也是奉献给一个神。"③ 在希腊宗教中,神与人的关系更多地体现在日常生活中,人与神的关系更为密切,仿佛人与神就是一体的。"图宾根时期的黑格尔的主要目的是提高一个民族的民族精神,使它昏睡中的民族尊严觉醒,使一个民族既不自暴自弃,也

---

① [德] 黑格尔:《黑格尔早期神学著作》,贺麟译,上海人民出版社2012年版,第48页。
② [德] 黑格尔:《黑格尔早期神学著作》,贺麟译,上海人民出版社2012年版,第31页。
③ [德] 黑格尔:《黑格尔早期神学著作》,贺麟译,上海人民出版社2012年版,第35页。

不听人谴责。"① 私人宗教的基督教根本不关心公共生活与民族尊严的问题，基督教的教义只是为了培养个人的私德。

基督教的上述种种弊病对人们参与公共生活造成了巨大威胁。黑格尔认为："宗教教义的力量应该与人类情感密切相关，成为人类行为冲动的重要影响和维系他们生活和活动秩序的重要力量，宗教应该成为完全主观的。"② 宗教不应该是压制人类情感和公共生活的宗教；相反，宗教应该是与人类主观情感和公共生活密切相关的宗教，只有这样才能保证人类的自由和完满性。而古希腊宗教能够恢复个人的整体性，古希腊宗教作为一种民众宗教是理性与感性的统一，这种民众宗教实现了人与人、人与城邦，甚至人与自然的统一。所以黑格尔希望将传统的基督教改造为新的"民众宗教"。"黑格尔非常确信新的宗教最后必须和自由握手并进。一个新的宗教的教条，必须保证它不再被滥用来压抑人们，贬低人民，万一真的成为了这样的宗教，人类有权逃避。"③ 新的宗教必须是不压制人的自由的宗教，是不再限制人们参与公共生活的宗教。或者说，新的宗教是上帝意志与人的自由相统一的宗教。新的宗教应该允许并且鼓励人们参与公共生活，并且人们在参与公共生活的过程中可以积极地争取自己的合法权利，实现自己的自由意志和整体性。

对一种非基督教（或者称之为宗教异端）的宗教思想进行肯定，这对于作为一名基督徒的黑格尔而言无疑是一项危险地尝试。平卡德

---

① 参考［匈］卢卡奇《青年黑格尔》，王玖兴译，商务出版社1963年版，第64页。王玖兴先生只是翻译了这部著作的部分内容，因此本书关于这部著作中未翻译部分的内容的引用参考了 György Lukács, *The Young Hegel*, Trans by, R. Livingstone, London: Merlin Press, 1975, p. 29。

② Henry S. Harris, *Hegel's Development: Toward the Sunlight, 1770–1801*, Oxford: Clarendon Press, 1972, p. 119.

③ ［德］莉塔·古金斯基：《与黑格尔同在的夜晚》，林敏雅译，（台北）玉山社出版事业股份有限公司2009年版，第137—138页。

认为，对非基督教思想的理想献身，是"对法国大革命的献身，并象征着的是，通过某种方式，在他们的心目中，他们把对法国大革命的热情和希望，与他们对古典希腊的不断增长的钦佩结合起来"①。黑格尔在基督教之外大加赞扬古希腊宗教思想，实质上是对法国大革命和启蒙理性的推崇的另一种表现形式。黑格尔希望通过以古希腊宗教思想对基督教思想的批判实现法国大革命对法国所导致的那种功绩——实现自由和解放。"图宾根"时期的思想表明黑格尔是如何看待关于宗教的自决自由的概念的：宗教不应停留在外在和客观的层面，而应源于经验，应是生活的一部分；这不仅是针对私人宗教而言，同时也针对公共宗教而言。宗教必须鼓励人们参与公共生活，并且与共同体精神契合。此外，黑格尔在图宾根时期的著作中表达了对整体性概念的向往和弥补对立问题的渴望。黑格尔认为应该实现人的整体性，因为宗教不仅是理性的问题，而且每个个人的各个方面都并非对立和矛盾的。同时，这种整体性也应在个人之间的关系中实现，并在个人与共同体或国家之间的有机统一中实现。可以看出，黑格尔的愿望在这一时期已经具有了社会哲学和政治哲学的倾向。②

第三节　伯尔尼时期：高扬理性逻辑

黑格尔在图宾根时期思考的核心问题是基督教信仰如何在当时进行重建以符合时代的要求。黑格尔对这一问题的思考一直持续到伯尔尼（Bern）时期，换句话说，黑格尔在图宾根时期的思考表明了他在伯尔尼时期所要关注的主要问题的方向。威廉姆森指出："在图宾根时

---

①　[美] 特里·平卡德：《黑格尔传》，朱进东、朱天幸译，商务印书馆2015年版，第33页。

②　Raymond Keith Williamson, *Introduction to Hegel's Philosophy of Religion SUNY Series in Hegelian Studies*, New York: State University of New York Press, 1984, p. 18.

期黑格尔并没有真正考虑好这一问题，基督教并不完全地符合他的'民众宗教'的理想。黑格尔似乎在伯尔尼已经越来越意识到这一点，他在伯尔尼最初的大部分作品都与这个问题有关。"① 可以说黑格尔在伯尔尼时期的思考是继续他在图宾根时期的未竟事业，即如何进一步批判性地改造基督教以适应现代性的诉求。

从图宾根时期的思想中我们可以发现，黑格尔试图通过康德理性思想改造基督教思想的影子，到了伯尔尼时期这种表现更加明显和直接。1793 年黑格尔在图宾根神学院毕业之后来到瑞士的伯尔尼，担任了三年左右的家庭教师。三年的家庭教师生涯是他的思想酝酿的重要时期，黑格尔思想的研究专家们指出，黑格尔在这一时期阅读了大量文献，并针对当时与时代相关的热点问题进行了积极的思考。这些思考促使黑格尔写作了《耶稣传》（*Das Leben Jesu*）和《基督教的实证性》（*Die Positivität der Christlichen Religion*）两篇著作，在这两篇文章中，黑格尔继续思考传统宗教，即基督教、犹太教的对立性。起初，黑格尔对基督教和犹太教表现出强烈批评的态度，而康德为黑格尔试图解决这种紧张状态的方法提供了线索，尽管该解决方案只是暂时的。

一 理性逻辑对宗教思想的批判

如果要把基督教改造为民众宗教以成为德国人自己的宗教，那么基督教就需要放弃自己的一些缺陷，并且添加其他一些好的因素。正如黑格尔在图宾根时期分析的那样，民众宗教是以理性为基础的宗教，并且是尊重人的世俗生活和公共生活的宗教，也就是说民众宗教下个人可以从自己的理性出发决定自己在世俗生活中的行为法则。黑格尔在"1794 年伯尔尼计划"写作的《基督教的实证性》一文中给

---

① Raymond Keith Williamson, *Introduction to Hegel's Philosophy of Religion SUNY Series in Hegelian Studies*, New York: State University of New York Press, 1984, p. 19.

自己提出了一个问题，即如何通过真正的民众宗教实现社会的变革。黑格尔认为，一个稳定的社会结构中教会和国家之间应该没有明显的对立，政治国家也是一个宗教和道德国家。因此，国家关注的是促进社会的道德品格和个人意识自由的发展。用黑格尔的话来说，宗教与国家的一致性只能通过使"客观宗教主观化"来实现。因此又回到了黑格尔重建基督教信仰的问题，所以他问道："基督教实现这一目的还需要多远？"① 因此基督教要想成为民众宗教需要尊重个人的理性自决和道德自由，康德为黑格尔的这一思想提供了直接的指导。"1795年，黑格尔经历了一次'康德式插曲'，在此期间，他认为康德提供了最充分的道德自由和理性自治的表述。"② 黑格尔继续坚持以康德理性对基督教的批判，并且在伯尔尼时期更进一步，上帝被黑格尔装扮成康德实践理性的化身，《圣经》被他用康德的道德律加以改造。

无论是在《基督教的实证性》中批判基督教，还是在《耶稣传》中为耶稣作传记都是在康德理性主义的视角下进行。平卡德认为："在《耶稣传》中耶稣的生活和学说被作了重新描述，以便或多或少与康德在《单纯理性限度内的宗教》中系统描述的观点相适应。在《耶稣传》中，耶稣不复以神启示的自然或超自然的拯救者面目出现，反而是以康德的'道德宗教'中最重要的阐释者之一面目出现。"③ 赵林先生也认为："黑格尔在《耶稣传》中阐述了理性的理想，基督教的教义被改造为康德的道德信仰。黑格尔第一次阐发了自己哲学的基本信念——上帝就是绝对理念——的胚芽，并强调理性是真理的唯一源

---

① Raymond Keith Williamson, *Introduction to Hegel's Philosophy of Religion SUNY Series in Hegelian Studies*, New York: State University of New York Press, 1984, p. 21.

② Raymond Keith Williamson, *Introduction to Hegel's Philosophy of Religion SUNY Series in Hegelian Studies*, New York: State University of New York Press, 1984, p. 31.

③ [美] 特里·平卡德:《黑格尔传》，朱进东、朱天幸译，商务印书馆2015年版，第61页。

泉。"① 在这一时期的黑格尔看来，康德的道德学说或者他的实践理性思想即耶稣本人传教的思想。康德认为道德思想需要通过实践理性建立起来。正是在康德哲学的影响下，黑格尔在批判传统宗教的矛盾时，也在思考和构建自己的哲学思想——上帝即绝对的理念。黑格尔在此后的哲学思想发展历程中，一直坚持上帝就是绝对理念，就是绝对真理。就这一点而言，康德对黑格尔的影响无疑是至关重要的。

康德理性思想成为黑格尔批判宗教问题、批判社会历史问题、实现上帝与人的统一、进而实现人类解放与自由的重要理论依据。这一时期的黑格尔逐步把握了康德道德哲学的精髓，即道德伦理法则的本质在于理性自我立法，在于自由。在黑格尔看来，自由的意志不应该受到感性世界的支配，没有外来的原因。黑格尔试图维护人的自由的初衷在伯尔尼时期并没有发生改变，与图宾根时期相比，所改变的只是维护自由的方式。伯尔尼时期的黑格尔以康德的理性思想来改造传统宗教的实证性。

与图宾根时期仅仅把对立性的宗教称之为"客观宗教"不同，黑格尔在伯尔尼时期认为，对立性的宗教即"实证宗教"。实证性（"Positivität"）就是要表达传统宗教的法定性、实定性、法规性和它的强制性、奴役性和压迫性。② 国内学者对于怎样翻译"Positivität"是有争议的，这个概念有三种译法。一是实证性，二是权威性，三是天启性。这几种译法各有道理，国内研究青年黑格尔思想的权威学者赵林与朱学平等先生倾向于译为"实证性"。因为这一译法最能够表达黑格尔的原意——黑格尔的原意就是要表达传统宗教的法定性、实定性、法规性和它的强制性、奴役性和压迫性。③ 这种强制性、奴役性势必造

---

① 赵林：《黑格尔的宗教哲学》，武汉大学出版社2005年版，第75页。
② 参见薛华《黑格尔、哈贝马斯与自由意识》，中国法制出版社2008年版，第4页。
③ 参见薛华《黑格尔、哈贝马斯与自由意识》，中国法制出版社2008年版，第4页。

成主体与客体、宗教徒与世界的对立，实证性的译法更能把宗教的对立性体现出来。据平卡德考证，黑格尔的"实证性"一词是一个源于法学的术语。"实证法""是一种在特殊法定共同体和政治共同体中实施的法律。在黑格尔自己的时代，实证法逐渐与后来被称作自然法的东西形成对比。"① 我们知道自然法是尊重自然秩序和法律规范基础的法，而实证法则是没有根据的、强制的、外在规定的法。黑格尔在这里用实证性来形容宗教，意指实证宗教是一种仅仅依赖于外在的权威，而不是依赖于人们的理性思考获得认同的宗教。这种强制性、奴役性势必造成主体与客体、宗教徒与世界的对立。黑格尔认为，宗教中的实证性依赖于权威的命令，而不是理性的法则。在黑格尔看来，耶稣从未打算建立一种实证性的宗教。对比了耶稣的教训与基督教的精神之后，耶稣被黑格尔描绘成一个伦理宗教的康德主义者，耶稣只希望人们自由并发展自己的力量来将道德法则诉诸自身；同时，耶稣的门徒们被黑格尔描绘成败坏了耶稣教义的一群人，他们将基督教树立为一种实证性宗教。

上帝成为康德理性的化身，人们理性中的神圣法则来自上帝。上帝告诉人们什么是应当，应当做什么，不应当做什么；按照上帝的旨意人们才知道什么是自己的义务，什么是善恶。"打破一切限制的纯粹理性即上帝，因此世界的规划一般讲来是按照理性制定的"，"理性世界的精神即上帝的精神。"② 道德教训的最高原理就是上帝。人们通过内在的精神就可以认识上帝与真理，真理在一切有理性的人的内部都可以展开。

耶稣作为上帝的圣子，与上帝完全同具一个本体。因此黑格尔认

---

① ［美］特里·平卡德：《黑格尔传》，朱进东、朱天幸译，商务印书馆2015年版，第64页。
② ［德］黑格尔：《黑格尔早期神学著作》，贺麟译，上海人民出版社2012年版，第80、86页。

为耶稣也是康德理性思想的化身，而基督教的精神则很明显违背了理性。其实，黑格尔在伯尔尼时期并没有一开始就把耶稣和康德思想联系起来，黑格尔最开始是以苏格拉底来分析耶稣。当然，这符合黑格尔以古希腊宗教和思想来分析当时社会和宗教的一贯做法。"黑格尔在伯尔尼的早期片段《在口头讲授之外》（Auber dem Mündlichen Unterricht）中强调了腐败社会的改革者的问题以及教育在腐败社会中何以可能。"① 在其中，他将注意力转向了对苏格拉底和耶稣的对比。黑格尔认为，由于苏格拉底和耶稣各自的社会实际状况存在差异，因此他们各自采取了不同的方式进行民众教育。耶稣特意选择成为一名私人老师，力求将自己和追随者与社会隔离开来，因为他意识到社会的腐败。苏格拉底没有做出任何逃离他的社会的尝试，他保持着自己是一名公共老师的身份进行民众教育。他充分参与了他社会中的公共生活。但与此同时，他享受着个人自由，他把自由的精神分享给他的朋友们。通过对比，黑格尔发现基督教的精神与耶稣的教训存在诸多不一致之处，而这种不一致需要进行进一步的分析。

　　黑格尔在1795年5月8日到1795年7月24日写作的《耶稣传》一书中则不再把耶稣和苏格拉底进行比较，而是把耶稣置于康德主义的语境之中。黑格尔认为，耶稣是康德意义上理想的道德老师的化身。如果正确理解耶稣，就会发现耶稣的教训（Teachings of Jesus）能够培养人们倾向于道德律的品格。但是黑格尔认为，由于历史情况和其他因素，耶稣的教训已经从这种创造性的力量扭曲为限制道德品格发展的客观权威，因为它维持了依赖权威的条件。进言之，耶稣已经被他的追随者们（耶稣门徒）神化了，因此他的真实本性和启示的性质被扭曲了；但是一旦理性去除了神性的面纱，耶稣教训的理性精神就会

---

① *Hegels Theologische Jugendschriften*, Edited by Herman Nohl, Tübingen: J. C. B. Mohr, 1907, pp. 30 – 35.

显现出来。因此，鉴于对耶稣精神的这种信念，黑格尔似乎已经确信有必要重新发现耶稣精神。他认为这样做是建立在理性坚定信心的基础上实现的适当的民众宗教。这些要求等于找到了在合理的基础上建立宗教的可能，该基础将培养对理性的道德律倾向，而基督教只有在这一意义上才能改变自身与耶稣教训相对立的局面，成为民众宗教。

黑格尔写《耶稣传》一个重要目的是驳斥当时部分顽固守旧的神学家误用康德思想的做法。当时部分神学家包括他在图宾根神学院读书时的教师们借用康德思想来证明自己的神学立场，特别是证明神秘启示的立场。谢林在1795年初写给黑格尔的信中抱怨说，在图宾根神学院，教师把康德实践理性思想注入正统神学，从而使得传统宗教神学焕发了新的生命力。因此，黑格尔写《耶稣传》的部分目的是捍卫康德免受神学院老师的误用。

黑格尔写《耶稣传》更重要的目的则是借用康德的理性思想批判性地改造基督教。在《耶稣传》中，黑格尔探讨了正确使用康德理性思想可以做什么——康德思想可以提供重新解释基督教的手段，这将成为真正的民众宗教的理性基础。耶稣最终被黑格尔表述为最高的道德老师，福音书中所有没有提供和省略的道德教训的内容，在基于理性为基础而建立的民众宗教中得到了体现，从而消除了基督教中任何与黑格尔的诉求相冲突的内容。因此，在福音书字面意义上拥有的神迹元素被黑格尔消除了，他仅保留了那些能够进行自然主义解释并从中得出道德教训的"神迹"故事。因此，"黑格尔没有提到神迹般的圣母玛利亚作为处女生子的故事，耶稣被简单地描述为约瑟夫和玛利亚的儿子，并且耶稣的生命因他的死与葬礼而告终，甚至没有提到复活"①。黑格尔撰写《耶稣传》对耶稣的生平进行说明，以表明

---

① Raymond Keith Williamson, *Introduction to Hegel's Philosophy of Religion SUNY Series in Hegelian Studies*, New York: State University of New York Press, 1984, p. 23.

他自己的"民众宗教"概念具有圣经的基础。他认为这不是对耶稣生平的故意篡改,而是清除了后来赋予耶稣的神圣光环,并澄清了基于理性基础的耶稣教义。此外,黑格尔在这一文章中并不是故意破坏当时人们虔诚的宗教信仰,而是通过清除历史记载中附着的实证性因素来正确地指导他们的虔信精神,从而正确地理解了耶稣教训的内容。

因此,黑格尔的《耶稣传》同时是一种用康德哲学表达福音的尝试——耶稣被描绘成一位讲解康德式道德的老师。黑格尔说:"我并不是想要把某种异己的东西或者武断的东西强加于人,反之认识到我所教导他们的东西乃是你的法则,这法则静静地潜伏在所有人的心坎中,只是不为人们所理解罢了。"① 在撰写《耶稣传》时,黑格尔认为,在康德哲学中可以清楚地阐明按照理性生活的实际含义。因此在这篇特殊文章中,康德的"绝对命令"和"福音的黄金法则"就清楚地表明黑格尔认为康德主义的道德律就是耶稣宣讲的道德法则。黑格尔表示对理性毫无保留的信念,并公开呼吁理性作为真正的民众宗教信仰的原则;实际上,在他的开场白中,他将这一原则确定为上帝自身:"那打破一切限制的纯粹理性就是上帝本身。因此世界的规则一般讲来是按照理性制定的。理性的功能在于使人认识他的生活的使命和无条件的目的。诚然理性常常被弄得晦暗了,但却从来没有完全熄灭过,即使在晦暗中,理性的微弱的闪光也还是保持着。"② 康德所谓的理性具有了神圣性,人们因而拥有超出自然的崇高力量——理性。因而人们可以通过理性控制自然,但神并不毁灭人的理性能力,而是引导它,使它高尚化。上帝要求人类按照他们的本能忠实地实践,按照他们对

---

① [德]黑格尔:《黑格尔早期神学著作》,贺麟译,上海人民出版社 2012 年版,第 141 页。
② [德]黑格尔:《黑格尔早期神学著作》,贺麟译,上海人民出版社 2012 年版,第 80 页。

道德的遵守评判他们的价值。人的本能即人的理性本能，理性的规律是自由地服从自己给自己的规训。在人的理性规律中指示行为符合上帝意志的人才是天国的一员。天国即善的王国，其中只有理性和法则支配。一切真正的宗教的目的和本质就是人的道德。理性之花即道德律，人之所以能进入天国是因为有配得上天国公民的道德律。人的理性有能力根据自身创造出神的概念和关于神的意志的知识，谁不尊重这种能力，谁就不尊重上帝；谁要是不遵守理性的道德律就不配享有天国公民的称号。

  黑格尔在论述康德主义的耶稣教训时，还进行了一个重要对比，即把耶稣的教训与基督教的精神进行对比。通过对比，黑格尔把耶稣教训与基督教的精神严格区分开来。一方面，耶稣要求门徒们为了道德法则尽职尽责，这是理性的要求；另一方面，耶稣的门徒们要求严格遵守一系列据说是上帝所命令的非理性规则，这是权威的律令，是反理性的要求。按照黑格尔的解释，遵循法律条文与按照自己的精神进行教育和实践形成对比，即遵循法律精神的行动不是基于权威的行动，耶稣从来没有刻意地采取行动去劝导人们对他产生特殊的信仰或以他为权威建立信仰。耶稣的教训不是"实证性"的，也不是要以新的专制制度取代旧的专制制度。对于黑格尔来说，基督教首先要激励人们获得自由，这是"实证性"的基督教做不到的。此外，他将康德的道德宗教理念与他自己对现代生活碎片化的批判相结合。启蒙的理性在每个人中不受阻碍的行动才是每个人的真正天命，这不能通过服从权威来实现，只能作为每个人的自由意志来实现。因此，人们一定会注意到黑格尔对激励人类自由和自治的渴望的强调。黑格尔提出耶稣是最能代表他在本文开始时所说的理性法则的人。

  黑格尔把康德的理性思想、耶稣的教训、上帝意志、道德法则看作一个东西,而把传统宗教的教义看作违背理性和上帝意志的东西,以此批判传统犹太教和基督教的"实证性"。黑格尔认为,基督教成为实证宗教的原因可以在耶稣本人,耶稣门徒以及后来基督教的扩展性质中找到。在任何特定时间表现的它的环境始终对其发展有重要影响,就基督教的起源和早期生活而言尤其如此——在耶稣和他的门徒中发现实证性因素的原因是犹太教的性质。

在黑格尔看来,犹太教是一种高度专制的宗教。犹太人认为他们是上帝的选民,他们的整个法律是神圣的,因此他们的信仰在任何方面都不应该受到理性的审查,但是所有这些都是"盲目服从这些威权主义命令"的结果。因此,任何试图重新解释这些命令并以其信仰的充分性来挑战人们的老师"他的说教必不可免地需要基于同样的权威";诉诸理性就好比"对鱼传教",因为犹太人已经丧失了拥有自主理性的意识,因此没有办法理解"耶稣的教训"①。黑格尔以康德理性思想为依据主要从以下几个方面批判了犹太教的"实证性":

第一,黑格尔批判了犹太人与自然、社会、国家、其他民族对立的状况。犹太人以亚伯拉罕的子孙、雅各的后裔这一血统而骄傲,他们"骄傲于他们的姓氏、骄傲于他们的血统,把姓氏、血统看成一大优点"②。他们以领受并遵行割礼、摩西律法而自豪,而这种骄傲和自豪正好就是他们心灵深处的民族偏见,这一偏见必然阻碍他们与社会、自然和其他民族的交往。所以,黑格尔经常批评犹太人太过"顽固执拗",他借助耶稣之口说,耶稣"通过以身作则和他的教训要把犹太人的民族偏见和民族骄傲的狭隘精神从他们之中扫除掉,使他们充满自

---

① [德] 黑格尔:《黑格尔早期神学著作》,贺麟译,上海人民出版社2012年版,第165页。
② [德] 黑格尔:《黑格尔早期神学著作》,贺麟译,上海人民出版社2012年版,第103页。

己的精神,这个精神只着重把价值放在一个特殊民族或权威的制度没有直接关系的道德上面"①。耶稣试图打破禁锢在犹太民族血液之中的"枷锁",使之开始重视自己的精神与理性,同时放弃对自己民族特殊性和权威信仰的坚持。为此,耶稣强调爱邻如己,其他民族的人民也都是兄弟姐妹,不能因为自己的宗教信仰和民族特殊性就歧视、孤立其他民族。所有的人类都是平等的,没有什么高下贵贱之分。"第二条诫命就是所有的人同上帝的关系都完全平等,它是这样说的:爱每一个人就像爱你自己一样;更高的诫命是没有的。"② 只要符合道德律和神的律法,其他民族就不应该被孤立,天下人只要不违背神的意志就如一家人。

第二,黑格尔批判了犹太教中信徒与神对立的境遇。黑格尔认为神与人之间应该是统一的。"如果你们把教会的规则和权威的命令看成给予人们的最高法规,那么你们就看错了人的尊严,并且不懂得,在人内部有能力根基自身创造出神的概念和关于神的意志的知识。谁不尊重自己本身的这种能力,他就不尊重上帝。"③ 人的理性能力可以通达上帝、理解上帝,人性与神性、人与神是统一的。然而,犹太教忽视了这种统一性,神与人的对立成为犹太教的典型特征。犹太教为了维护宗教自身的权威、维持人民的盲目信仰,而不允许人们对神进行理性思考和情感认同。显然,没有经过思考与认同的神只是一个陌生的"他者"。康德也对犹太人颇有微词,他认为,犹太民族受烦琐仪式的外在强制而无真正自由的道德,他们也没有严格意义上的宗教信仰,

---

① [德]黑格尔:《黑格尔早期神学著作》,贺麟译,上海人民出版社2012年版,第84页。

② [德]黑格尔:《黑格尔早期神学著作》,贺麟译,上海人民出版社2012年版,第133页。

③ [德]黑格尔:《黑格尔早期神学著作》,贺麟译,上海人民出版社2012年版,第96页。

缺乏天国和来世观念。① 犹太人那里，对神进行反思就是对神的大不敬，人们对神要做的就是服从，服从神谕、恪守教义才是对神的虔敬。基督教早期并非如此，起初，耶稣在行走世间的时候所宣扬的神谕并未割裂人与神的关系，相反，人与神的关系在耶稣的口中是统一的，即人们可以用自己的理性去感悟上帝。而且，人们只有运用自己的理性才能觉知上帝。犹太人因为权威的信仰导致信徒不能够依靠自己的理性去认识上帝。

第三，黑格尔批判了犹太教与犹太人相对立的境遇。当犹太宗教为了宣扬神的权威而压制人的理性时，另一种对立随之而来，即宗教与人的对立。同样，因为对宗教没有理性思考和情感认同，宗教只是一个外在于人的心灵的"家园"。犹太教的教义和宗教仪式中都表现出了宗教与信徒之间的对立性。神成为人们一切行为和价值选择的指导者，神的意志是最高价值，教规教义成为权威的道德原则。神与宗教教义是权威的、高高在上的，而理性与自由在这种宗教中没有丝毫地位。信徒在没有理性只有教义的日常生活中的直接表现就是人性本身的分裂——自己的行为与道德法则、人性与神性的分裂。黑格尔在《基督教的权威性》中以康德的语气批评道："他们的法令是直接从一个排外性的上帝那里派生出来的。他们的宗教主要地充满了无数的毫无意义的、一套一套的礼节仪文，这种学究式的带奴性的民族精神还为日常生活无关轻重的行为制定一套规则，使得整个民族看起来好像都在遵守僧侣式的清规戒律。注重道德、崇拜上帝是受一套死板公式支配的强迫性的生活。除了对这种奴隶式地服从非自己建立的法规之顽固的骄傲外，已没有任何精神生活之可言。"② 康德的理性思想恰恰

---

① 《康德著作全集》第6卷，李秋零主编，中国人民大学出版社2007年版，第77、128页。
② [德] 黑格尔：《黑格尔早期神学著作》，贺麟译，上海人民出版社2012年版，第162—163页。

强调道德原则源于人的理性的思考。犹太教充斥着大量外在性、异己性的强制力量，这种力量的抽象否定性便导致犹太人无自由、无真正道德的非精神性，以精神和自由为本质的人现在却丧失了他的本质性。

由于犹太人身上存在着顽固的"实证性"，耶稣唯一的选择即自称上帝在人间的使者，因此是人们要相信的人。如果他不宣扬他的思想来自上帝的恩赐，就无法引起当时犹太人的兴趣，也就无法使得犹太人去聆听他的教训。"因此耶稣要求人们注意他的教训，不是因为这些教训适应了人们精神的道德需求，而是因为它们是上帝的意志……这些表现给了他的教训以权威性。"[①] 耶稣说自己是弥赛亚（Christos）时，使用的是听众能理解的语言，因为对弥赛亚的期盼是他们宗教信仰的一部分，这意味着耶稣对塑造神圣权威的默许。

因此，黑格尔在"耶稣的教训"中发现了实证性的因素，但他坚称耶稣并没有确立自己权威的意图。他对权威的呼吁仅仅是为了吸引人们去听他的启示，这是理性道德中的一种。但是，尽管这是耶稣的意图，但他失败了。失败的最重要原因是，他放弃了把启示传播给广大民众的机会，而是将注意力集中在一群有选择的追随者身上。选择"十二门徒"（12 Disciples of Jesus）为实证性宗教的出现提供了最大的机会，因为"把最高的地位限制在特定书名的人里，其结果就是赋予高级地位给某些个人，这在后来的基督教会宪法中变得越来越重要"[②]。这些人是他们自己时代的人，虽然他们自己没有任何强大的精神能量，但他们却具有社会权威的特征，因此正是这些人将实证性因素发展成为宗教。与苏格拉底的学生不同，耶稣的门徒缺乏有见识的天赋，因此他们唯一的兴趣是绝对遵守耶稣的教训，而不是努力研究耶稣对自

---

① 参见 ［德］黑格尔《黑格尔早期神学著作》，贺麟译，上海人民出版社 2012 年版，第 175 页。
② 参见 ［德］黑格尔《黑格尔早期神学著作》，贺麟译，上海人民出版社 2012 年版，第 182 页。

已的影响。

实证的性格成为邪恶的根源，并且随着基督教的扩张，宗教越来越偏离真正宗教的本质。一方面，扩张导致了某些善的特征丧失，例如商品共同体、平等原则和圣餐的自发性。另一方面，扩张导致某些恶的特征生成，例如对进一步扩张的热情和排他的态度，认为救赎的发生依赖于其自身独特的学说。

耶稣的宗教（原初的基督教）沦为实证宗教（成熟之后的基督教）的最后一步是在它被国家认可后发生的，因为那时它与一个更具有压迫性的权威，即国家的权威实现"联姻"。黑格尔认为基督教在发展过程中背离了耶稣在世时所宣扬的精神，成熟时期基督教在与世俗权威联姻之后，其"实证性"比犹太教更加严重。"犹太人和基督徒的基本差别可以归结为这样，在犹太教里只是命令人的行为，而在基督教教会里却多了一种悖谬的附属物——去命令人的情感。"① 尽管基督教出现的初衷是反对犹太教的"实证性"，结果发展成熟后的基督教比犹太教宰制人的行为更甚，基督教不仅要宰制人的行为还要宰制人的情感、控制人的意志。这很明显是对人的理性与自由的更大压制。

在黑格尔看来，我们在基督教中能够看到的只是圣经、神迹、异能、权威的道德、低劣的本性等东西，而看不到人性之美、理性思考的权利、自由的德性等东西。造成这一切的原因在于，基督教宣称人与神是对立的，神高高在上，人的理性无法认知。基督教的目的在于宣传一种超越人类理性的"神"，这种"神"拒绝人们可以通过理性进行思考和解读。针对这种境况，黑格尔指出真正的神就在人们身边，神与人应该是统一的。神的律法并不是超越人类理性理解能力的权威命令，基督徒并不是要去服从一个外在的、无法进行理性思考的

---

① ［德］黑格尔：《黑格尔早期神学著作》，贺麟译，上海人民出版社2012年版，第238页。

权威意志。相反，人们服从的上帝律令就是人们自己理性制定的道德律，"尊敬你们自己本身，信仰你们理性中的神圣法则，注意你们心坎中的内在审判官，注意你们的良心，良心是一个标准，这标准也是上帝的标准，这就是我要在你们心中唤醒的东西"①。人们心中的神圣法则就是上帝赋予人的神圣法则，人们心中道德的评判标准就是上帝的标准，人们的情感意志就是与上帝的意志相统一的意志。人们心中的绝对命令与上帝的意旨应该是统一的，现在基督教的信仰恰恰打破了这种统一性，造成了人与神、人与宗教甚至人自身内部的对立性和"实证性"。

当然，这并不意味着黑格尔已经摆脱了对耶稣是理性道德老师的解释，他当然竭尽全力避免任何暗示耶稣打算建立实证信仰的建议。耶稣被描述为一名致力于拯救社会的危机，并承担起打破犹太教严格律法的牺牲者。"他担负起把宗教和德行提高到道德的水平，并使道德恢复它的本质——自由的任务。"②尽管耶稣试图恢复和发展《圣经》中所包含思想的真实内涵，要把道德和自由带给受苦受难的民众，但是他并没有努力通过引入新的宗教学说或新的道德原则来实现这一目标。当耶稣说生活的"完美"时，他提倡在宗教法律中实现生活的丰富内容和意义，而不是片面按照权威的律法僵死地规定自己的生活方式（这是通往死亡的方式）。同样，耶稣提倡美德的价值，而不是仅仅导致伪善的外在宗教活动的无价值。而被重视的美德是源于生命自身存在的价值，而不是基于权威的价值。

黑格尔在解读基督教的过程中是在以是否满足了人的理性与情感自由作为评价一个宗教是否是实证宗教的标准。"耶稣的教训变为实证

---

① ［德］黑格尔：《黑格尔早期神学著作》，贺麟译，上海人民出版社2012年版，第132页。

② 参见［德］黑格尔《黑格尔早期神学著作》，贺麟译，上海人民出版社2012年版，第169页。

的基督教的根本原因在于理性能力的缺失，致使本来基于自由和理性的道德异化为一种强制的、客观的、死板的教条，从而将一种主观的东西转化为一种客观的、给予的东西，一种内在的东西变为外在的东西。"① 耶稣的门徒在耶稣死后逐渐背离了他的初衷，亦即越来越无视人们的理性与自由。简言之，基督教越来越发展为一个实证的宗教。宗教的教条高于人的理性与自由，人民在宗教教义面前只能服从和接受，客观外在的教条与主观内在的意志之间形成无限的对立。而黑格尔就是要批判高于人的理性与自由之上的上帝意志，在黑格尔看来，这种无视人的尊严的、僵死的信仰已经不符合时代的发展需求。"黑格尔可以看到，刚刚死记过的真理，马上就在街头死去。他可以听到，过去几年才学到的知识已经变调，人们的信仰在大事发生之后（法国的革命，牧师和教士被赶出教堂、赶下神坛）荡然无存。"② 因此，黑格尔以康德哲学为武器，要把僵死的宗教彻底改造为民族的宗教、自由的宗教。在这种宗教中，上帝意志与发自人的意志是统一的，人的理性所产生的道德律令就是上帝的律法。

　　黑格尔回答了自己在"1794年计划"中提出的问题，即基督教在多大程度上可以成为民众宗教，在社会中发挥发展道德的作用？尽管他已经确定了民众宗教信仰的三个标准，但他的回答（包含在《耶稣传》中）旨在证明基督教具有满足第一个标准的能力，即以普遍理性为基础。在此期间受到这一思想的影响，黑格尔以康德主义思想去实现理性的民众宗教，试图恢复对耶稣作为理性道德老师的"真实"理解，黑格尔表明基督教具有理性基础，因此也具备成为理想的民众宗教的能力。但是，这种有关基督教的主张带来了进一步的困难，即基

---

　　① 朱学平：《古典与现代的冲突与融合——青年黑格尔思想的形成与演进》，湖南教育出版社2010年版，第50页。
　　② ［德］莉塔·古金斯基：《与黑格尔同在的夜晚》，林敏雅译，（台北）玉山社出版事业股份有限公司2009年版，第129页。

督教的理性基础本身同样蕴含着实证性，因此显而易见的任务是分析导致这种状况的原因。

二 对理性逻辑的反思

正如在图宾根时期黑格尔对康德的思想并不完全认同一样，即使在黑格尔作为一个疯狂的康德教徒的伯尔尼时期，其思想中仍然蕴含着对康德的反叛和怀疑。黑格尔在《耶稣传》等文本中以康德理性思想批判实证宗教的过程中，发现实证性的宗教神学本身也在主动吸收康德的理性思想为自己辩护。尤其是他特别关注了图宾根神学院教师们的神学思想，发现他们以康德理性思想捍卫实证性信仰。虽然他意识到康德思想为神学思想提供了理性辩护，并代表了一种将人类理性的成就吸收到实证性信仰的尝试。但对黑格尔来说，这种捍卫实证信仰的原因是由于它仍然将上帝和真理视为客观外在的对象。

因此，黑格尔并未对神学思想与理性思想的内在关联给予足够的重视，而只是认为一些神学家承认了神学思想中的理性因素，同时理性只是为神迹奇事和表达神明启示所揭示的"真理"进行辩护。"在黑格尔看来，这仍然是一种实证信仰，因为它继续将上帝呈现为外来之物，其中存在着对自然生命的控制。在这种哲学中，信仰意味着一种缺乏意识，即理性是绝对的，对自身完整的——必须无限地从自身本身创造无限的观念，而没有与之无关的任何杂物，并且只有通过消除理性才能实现这一点。"① 虽然黑格尔尚未正式反对康德，但可以说这些思考都为黑格尔走出康德主义思想（尽管是无意的）做了准备。威廉姆森这样评价黑格尔这一时期的观点："黑格尔在宗教中的实证性概念包括以上帝为目标的思想，在理性不是真正自治的地

---

① György Lukács, *The Young Hegel*, Trans by R. Livingstone, London: Merlin Press, 1975, p. 53.

方，存在着超越人类理性而成为信仰对象的上帝和实证性的东西。这些批评将在以后针对康德，但是事后看来，人们可以确定此时的基础。"①

卢卡奇认为，伯尔尼时期的黑格尔尽管并未预料到自己会离开康德，但是种种迹象表明这种离开是必然的。他说："这一时期黑格尔思想的哲学和历史至关重要的概念是实证性……从哲学上讲，实证性蕴含着黑格尔关注问题的核心的种子，它将成为辩证法后来发展的关键环节。"② 黑格尔对实证性的探究是基于对历史发展规律的考察而进行的，对历史进程的把握影响了黑格尔对实证性的内涵的认识。卢卡奇说："（在伯尔尼时期）黑格尔认为历史进程具有一个三位一体的结构：（1）人类社会的原初自由和自我活动的，（2）在实证性霸权下丧失了这种自由，（3）恢复失去的自由。"③ 黑格尔通过对人类历史的考察发现，在希腊古典时期的原初自由已经丧失，基督教最终获得了胜利。希腊自由精神的丧失意味着理性的失败，从这一意义而言，无疑是实证性战胜了理性。

为此，黑格尔认为我们需要回到时代精神中去寻找失败的原因，理性精神失败的原因同时是基督教取代希腊精神统治西方文明成功的原因。黑格尔因而指出："一眼就能看到大革命的到来之前，必须在时代精神内有一个沉静的、秘密的革命为先导，这种革命并不是每双眼睛都可以看得见的，尤其是当代人难以察觉的，而且很难用语言来描述……外来的异己宗教取代本土和原始宗教，这是在精神领域本身内

---

① Raymond Keith Williamson, *Introduction to Hegel's Philosophy of Religion SUNY Series in Hegelian Studies*, New York: State University of New York Press, 1984, p. 32.
② György Lukács, *The Young Hegel*, Trans by R. Livingstone, London: Merlin Press, 1975, p. 74.
③ György Lukács, *The Young Hegel*, Trans by R. Livingstone, London: Merlin Press, 1975, p. 76.

直接发生的革命，因此，它是一种必须在时代精神中直接找到原因的革命。"① 黑格尔认为希腊社会尊重人的情感、激情和自由，每个人都有权拥有自己的意志，没有人可以将道德制度强加于他人。一个人要对自己的行为负责任，而不是他人为之负责，甚至在神圣的命令中也是如此。因为个人对自己追求私人利益的行为负责，并把私人利益看作与社会利益密切相关。但是，随着获得财富和权力的统治阶级的出现，这种自由逐渐丧失了。然后，政府和权威从无到有被强加于个人之上，他们开始将自己的生命视为个人财产，而隐藏被忽视了的先前的给予他成就感的共同体。"罗马皇帝的专制统治把人们的精神从地上驱赶到天上去了，剥夺了人们的自由，迫使他们的永恒的绝对的东西逃避到神那里去求庇护。剥夺自由带来的广泛痛苦迫使他们在天国里寻求和仰望幸福。"② 正是由于世俗国家对人民的统治和压迫过于苛刻，让人感觉无力改变也无法反抗。这种无能为力进一步延伸到对自身的理性能力的怀疑，进而人们开始关注和信仰外在于自身的绝对权威——上帝。

在黑格尔看来，个人此前曾在宗教和道德事务上享有满足理性要求的自由，黑格尔认为这样的人是康德理想中的个人理性自治的表达。但是现在，宗教"并不是每一个呼喊上帝的人、每一个向上帝祈祷和献祭的人都是天国中的一个成员，只有按照他们的意志行事，在人的理性规律中指示出上帝的意志的人才是天国中的一员"③。基督教随着历史的发展不再尊重个人的意志和理性，人类被认为不可能对"实现

---

① 参见 [德] 黑格尔《黑格尔早期神学著作》，贺麟译，上海人民出版社2012年版，第250页。
② 参见 [德] 黑格尔《黑格尔早期神学著作》，贺麟译，上海人民出版社2012年版，第260页。
③ 参见 [德] 黑格尔《黑格尔早期神学著作》，贺麟译，上海人民出版社2012年版，第94页。

道德理想"做出积极的贡献,因为只有上帝才能实现这一点。这意味着只有上帝有能力实现道德的理想,有自由的意志和理性能力。实现道德理想的能力与人类的理性能力相去甚远,以至于人们认为它们是神圣的起源。表面看来所有宗教信仰和道德问题都是源于上帝的权威,而实际上,它们是由外在的教会等级制度强加给人的。然后,随着罗马帝国对基督教的接受,基督教走向了奴役世人这条腐败的道路,世人在这条道路上失去了自由。

黑格尔认为这是那个时代精神的产物。神的观念成为客观的神圣权威,居住在一个没有人类参与的彼岸世界中,这个观念却进一步导致此岸世界(人类参与的世界)的腐败和奴役制度。因此,上帝被认为是人们需要服从的外部道德权威,而不是生活在每个人心中的神圣火花和道德理想之源。随着黑格尔对实证性的考察过于深入,他发现在任何存在权威的地方都存在着实证性的特点。甚至黑格尔意识到可以将理性本身简化为实证性的权威主体,尽管是一种内部权威。

黑格尔的初衷是用启蒙理性批判传统宗教所导致的实证性,结果却发现批判的武器本身也存在着"实证性",并且这种"实证性"比宗教的"实证性"更难以克服。因为这种"实证性"是源于理性的自我设定,是出自人内部的自我分裂。这种内在的理性与感性的对立比外在的权威上帝与信众之间的对立更加可怕,更加难以摆脱。这促使黑格尔对康德理性神学进而对整个理性思想都充满了厌恶。

黑格尔认为这种理性是一种知性,或者说是一种反思的、导致主体与客体对立的理性。黑格尔所处的社会的思想基础,"他自己时代的文化已经逐渐奠基于反思"①。整个社会的文化成为一种知性反思文化,"反思文化其实是这样一种文化,它的基本特点已经得到洛克哲学和休

---

① [美]特里·平卡德:《黑格尔传》,朱进东、朱天幸译,商务印书馆2015年版,第171页。

谟哲学的陈述,根据他俩的陈述,哲学的任务只能是使世界得到评估和从现在开始使世界从主体的观点得到解释"①。反思的本质即基于主体理性对整个世界做出解释,进而以理性规定整个世界的原则。这种原则却不能表达整个社会的意义和价值,反而让社会充满了对立和矛盾。

黑格尔认为,以知性的反思作为出发点的启蒙理性不能瓦解社会问题的对立性,知性本身也是对立的。知性的对立性是主体的理性与客观现实以及理性与个体感性之间的对立。相较而言,知性的对立性更应该被批判。因为基于知性(启蒙理性)原则的现代性导致了人与人、人与自然和人与社会之间处于对立关系中。青年黑格尔在法兰克福时期从两个方面反思理性建立的新秩序。

第一,黑格尔认为我们不能仅仅把道德原则与理性统一起来,还要把理性与感性统一起来。当理性成为道德的原则之后,关于道德问题和现实问题的思考逐渐被理性的抽象反思所控制,而人的丰富情感和特殊欲求则被理性所压制。"真正的道德包含有性情的习惯,非口头的教训所可矫揉造作而成,道德必须是性格之活的生长。"② 黑格尔声称感性终非理性的仇敌,唯有发自内心情感的道德才真正适合人类遵循。一种冷冰冰的理性逻辑终将会导致个人的人性和情感意志受到压制,这种压制推而广之就会成为理性对人本身的压制。

第二,在黑格尔看来,把理性与宗教信仰结合的尝试并不成功。因为,上帝不仅仅只是理性的一个前提"设定",而必须有情感上的认同和爱。在康德那里,上帝作为一个理性设定对象,与人作为一个感性情感的载体存在着对立。同时,康德认为爱上帝是指乐意

---

① [美] 特里·平卡德:《黑格尔传》,朱进东、朱天幸译,商务印书馆2015年版,第171页。
② [英] 开尔德:《黑格尔》,贺麟译,上海人民出版社2012年版,第22页。

按照上帝的命令行事，爱邻人是指乐意履行对邻人的一切善的行为。命令意味着是一种义务和外在的强制行为，而乐意履行对邻人的善则是发自于内心的良心和自由意志。因此，黑格尔则认为，服从上帝的意志并不仅仅是一种理性的命令，对于上帝应该全心全意地去爱他，把你的整个意志、整个灵魂和全部力量贡献给他，所有人同上帝的关系都是平等的。但是理性与信仰的结合却压制了人们对于上帝的情感。

对康德为代表的反思理性思想的拒斥使得黑格尔重新反思宗教思想。黑格尔认为康德理性的本质是实证的、对立的，这种对立的精神很明显与耶稣的训诫精神（即基督教原初精神）是不同的。法兰克福时期的黑格尔不再把耶稣的训诫与康德理性思想看作统一的。相反，黑格尔认为二者是对立的。因为在黑格尔看来基督教的原初观念是整体性的，而犹太教、基督教、康德理性哲学都是"实证性"的。当黑格尔意识到只有基督教原初观念是整体性的之后，犹太教精神、基督教精神以及康德理性精神都成为黑格尔批判的对象。而批判的武器就是耶稣的训诫或者说基督教的原初观念。由此，青年黑格尔在法兰克福时期放弃了伯尔尼时期对康德理性神学的坚持，而转向了耶稣训诫的启示神学。这一转折使得黑格尔认为信仰高于理性，天启的宗教高于理性的哲学。

纵观黑格尔整个思想的发展历程，我们可以发现黑格尔从来没有完全相信康德。黑格尔在其思想早期就存在与康德思想发生分歧的迹象，不过他最终拒绝康德的举动伴随着这样的认识，即理性成为权威，是实证性的推动者。然而，在这种意识出现之前，黑格尔的思想首先在其他方面得到了发展。最关键的发展是，黑格尔确信建立民众宗教需要强调整体性的重要性，而不是只注重理性。当然，这并不算是黑格尔思想的新突破，因为他在1793年写的《民众宗教和基督教》一书提道："民众宗教与私人宗教的区别主要在于：前者的目的（由于它强烈地作用于想象力和人心），在于给整个灵魂灌输以力量和热情，灌输以精神，而精神是伟大和崇高的德性不可缺少的。"① 黑格尔在图宾根时期已经注意关注个人的整体性，而不单单只强调感性或理性。虽然在法兰克福时期黑格尔似乎是受到荷尔德林的影响发展了整体性的内涵，但黑格尔在《基督教的实证性》一文谈到耶稣教义是建立在内心和理性上时就有了对整体性的思考。但正是在第二条后记中，当他考察丧失了原初自由以及基督教胜利的原因时，他的思想又回到了古希腊的理想之境，他开始认真考虑人类对整体性的内在需求，因为他相信这些需求在古典时期就已经得到了真正而充分的论证。

但是黑格尔同样坚信，在当时的社会形势下，"实证性"的基督教无法满足人的整体性需求。整体性的需求是一个国家精神的重要组成部分②，而德国的国家精神很大程度上是由基督教神话传统和国家领导者的政治学说所建立的。因此，真正的民众宗教可以满足宗教方面的这些需求，但是"基督教把瓦拉拉中的众神赶走了，把神圣的丛林砍倒了，把［欧洲人固有的］民族幻想，当作可耻的迷信，当作可怕的毒药，加以根除，而代之以另外一个民族的幻想，这个民族的气候、法律、文化、兴趣，对于我们来说都是异己的，它的历史同我们完全没有任何联系"③。因此，德国民众没有任何与德国的历史息息相关的宗教形象。"幻想越是喜爱自由，它就越是要求一个民族的宗教幻想能有永久性，这就是说，要求其尽量少同特定时间以及特定地方有联系。

---

① ［德］黑格尔：《黑格尔早期神学著作》，贺麟译，上海人民出版社2012年版，第26—27页。

② 人们往往把整体性与国家主义联系起来，所谓国家和集体主义往往关注的是整体性而不谈论个体性。

③ ［德］黑格尔：《黑格尔早期神学著作》，贺麟译，上海人民出版社2012年版，第244页。

第二章 黑格尔对现代性的接受：理性逻辑的高扬

但是对于民众来说，知道一个故事的发生地点，一般来讲，是又一个证明，甚至是最确定地证明一个人所说的故事的真实性。"① 在这一方面，黑格尔甚至认为天主教徒比基督教徒做得更好，因为天主教通过圣经和神迹对自己的教徒进行严格的控制。但是即使这样，天主教也无法充分满足对整体性的想象，因为这些关于神迹的传说被解释成历史现实，而不是被当作神话。每当这种情况发生时，人们要么完全接受这样的宗教传说的客观方面为历史真实，因此具有整体性的意义（但这违反了黑格尔"民众宗教"的第一个条件）；要么完全拒绝这种宗教，通过某种方式消除了所谓的客观方面的理性解释（这违背了他民众宗教的第二个条件，因为想象力因此被空虚地散去了）。在黑格尔看来，宗教经验本身就没有任何价值，但它必须具有客观的方面，因为它以某种方式满足了想象力。但是，正如黑格尔所看到的那样，基督教不允许宗教经验满足客观的现实。

黑格尔于1796年夏天离开伯尔尼之前撰写的《道德片断》（*Eine Ethik*）中迈出了重要一步，即承认理性无法超越现实的生活世界和满足人类对宗教的改造需求。黑格尔在这一片段中开始强调美德的重要性，并继续进行他所描述的新观念，即我们必须拥有一种新的观念，即"基督之爱"（Agape Love）②。

尽管这是一个新想法，但《道德片断》揭示了伯尔尼时期黑格尔关注的焦点。这篇文章集中在伦理理论上，很明显的是黑格尔仍然用康德话语来构想这样一个目的，他说："这种伦理生活无非是一个整体性的……基于实践假设的体系。"③ 这比康德思想更进了一步，康德只

---

① [德]黑格尔：《黑格尔早期神学著作》，贺麟译，上海人民出版社2012年版，第247—248页。
② 这一观点将会在下面的章节中详细展开。
③ Henry S. Harris, *Hegel's Development：Toward the Sunlight*, 1770–1801, Oxford：Clarendon Press, 1972, p. 510.

是进行了理性的公设，因此使这项任务没有完成。黑格尔则试图在此基础上提出如何把宗教生活和世俗生活统一起来，建立一种基于道德实践的伦理体系。另外，黑格尔在伯尔尼时期认为，一些当代的神学家在试图借用康德思想为神学理论提供理性基础的过程中误用了康德的哲学，这一点在《道德片断》中也有提及。黑格尔将神学中的迷信称为"对神职人员的起诉后来认为是理性的"①，黑格尔在这里指出必须在"基督之爱"中将所有此类迷信铲除。

他已经从把宗教进行理性化的批判转变为重新认识宗教真理中的神学理论，以便建立一个真正的民众宗教。因为只有这样，真理才能对宗教信仰产生吸引力。黑格尔认为，一个真正的宗教需要尊重人的全部内容，即包括理性以及"想象力，内心和情感"②等在内的全部内容才能实现人的自由。将注意力转移到"想象力，内心和情感"等内容之后，黑格尔很自然地开始重新思考"上帝就是爱"的现实意义。这种转向使得黑格尔意识到爱在真正宗教中的重要性，他认为爱的重要性体现为平等和自由的新精神，体现为对社会现实问题和思想理论困境的和解。关于这一点，黑格尔在后来著述中的基本论点是"宗教是一种充满爱的宗教"。

在这一点上我们可以得出这样的结论，基于黑格尔整个思想发展历程来看，这一时期的黑格尔思想显然处于重大转向的边缘。他在伯尔尼时期试图基于康德理性思想提出了解决问题的方案。他在1795年年末至1796年中期之间撰写的《基督教的实证性》一文的两篇后记中开始包含一些对基督教缺乏整体性的批判。他很快就意识到这种批判也适用于对康德的理性哲学的批判，只注重基于理性的实践已经证明

---

① Henry S. Harris, *Hegel's Development: Toward the Sunlight, 1770–1801*, Oxford: Clarendon Press, 1972, p.510.
② 参见［德］黑格尔《黑格尔早期神学著作》，贺麟译，上海人民出版社2012年版，第46页。

存在严重的问题（比如法国大革命）。这种对康德理性思想的反思是黑格尔转向考虑宗教中的美德思想的契机，他重新强调了人的"整体性"而不再注重理性。基于整体性的诉求，黑格尔发现了"基督之爱"的原则，并且他开始意识到爱的重要性，正是这种辩证法的萌芽使他在法兰克福时期提出"精神"（Geist）思想，进而逐渐构建出黑格尔思想体系。

康德理性哲学为黑格尔提供了一定的方法论和理论支持。然而康德并未意识到宗教的"实证性"，实证宗教导致上帝与信徒、宗教教义与个人意志的对立；同时由于理性的界限，康德也没有解决个人作为主体与世界作为客体的对立。因此，黑格尔继续进行宗教批判和社会批判的主要动力即"和解"宗教导致的人的对立性以及康德理性思想未解决的主体理性的对立性。康德理性思想无法克服的主体与客体的对立，同时也是现代性导致的理性主体与客体世界的对立，就这一点而言，黑格尔对宗教的批判同时是对现代性的批判。

第三章　黑格尔对现代性的宗教反思：理性逻辑的局限

　　1797 年年初，通过荷尔德林的帮助，黑格尔得以在法兰克福的约翰·戈格尔（Joham Noe Gohel）家中继续从事家庭教师的职业。法兰克福期间黑格尔写了更多不是为了发表而是为了澄清他自己思想的宗教文章。在伯尔尼，黑格尔以现代性的原则批评传统宗教；而在法兰克福，他反过来为宗教辩护，批判和反思现代性。在荷尔德林的影响下，黑格尔撰写了一部关于基督教的全新手稿——《基督教的精神及其命运》(*Der Geist des Christentums und sein Schicksal*)。这部作品的灵感来自这样的想法，一个民族的命运不是偶然因素导致的结果，而是这个民族共同生活中固有原则导致的结果。黑格尔认为，现代性的主体性原则作为一种固有原则能够影响一个民族的命运。与早期的手稿不同的是，黑格尔认为主体性原则是一种"自我强制"的形式，是人的异化。尽管主体性的原则相较于传统宗教精神中的实证性而言有着巨大进步，但它仍然没有克服普遍性的统治。在主体性原则的实践中，"普遍成为主人，特殊成为奴隶"。主体性的原则强调理性为人的实践提供普遍性的法则，而个人的主观想法和偶然性的社会现实都被规定为特殊性的对象。社会现实内容与个人的欲望诉求都成为一种被普遍性原则规束的对象，这必然导致社会矛盾以及个人的异化。

法兰克福时期，黑格尔现代性批判思想得到了进一步的发展。在批判现代性弊病的同时，黑格尔认为基督教的某些精神对时代仍有价值。基督教的精神被理解为"爱"，"爱"超越了所谓的犹太教奴隶般的服从和现代性的主体性原则。黑格尔还指出，当人们按照来自全体人民的自由精神而不是孤立的个体理性原则行事时，他们就是个人自由。本章主要介绍黑格尔在法兰克福时期三个核心的思想概念，即爱、生命、精神，而这三个概念可以被看作黑格尔现代性批判思想发展的三个逻辑环节。

第一节 "爱"：和解宗教思想与理性逻辑

如果我们因为黑格尔在耶拿时期之前的早期思想兴趣是宗教神学，而耶拿时期及其以后的思想兴趣是思辨哲学就认为黑格尔早期思想不重要，那么我们就忽视了黑格尔在早期对某些重要思想的原初理解和某些概念的生成逻辑。这些原初的思想萌芽和概念对成熟时期的黑格尔有着重要的意义。黑格尔在法兰克福时期的思想正在经历一场剧变，这种剧变中蕴含着黑格尔思想立场的转变。黑格尔从一名赞同现代性的康德主义者转变为一名反对现代性的"神学家"，从一名赞同理性和主体性的启蒙主义者转变为一名向往基督教原初精神的浪漫主义者。这种转变孕育着黑格尔成熟思想的"天才式的萌芽"，而这种转变之所以成为可能，是因为黑格尔时刻保持着对时代和社会现实问题的关注和思考。黑格尔在这时已经意识到现代性的弊端，并试图进行批判和回应。

尽管黑格尔成熟时期的思想可以归结为哲学思想，但是神学思想和所有宗教思想都被哲学思想所包容。所以有学者直接称黑格尔的哲学体系是一个神学体系，因此他的思想被描述为思辨神学或者理性神学。因为神学的最终关注点是上帝，而对于黑格尔来说，哲学的关注对象也是上帝。因此这些理由都意味着黑格尔以神学为基本主题的早期著作有着重要意义。黑格尔在思想早期构建自己的理论体系时所提出的第一个重要的思想原则是"爱"，爱既具有基督教神学思想的因素，因为爱本身就是基督教的基本原则；同时又具有辩证法的特质，黑格尔赋予爱以和解社会矛盾的优点。

一 从亲"现代性"到反"现代性"的转向

对康德为代表的理性思想的拒斥是黑格尔对现代性逻辑进行反思的集中体现，这种反思使得黑格尔重新反思宗教思想。黑格尔已经意识到当时社会的主要矛盾从对宗教的批判转向了对宗教批判的批判，亦即对现代性的批判。对宗教批判的批判诞生了现代性的理性逻辑，而康德思想是启蒙理性精神的代表。法兰克福时期的黑格尔不再把耶稣的教训与康德理性思想看作统一的。相反，黑格尔认为二者是对立的。黑格尔认为康德理性的本质是实证的、对立的，这种对立的精神很明显与耶稣教训的精神（即基督教原初精神）是不同的。因为在黑格尔看来基督教的原初观念是整体性的，而犹太教、基督教、康德理性哲学都是"实证性"的。当黑格尔意识到只有基督教原初观念是整体性的之后，犹太教精神、基督教精神以及康德理性精神都成为黑格尔批判的对象。而批判的武器就是耶稣的训诫或者说基督教的原初精神。

由此，青年黑格尔在法兰克福时期放弃了伯尔尼时期对理性逻辑的坚持，而转向了耶稣教训的启示神学。这一转折使得黑格尔认为信仰高于理性，宗教的精神高于理性的逻辑。因此，黑格尔放弃了对现代性的核心原则，亦即理性原则的坚持，反而开始思考和接纳现代性所批判的宗教思想。简言之，黑格尔从一名向往理性的现代性的拥护者，转而变成了一名反现代性的斗士。

新黑格尔主义者克朗纳（Richard Jacob Kroner）、狄尔泰（Wilhelm Dilthey）等人认为黑格尔早期思想主要是"神学"，"狄尔泰夸大了黑格尔早期著作中的神秘主义成分，从而把黑格尔塑造成一个神秘主义者和非理性主义者。克朗纳在《从康德到黑格尔》中进一步推进并发挥了狄尔泰的思想，把黑格尔的精神或思维理解为一种活生生的生命，把他的辩证法理解为一种'生命的冲动'，一种神秘的、非理性的东西"①。其实，这种把黑格尔思想神秘化、宗教化的观点并不是个例。还有其他很多学者都认为在黑格尔思想早期，尤其是他思想发展的过渡时期表现出的神学倾向使得我们有足够的理由相信黑格尔就是一个神学思想家。著名黑格尔主义美学研究专家维歇尔（F. Th·ViScher）认为早期的黑格尔没有辩证法只有神秘主义的宗教思想和让人难懂的隐喻。海尔曼·诺尔（Hermann Nohl）和乔治·拉松（G. Lasson）更加极端，海尔曼·诺尔认为宗教和神学根本就是早期黑格尔思想的基础和出发点，乔治·拉松认为宗教和神学即黑格尔思想的轴心。黑格尔本人在早期也认为哲学的地位不如神学，哲学是神学的附庸需要被神学所统治，"当时流行的哲学都浸透着反思的分离作用，为了跟反思哲学划清界限，他故意不提哲学，取而代之的是宗教"②。因此，狄尔泰等人坚持把早期黑格尔思想定义为神学思想是有道理的。

我们知道，黑格尔在法兰克福时期的核心原则是"爱"，而爱同时是耶稣在世时所宣扬思想的核心原则。或者说，黑格尔借鉴了"基督之爱"的合理内涵以作为自己在法兰克福时期的中心思想。在黑格尔看来，理性的本质是对立性，而"基督之爱"的本质是整体性，这是

---

① 俞吾金：《略论新黑格尔主义的非理性化倾向》，《江淮论坛》1985年第3期。
② 宋祖良：《青年黑格尔的哲学思想》，湖南教育出版社1989年版，第66页。

对康德理性之对立性的完美"和解"。理性是对立性的，而对立是黑格尔关于"爱"的哲学的开端和起点。由此可见，对现代性之理性逻辑的思考中已经孕育了黑格尔"爱"思想的起点。"这个起点构成哲学的全部意义。对立的一面是存在，对立的另一面是思维。包括对立的两面与自身内就是绝对。——这个概念同时包含它自身的存在于它自身之内。"① 如果说理性逻辑是黑格尔思想的起点，那么黑格尔的"爱"思想就是理性发展的下一个逻辑环节。对立的理性为统一性的爱提供了可以批判和回应的对象。"爱"的提出象征着黑格尔摆脱了康德主义路线而走向自己的哲学道路。

以法兰克福时期为分水岭，黑格尔在这一时期的思想是前后矛盾的，这种矛盾性的突出表现即对待理性逻辑的态度可以分为前后相反的两个阶段。在法兰克福时期之前，黑格尔基本上是赞同理性逻辑的，并且黑格尔一度以一名"康德主义者"自居；而法兰克福时期之后，黑格尔拒绝理性逻辑，而回归基督教原初精神。对理性逻辑的不同态度使得黑格尔对启示神学的态度也发生了从批判到接受的转变。许多黑格尔研究专家认为，黑格尔早期思想具有不成逻辑的一贯性的混乱特征也正是基于黑格尔对神学和理性的前后态度不同。

实际上，黑格尔对"启示神学"与理性逻辑的不同态度背后是黑格尔对现代性的态度发生了变化。伯尔尼时期到法兰克福时期之前的一段时期，黑格尔是一名康德主义者，他认为理性的逻辑可以批判宗教的对立性，现代性的精神必将取代宗教精神。而法兰克福时期，黑格尔则认为现代性的理性逻辑不仅不能和解宗教的对立性，其本身也是对立的。因此黑格尔转向"启示神学"，认为宗教高于理性，宗教精神并不能被现代性的精神完全取代。当然这里的宗教是具有基督教原

---

① ［德］黑格尔：《自然哲学》，梁志学等译，商务印书馆1980年版，第262页。

初精神的宗教，而不是发展成熟后的基督教。因此，黑格尔探究现代性的精神时，不停地转变自己的观念，以试图找到一种和解现代性弊病的最佳方案。

法兰克福时期之前，康德理性思想是黑格尔进行思考和批判现代性问题的最初理论根据，伯尔尼时期黑格尔思想的核心原则就是康德的理性思想。这一时期，黑格尔为了批判传统宗教的实证性，而借鉴康德理性神学。康德理性在批判传统宗教与个人、宗教教义与意志自由的对立性方面确实是有力而深刻的。

然而，理性宣扬主体高于一切而忽视了客体，这使得人的心灵失去了"安家之处"。黑格尔认为，以理性逻辑作为出发点的现代性不能瓦解宗教问题带来的对立。宗教的实证性是宗教精神与个体理性的对立，而理性的实证性是主体的理性与客观现实以及与个体感性之间的对立。以理性逻辑作为指导就会忽视现实世界的客观性，而宗教却是生活的一部分。因此，黑格尔放弃了坚持主体至上的理性逻辑，而再次考虑基督教精神的合理性。"宗教是通过礼、仪式和信条而对'神灵'做出的集体的反思。宗教'描绘'神灵而非'概念式地'阐明神灵。因此，作为一种反思，宗教也历史地发展成生活方式的一部分……"① 宗教由于其自身的特点（包括宗教礼仪、生活戒律等）而成为人们生活中的密不可分的一部分，而理性逻辑却忽视了现实生活的丰富内容和客观性。就这一意义而言，理性逻辑与现实生活是对立的，宗教则与现实生活是统一的。因而，黑格尔试图用与现实生活相统一的宗教精神来"和解"国家和社会中的现代性问题。所以有学者认为："法兰克福时期，黑格尔意图则是反其道而行之，是想用宗教融解国家，使国家融入宗教之中，以消除个人内部以及个人之间

---

① ［美］特里·平卡德：《黑格尔传》，朱进东、朱天幸译，商务印书馆2015年版，第166页。

的分裂。"① 黑格尔重新反思基督教精神的合理性，并且试图用基督教的原初观念作为解决现代性问题的手段。此时在黑格尔的思想中，基督教原初观念取代了理性逻辑。

二 从拒斥宗教思想到接受宗教精神的转向

从亲现代性到反现代性转向表明黑格尔对宗教的态度也发生了改变。黑格尔在法兰克福初期放弃对宗教的批判态度，转而重新反思宗教思想中合理性的因素。这种重新反思导致爱成为黑格尔在这一时期的一个核心思想。通过在法兰克福的经历所获得的见解，黑格尔在1797年上半年完成的《关于宗教和爱情的草案》（*Entwürfe über Religion und Liebe*）中对"道德，爱，宗教"和"爱与宗教"思想的论述揭示了他在吸收爱的学说方面的快速进步。当然黑格尔并不是突然就关注基督之爱，某种意义上他受到了荷尔德林的影响。荷尔德林（Höderlin）从席勒（Schiller）和费希特（Fichte）的思想中汲取了重要理论资源，并形成了自己关于爱的哲学观。基于席勒，荷尔德林解决了爱和自我如何从二者的对立性中超脱出来的问题，因为席勒认为爱不是"自愿服从于自我"，而是"自我扩张的行为"，"只能战胜属于自己的东西，而无法克服异化自己的东西"②。黑格尔通过吸收借鉴荷尔德林的爱的哲学，逐渐形成了自己对于爱的理解。"通过将（荷尔德林的）这些见解融入他的哲学中，荷尔德林向黑格尔展示了如何通过基于爱的范畴来解决自由原则、自治原则与统一性原则之间的明显矛盾。可以说，荷尔德林提供了启发和见解，使黑格尔得以发展出这

---

① 朱学平：《古典与现代的冲突与融合——青年黑格尔思想的形成与演进》，湖南教育出版社2010年版，第85页。

② Dieter Henrich, "Hegel and Hölderlin", *Idealistic studies*, Vol. 2, Iss. 2, May., 1972.

样的哲学。"① 但是我们不能完全把黑格尔爱的思想的提出归功于荷尔德林,因为从黑格尔自身思想的发展逻辑我们就可以看出,黑格尔思想演变必然要关注宗教思想。可以说黑格尔自身的思想的规划目标与荷尔德林思想恰好重叠了。

就像"仁"是儒家学说的核心一样,"爱"是统摄基督教教义的核心原则与灵魂。耶稣说:"你要尽心、尽性、尽意,爱主你的神。这是诫命中的第一,是最大的。其次也相仿,就是要爱人如己。这两条诫命是律法和先知一切道理的总纲。"② 耶稣在世时明确提出"爱"即信徒的最高诫命。耶稣之所以把"爱"看作一切律法和道德的最高诫命,是因为"爱"可以克服犹太教严格的律法主义倾向。"基督教的'精神'曾常被按照爱来解读,这种解读据称超越了犹太人所谓奴隶般的服从同时也超越了康德僵硬的道德主义。"③ 在黑格尔看来,犹太人之所以能够如此苛刻地遵循戒律,就是因为他们认为在上帝面前,人的情感和理性不值一提。因此,耶稣试图通过"爱"这种既是上帝,又是个人的情感,来"和解"人与人、人与上帝之间的冷冰冰的僵化关系。

"爱"在耶稣死后发展为基督教的核心原则。约翰提出,最重要的神学命题就是"神就是爱"④。约翰认为,在基督徒们那里上帝与爱是统一的,上帝即爱,基督是爱的具现,而基督教是爱的宗教。约翰在自己的书信和《约翰福音》中一直把"爱"阐述为《圣经》之思想精华。同样,保罗一再重复说明爱就是神的律法,他认为爱是神的诫命,体现了基督教最高的伦理原则,是基督徒首要的行为规范。

---

① Raymond Keith Williamson, *Introduction to Hegel's Philosophy of Religion SUNY Series in Hegelian Studies*, New York: State University of New York Press, 1984, p.41.
② 《圣经》,全球圣经促进会与 Holman Bible Publishers, 2011 年版。
③ [美]特里·平卡德:《黑格尔传》,朱进东、朱天幸译,商务印书馆 2015 年版,第 148—149 页。
④ 《圣经》,全球圣经促进会与 Holman Bible Publishers, 2011 年版。

既然，爱是基督教价值论的核心，那么，"爱"（Agape）究竟是什么？在新约之外，"爱"被运用于很多语境，但在新约中，"爱"有着独特的含义，它被用来描述属于并来自神的爱，神的本质就是爱本身——"神就是爱"（《圣经·约翰一书》4：8）。神不仅爱人，他本身就是"爱"。神所做的一切都源于他的爱。"爱"也被用来描述我们对神的爱（《圣经·路加福音》10：27），仆人对主的忠诚之爱（《圣经·马太福音》6：24），以及人对这个世界的爱恋（《圣经·约翰福音》3：19）。从《新约圣经》以及耶稣的诫命中，我们可以归结出"爱"的三种内涵。一是神爱人，二是人爱神，三是人爱人。

首先，神爱世人不仅表现为神创造天地万物，赐予人以生命；而且表现为神不忍看到世人受苦，而是"和蔼仁慈"地去拯救遭受苦难的世人。其次，人爱神，这主要表现为并不是只专注于单纯的爱神，而是像神那样，把爱贯注于自己的生活，恒久忍耐，克己守礼，包容仁和。因此，神爱世人，世人爱神，最终转化为人与人之间的爱。人与人之间的爱，是一种平等包容的"普世之爱"，这种爱同时体现了上帝对人之爱和人对上帝之爱。从神与人、人与人的爱关系中，我们可以感受到神与人、人与人之间的内在统一关系，爱就是这种统一关系的核心与"中介"。

基督教神学家们认为，之所以能够确认"爱"的三种内涵真实存在是因为上帝的救赎与宽恕。《新约圣经》中提到，基督之死就是上帝对人的救赎与爱。"在新约圣经对基督之死的理解中，一个主导性的主题是：它展示了上帝对人类的爱。在基督教神学中，这一主题表现为：上帝降卑自己，进入被创造的世界当中，在基督里面以肉身的形式显现出来。"① 上帝"道成肉身"来到人世间，进入他创造的世界，进入

---

① ［英］阿利斯特·E. 麦格拉思：《基督教概论》，孙毅、马树林、李洪昌译，上海人民出版社 2013 年版，第 187 页。

第三章　黑格尔对现代性的宗教反思：理性逻辑的局限

贫穷和苦难的世人中，他要通过耶稣之死拯救世人。耶稣必须死去，他要通过自己的死来救赎多灾多难而又充满原罪的子民。耶稣之死表明上帝对子民沉重的爱和救赎。耶稣通过肉身的死亡为世人的赎罪，世人通过耶稣之死感受到了神对人的爱，同时也便感受到了神所创造的尘世间的爱。在人与人、人与世界、人与神的"爱"的关系中，人们感受到的是和谐，是自由。这就是上帝对人的爱，人们之所以能够在苦难的尘世获得救赎就在于上帝对子民的爱。这种爱是人间之大爱，是超越个体情感的普遍性的爱，理性之"爱"的普遍性正是借鉴于此。

因此，黑格尔在《基督教的精神及其命运》一文中，把耶稣比作"爱之师"而不再作为康德意义上的"理性之师"。这一方面是因为，在法兰克福时期的黑格尔认为是"爱"而不是"理性"更能够代表耶稣的思想本质；另一方面，是因为"黑格尔认为，在可预见的未来中基督教仍然存在，并不是因为它比其他的异教拥有更好的思想，而是因为一系列的历史事件加固了它的文化地位"[1]。黑格尔这时开始重新重视基督教思想的重要性和意义，因此他吸取基督之爱作为这一时期思想的核心原则。"爱是现代自我实现自主性的基础，爱可以克服理性与情感，有限和无限的对立。"[2] 可以说，黑格尔早期的思想核心"爱"直接脱胎于基督之爱，基督之爱的和谐统一的特性正是黑格尔"爱"观念的直接来源。甚至，黑格尔有时直接把自己的"爱"等同于"基督之爱"。"爱"观念作为核心原则象征着黑格尔把信仰和爱看作高于理性和哲学。尽管这种看法在耶拿时期很快就被抛弃，但是这一时期的神秘主义思想对黑格尔的影响巨大。正是因为这种影响，黑格尔哲学被费尔巴哈称之为"理性神学"。

---

[1] ［美］克雷格·B. 马塔雷斯：《从黑格尔出发》，陈明瑶、叶卫挺译，黑龙江教育出版社2017年版，第51页。

[2] Ormiston Alice, "The Spirit of Christianity and Its Fate: Towards a Reconsideration of the Role of Love in Hegel", *Canadian Journal of Political Science*, Vol. 35, No. 3, Sep., 2002.

黑格尔起初批判传统宗教问题是基于康德式的理性逻辑的视角，这也是当时一种流行的做法。然而，通过康德反思式的"理性逻辑"树立主体的自主性来对抗传统宗教所宣扬的上帝作为外在的、强制的权威的做法并不能使黑格尔满足，黑格尔对批判工具也同时进行了研究和批判。黑格尔通过研究发现，无论是传统宗教还是理性神学都是实证的。平卡德这样评价黑格尔的"实证性"思想研究：

> 在摆脱他伯尔尼时期概念之后，黑格尔反倒坚持认为康德自己关于绝对命令的自我强加概念只不过是一种"自我强制"而已，只不过是人与自然异化和人们彼此异化的另类表述而已。虽然康德关于道德作为理性行动者自主的自我立法概念弥补了作为异己的"他者"（例如犹太人的上帝）所支配概念的很多缺陷且因此标志着胜过犹太教，但是他总的来说却仍然没有克服支配观念，原因在于，像黑格尔论述的，"按照康德的德性概念，这对立（普遍与特殊之间和主体与客体之间的对立）仍然没有消除，普遍成了主人和特殊成了仆人"。（出自自然的）"倾向"与"唯理的意志"之间康德式的鸿沟因此仅仅是把支配抬高到另一层面而非扬弃了支配。①

康德式的理性逻辑导致内在于人的理性与感性的对立，这比传统宗教导致的个人与宗教的对立影响更为恶劣。黑格尔不得不探索自己的哲学道路来克服宗教的对立性以及理性逻辑的对立性，这种新的道路就是"爱"。"爱"是黑格尔思想走自己道路的开端，克朗纳提出：

---

① ［美］特里·平卡德：《黑格尔传》，朱进东、朱天幸译，商务印书馆2015年版，第148页。

第三章 黑格尔对现代性的宗教反思：理性逻辑的局限

"黑格尔首次有原创意义的哲学，可以叫作爱的泛神论。"① 以爱观念作为理论依据是黑格尔首次提出自己理论的一次尝试，也是他的原创。

"和解"（Versöhnung）所遇到的一切主体与客体的对立性问题是黑格尔提出"爱"观念的根本目的，"黑格尔认为，爱是人的一种最高知识，这种知识能够在宗教符号中发现（主体的）客观表达"②。爱作为人的一种主观情感能够与宗教符号的客观精神统一。不仅如此，爱能够和解传统宗教对立性问题的背后所存在的社会现实问题的对立性。无论是宗教的实证性还是理性逻辑的实证性都是阻碍个体自由和完满的根由，黑格尔的爱恰恰实现了人的自由。

黑格尔通过爱试图去"和解"传统宗教的实证性，以及康德式的"理性逻辑"的对立性。"和解"的实质就是在对立中寻求统一，爱在"和解"传统宗教的对立性与理性逻辑的对立性时，实质上是把传统信仰的对立、理性逻辑的对立以及传统信仰与理性逻辑的对立实现统一。简言之，爱的"和解"就是爱在对立中寻求统一。

三 "爱"的辩证法

在"爱"的"理性"与"信仰"对立统一的辩证过程中，我们可以感受到辩证法思想的萌芽。"爱"是一个充满宗教神秘主义的词汇。然而，正是这种神秘主义使黑格尔摆脱了康德式的理性逻辑中的对立原则而孕育出辩证法的萌芽，《1800 年体系残篇》（*Systemfragment von 1800*）中我们已经可以明显感受到辩证法的雏形。"从这种矛盾性里更进一步的认识到生活、整个存在、整个思维都具有普遍的辩证性质。法兰克福危机的结果，使黑格尔初次概括了他的辩证法（主观的爱的

---

① ［德］里夏德·克朗纳：《论康德与黑格尔》，关子尹译，同济大学出版社 2004 年版，第 159 页。
② Ormiston Alice, "The Spirit of Christianity and Its Fate: Towards a Reconsideration of the Role of Love in Hegel", *Canadian Journal of Political Science*, Vol. 35, No. 3, Sep., 2002.

辩证法和客观的生命的辩证法），尽管只是一种神秘主义的辩证法。"①爱一经黑格尔提出就具有了和解主体与客体、宗教精神与个体意志、主体理性与客观现实的对立性的功能。这种承认对立，并且在对立中寻求统一的做法就是辩证法的典型特征。尽管这种尝试在黑格尔那里仍然未走出主观性的窠臼，但是我们看到这种尝试却蕴含着黑格尔的一个重要思想，即把康德式的"形式理性"上升为其思想成熟后提出的"思辨理性"，"在更深刻的意义上以思辨理性扬弃了知性的反思，以辩证的统一扬弃了形而上学的对立"②。虽然这一时期的爱作为思辨理性之萌芽仍旧采取了情感和直观的形式而尚未达到概念思辨的高度，但是思辨的性质已然具备，而黑格尔要做的就是逐渐褪去思辨理性之萌芽的神秘、直观性质而彰显思辨的辩证内涵。

并且，爱的辩证统一性是一种尊重差别和差异的统一。在世俗之中相爱的两个人拥有不同的躯体、不同的思想和独特的人生经历。相爱的双方最终会走向生命的尽头、天人永隔。但是黑格尔认为，这种差异的、最终要走向死亡的爱恰恰解释了爱可以抵抗最顽固的对立。"在对爱的分析中可以发现黑格尔已经试图展示一个统一体、统一性或者整体性不需要是一个空白或者没有理由的参考；爱是有结构的，一个关于冥想的动态解构，将两个人组成一个功能统一体，允许彼此协商自我的界限。"③ 相爱的两个人，两个不同的个体会变成一个统一的有机体，尽管双方具有各自差异和不同，但是爱的统一就是一种尊重差别的统一，爱的统一不会破坏彼此的个性和独立人格。

因此，宋祖良先生在其《青年黑格尔的哲学思想》中认为，法兰克福时期的"爱"即黑格尔的"思辨理性"。法兰克福时期的生命之

---

① ［匈］卢卡奇：《青年黑格尔》，王玖兴译，商务出版社1963年版，第93页。
② 赵林：《黑格尔的宗教哲学》，武汉大学出版社2005年版，第96页。
③ ［美］克雷格·B. 马塔雷斯：《从黑格尔出发》，陈明瑶、叶卫挺译，黑龙江教育出版社2017年版，第44页。

第三章 黑格尔对现代性的宗教反思:理性逻辑的局限

"爱"在黑格尔思想中扮演的角色,与耶拿时期以后黑格尔的"思辨理性"概念在意蕴上是一致的。之所以黑格尔此时用"爱"而不是直接用"理性"这一概念,是因为黑格尔此时关于"理性"的定义并未走出康德对"理性"概念界定的框架。耶拿以后黑格尔形成对"理性"的成熟定义,即对立统一,在矛盾对立的发展过程中寻求内在的统一。很明显,黑格尔的"理性"与康德的"理性"在意义和概念上已经有了很大的差别。康德的理性是一种忽视了客观对象(物自体)而只关注于自身的理性,"正像康德在《纯粹理性批判》中说'理性'只是使洞见成为理性,依照理性自己的计划产生的东西,黑格尔在《费希特哲学体系与谢林哲学体系的差异》这本书中说道,'理性逐渐认识理性自身,只与理性自己打交道,所以理性的全部工作和活动基于理性自身'"①。康德的理性更多的是按照理性自身的规定去和客观对象发生关联(理性的实践),并且康德的理性不能够认识客观对象(物自体);黑格尔则认为理性应该是认识主体与客观对象的统一,理性能够认识客观对象,并且尊重客观对象本身的规定,而不是按照理性自身的规定进行实践。

耶拿时期黑格尔的"理性"的内涵和本质只是对这一时期"基督之爱"内涵的进一步发展和延伸。黑格尔成熟时期的"理性"取代了早期的"爱"在其思想中的重要地位。"成熟时期的黑格尔认为,爱与直观知识只是生命中的一个片段,它们最终被概念知识所取代,概念超越于生命之上并且反映生命的本质。"② 在黑格尔耶拿时期之后的作品中,我们很难发现爱继续具有如此之重要的内涵,爱在黑格尔成熟的体系中仅限于原子式家庭的有限范围内,仅仅涉及人的私人生活,

---

① [美]特里·平卡德:《黑格尔传》,朱进东、朱天幸译,商务印书馆2015年版,第166页。
② Ormiston Alice, "The Spirit of Christianity and Its Fate: Towards a Reconsideration of the Role of Love in Hegel", *Canadian Journal of Political Science*, Vol. 35, No. 3, Sep., 2002.

而理性成为政治社会的真正纽带。①

黑格尔早期的"爱思想"的表达不是通过概念的语言而是通过一种直观感性的语言,但是我们不能否认爱的理性色彩。"早期黑格尔并没有通过概念的语言而是通过直观的语言来述谓爱,但是并不能因此就认为爱是非理性的,恰恰相反爱即理性。"② 黑格尔的"爱"思想中,蕴含着他的理性思想,亦即蕴含着"对立之统一"思想,这一点已经被很多黑格尔研究专家所佐证。比如宋祖良先生认为:"爱就是黑格尔耶拿以后所说的理性——对立统一的思维方法。罗森克朗茨说过爱是'理性的类似物',海谋完全重复了罗森克朗茨的观点,缪勒采用了更简明的表达'爱—理性'"③。爱被许多哲人界定为黑格尔的"理性"萌芽,并且越来越被广泛接受,因为爱已经具备了理性的基本特征——对立之统一。因此,我们可以说,早期黑格尔并不是一个单纯的新教主义者和神秘主义者,而是一名用理性思想的萌芽解读宗教内容的理性主义者。

当然这里的理性是指黑格尔意义上的理性,而不是康德意义上的理性。黑格尔的"爱—理性"之"理性"不同于康德式"理性"之处就在于,康德的"理性"实质是对立,而黑格尔的"理性"是对立之统一。康德式的理性忽视了外在的现实客体,是一种反思式的理性。因此,康德式的"理性"所强调的主体与客体相统一的原则只是主观的"主体—客体"的统一。客体是由主体设定的,本质上依然属于主观自我。"主观的主体—客体,演绎出来的东西得到的纯粹意识——自

---

① Ormiston Alice, "The Spirit of Christianity and Its Fate: Towards a Reconsideration of the Role of Love in Hegel", *Canadian Journal of Political Science*, Vol. 35, No. 3, Sep., 2002.

② Ormiston Alice, "The Spirit of Christianity and Its Fate: Towards a Reconsideration of the Role of Love in Hegel", *Canadian Journal of Political Science*, Vol. 35, No. 3, Sep., 2002.

③ 宋祖良:《青年黑格尔的哲学思想》,湖南教育出版社 1989 年版,第 67 页。

我＝自我——的形式。"① 现实的客体被完全对立于主体之外，主体与客体"被设置在绝对的对立中，因而，理性下降为知性的理性"②。对立性的理性不再是理性，而是知性，"对立的实质是知性"③。这种反思式的理性只会导致对立，与之相反，黑格尔的"理性"意在表达对立之统一，统一是其核心与灵魂。然而黑格尔并没有否定知性的理性，而是把知性看作"爱—理性"发展的一个环节，"理性自身的对立乃是由知性的对立而来"，对立成为理性实现统一的中介和对立。"对对立加以扬弃是理性的唯一兴趣"④，理性就是要把对立之物联系起来实现统一。将对立之物实现统一的途径即"基督之爱"的"和解"。"爱—理性"和解了主体与客体之间的对立，实现了二者的真正统一。"如果人们想要勉强把不可结合的东西加以结合，那么就存在着权威性……宗教是同爱不可分的，爱的对象不是同我们相反对的，它是同我们的本质合二为一的。"⑤ 黑格尔的思辨理性通过扬弃知性实现了对立之有机统一，这种矛盾的对立统一，即主体与客体、主观与客观、思维与存在的统一。

尽管当时的先进思想者们都在批判宗教的黑暗和腐朽，在法兰克福时期《基督教的精神及其命运》一文中，黑格尔反其道而行之，对宗教中的优秀精神反而持有一种接受和赞扬态度。可能是由于黑格尔

---

① ［德］黑格尔：《费希特与谢林哲学体系的差别》，宋祖良、程志民译，商务印书馆1994年版，第3页。

② ［德］黑格尔：《费希特与谢林哲学体系的差别》，宋祖良、程志民译，商务印书馆1994年版，第3页。

③ 参见［德］黑格尔《费希特与谢林哲学体系的差别》，宋祖良、程志民译，商务印书馆1994年版，第3页。原文是"限制的力，即知性"，限制即对立和分离，而限制的力在本文即对立分离的力。

④ ［德］黑格尔：《费希特与谢林哲学体系的差别》，宋祖良、程志民译，商务印书馆1994年版，第10页。

⑤ ［德］黑格尔：《黑格尔早期神学著作》，贺麟译，上海人民出版社2012年版，第423页。

在最初就没有对宗教持完全否定的态度，当他发现理性本身也是"实证的"，也会导致社会的矛盾和个人困惑之后，就转向宗教之中去寻找化解矛盾的方法。

黑格尔基于基督之爱从两个方面批判了理性原则。

第一，针对理性构成道德伦理原则之后所导致的问题，黑格尔提出爱而不是理性构成德行的灵魂，爱是道德的基础。"黑格尔在耶稣的登山宝训中发现了这个德性概念，然而这个德性概念被描述为爱的主观性，而不是忽略或者压制个体的感性方面，这种德性实现了一种更高层面的统一。"① 通过爱，道德的一切片面性，道德与道德之间的对立和互相限制都得到和解。"如果爱不是道德的唯一原则的话，那么每一种道德就同时是一种不道德。"② 诸多具有特殊内容的道德如果不以爱为精神核心，不可避免地会产生诸多冲突，爱恰恰和解了道德的特殊性和多样性。

第二，针对理性不尊重客观事实的缺陷，黑格尔提出道德律令相对于现实生活中的丰富内容而言是抽象的。而"爱"并非脱离现实内容的抽象形式，而是与生活密切相关的具体精神。"义务与嗜好的对立在爱的各种特殊形态，亦即在道德里找到它们的统一。"③ 道德命令和特殊生活嗜好以"爱"为中介在生活中实现有机统一。爱一方面就是道德律令的原则，是人们行为的诫命；另一方面又是人们的情感，是一种感性的嗜好——爱本身的双重属性使得爱把道德律令与生活有机统一起来。

---

① Ormiston Alice, "The Spirit of Christianity and Its Fate: Towards a Reconsideration of the Role of Love in Hegel", *Canadian Journal of Political Science*, Vol. 35, No. 3, Sep., 2002.
② [德] 黑格尔：《黑格尔早期神学著作》，贺麟译，上海人民出版社2012年版，第328页。
③ [德] 黑格尔：《黑格尔早期神学著作》，贺麟译，上海人民出版社2012年版，第310页。

在爱的这种和解里，一方面，理性命令失掉了抽象普遍的形式，不再具有外在的客观性和约束力；另一方面，抽象的理性命令被具有丰富内容的生活所代替，爱的和解导致理性命令的普遍性消失。普遍、抽象的形式命令是对生命的割裂，它禁止和排斥现实生活的具体内容，只提倡思想中的抽象。爱源于生命在生活中的自发性，这使得生命的意义变得丰满，获得了生活中有着无限丰富性的内容，命令与嗜好、主观与客观的对立消失在爱中。最终，爱和解了理性命令的片面性，进而和解了理性逻辑的对立性。

黑格尔早期试图通过"基督之爱"的"和解"原则瓦解理性逻辑给现代性带来的弊病。黑格尔从基督之爱出发，开始思考如何克服理性原则所导致的社会矛盾和人自身的矛盾。这一时期他并没有意识到理性原则就是现代性的逻辑原则，也没有意识到理性原则导致的矛盾即现代性的弊病的根源。但是黑格尔把批判的靶向直接对准理性原则的做法却是具有前瞻性意义的，因为黑格尔意识到社会矛盾根源于理性原则的盛行。黑格尔从宗教情感中挖掘克服现代性弊病的途径，进而希望实现现代性社会与宗教信仰精神的有机结合。这种做法是值得我们借鉴的，尽管我们没有必要回到宗教精神中去对抗现代性的抽象理性原则，但是我们可以从信仰中获得对抗现代性的力量。建立一种新的价值信仰以应对现代性弊病的负面影响恰恰是当今时代的主题之一。而爱就是黑格尔为解决现代性问题提出的最早解决方案。

四 爱的现代性意义

宗教与哲学的对立是黑格尔在青年时期遭遇的时代难题，这一难题的背后是信仰与理性的对立。而西方许多学者认为现代性危机的根源即理性与信仰的对立，或者说个体理性的膨胀与信仰缺失之间的矛盾。因此黑格尔进行哲学思考的主要任务即"和解"宗教与哲学、理性与信仰的对立。就这一点而言，黑格尔以基督之爱对现代性的理性原则的批判，并不是对现代性的完全否定，而是对现代性的反思和拯救。

传统宗教以"宗教教义""神迹""仪式"和"神"等客观之物作为一种客观外在的"权威"，要求信徒无条件地服从，信徒不得有理性思考和情感认同的权利，这种外在宗教与人之间的对立，即"外在的"对立。这也是现代性思想对传统宗教观念进行批判的地方，黑格尔当然也认同这种批判。黑格尔在对传统宗教神学进行批判的同时，也在反思批判的武器——理性原则本身的合理性。所以黑格尔以基督之爱批判了"内在的"对立，即内在于人的"理性"的对立，即以康德为代表所宣扬的"主体理性"要求人们无条件服从理性所产生的绝对的"道德律令"，压制人的感性欲望——在人的精神内部形成理性与感性的对立。

早期黑格尔主要在康德思想的意义上理解"理性"，并一度以"康德主义者"自居。法兰克福时期，尽管黑格尔开始反对康德思想，但是康德影响的余韵仍在，他对"理性"概念的理解仍是康德意义上的，即认为"理性"（Vernunft）是压制个人嗜好和自由的冷酷道德命令。①

黑格尔对这种理性观念十分不满，他认为尽管绝对命令是基于人自由意志选择的结果，但绝对命令的实践是以理性与嗜欲的对立为前提。黑格尔说："对特殊之物——冲动、嗜好、病态的爱情、感性或其他种种说来，普遍之物——绝对的道德律令必然地而且永久地是一种异己的、客观的东西。那里总残留着一种不可摧毁的权威性，这足以激起人们的反感。"② 理性因其自身的权威性和强制性造成理性与感性

---

① 参见宋祖良《青年黑格尔的哲学思想》，湖南教育出版社1989年版，第65页。黑格尔早期批判传统理性主语针对的是压制嗜好的、导致主客对立的康德理性。因此，本书在接下来的行文中，对出现的黑格尔之前的反思式的、主客对立的理性统称为"康德理性"。

② 参见［德］黑格尔《黑格尔早期神学著作》，贺麟译，上海人民出版社2012年版，第298页。

的对立；同时，也造成理性与现实生活的对立，理性不再考虑现实的偶然性和丰富性是怎样，而只考虑其是否服从绝对的道德律令。"理性因其异己的孤立性，而具有了权威性。理性与现实之间便出现对立，这种对立是概念与现实、规则与嗜好的对立。"① 理性对现实生活与感性的压制造成理性与嗜好、普遍与特殊、无限与有限、主体与客体之间的对立。因此，所谓的理性只是抽象的主观统一性。道德律除了只是统一性、自我一致性的形式之外没有任何外在的东西。"理性"抽象的主观统一性造成主体与客体、理性与嗜好、普遍与特殊的种种对立，这种对立造成黑格尔对"理性"概念的反感。黑格尔坚决与对立的"理性逻辑"划清界限。在法兰克福时期，黑格尔甚至避免使用"理性"，进而避免使用与"理性"相关的反思概念。比如在《1800年体系残篇》中拒绝使用理性这一概念，而运用"爱"阐述自己的思想；拒绝使用"无限"这一概念，而运用"无限的生命"阐述自己的体系雏形。②

黑格尔希望以对传统宗教思想中普遍性原则的再次挖掘和阐释，来拯救理性遭遇的理论困境——现代性遭遇的危机，所以黑格尔很早就对现代性的危机有着一定的认识，并且试图找到解决方案。

第二节 "生命"：主观情感与客观生活的统一

从开始接触并了解康德哲学开始，黑格尔就同意真正的自由人是完全理性的人。正是基于这种信念，黑格尔将满足真正民众宗教的首要条件规定为符合理性的逻辑。黑格尔认为这种符合理性逻辑的实践

---

① 参见［德］黑格尔《黑格尔早期神学著作》，贺麟译，上海人民出版社2012年版，第298页。
② 宋祖良：《青年黑格尔的哲学思想》，湖南教育出版社1989年版，第65页。

分别在希腊人和康德那里得到了实现，即希腊人在社会公共生活的实践中实现了这一目标，而康德则在理论的反思层面上实现了这一目标。但是黑格尔坚信，在当今时代的生活实践中，理性已经不再可能真正实现出来。黑格尔的著作充分体现了他在早期对康德理性哲学固有的二元论的不满，这种不满也是对现代性固有矛盾的不满。在《基督教的精神及其命运》一文中，黑格尔揭示了康德的理性思想和现代性的逻辑不足以消灭社会中的对立和异化问题。因为理性逻辑假定理性与爱好之间的对立，使个人处于一种被理性逻辑所奴役的状态。因此，需要超越这种仅限于反思水平的哲学，以实现"生命"意义上的和谐与统一。

生命的统一是对爱与理性的统一，在这里黑格尔扬弃了纯粹以爱批判理性的做法，而是把爱和理性共同统一于生命之中。所以，黑格尔最初在对现代性的理性逻辑进行反思时就没有要完全否定理性逻辑的意图，而是改造理性逻辑使其适应时代的发展。或者说，黑格尔希望改造现代性的原则以适应时代的发展。生命一方面是爱的现实化，爱是主观的情感，需要有一个客观的载体作为主体表达这种情感；另一方面又是理性的承载者，理性不再是抽象的理论，而是通过生命与现实生活结合起来。

黑格尔对这种新"生命"境界的理解在他的《耶稣传》中得到了阐述。在那里，黑格尔对耶稣的生命进行了分析，耶稣的生命实现了完全的自我意识，因为耶稣的精神与一切束缚和异化相对立。这种对束缚和异化的否定使得耶稣身上具有一种使得人类和事物的整个生命秩序变得和谐的精神，即有限存在中蕴含着神圣无限性的精神。生命的所有过程，从人类生命到无限生命，都是神圣生命的体现，正是在这种观念的把握和随之而来的生命中，对立和异化才得以超越。人类生命的意义不是在抽象的理论推理中而是在人类生命的具体历史发展

第三章　黑格尔对现代性的宗教反思：理性逻辑的局限

进程中实现。接下来，黑格尔在对历史的分析中展开了对生命概念的论述。

一　从"爱"到"生命"的转向

当发现"爱"作为一种主观情感不能够完全解决处于社会中的人的异化问题，或者说，当发现"爱"不能够"和解"客观的现实问题之后，黑格尔不得不去承认现实生活的客观性。例如，黑格尔不得不去承认现实生活中的财产权等诸问题。"现在黑格尔发现他不得不承认所有权在现代社会中的地位。"① 黑格尔开始对不承认财产权的耶稣教训（《圣经》中明确表示取消财产权）表示不满："这样一种命令对我们而言是没有真理性的。财产的命运对于我们来说已经变得太有威力了，使得我们不能忍受不去反思财产，使得废除财产在我们成为不敢设想。"② 以承认财产权为开端，黑格尔开始承认客观现实生活的存在，只是用主观的爱去扬弃法律与道德的企图在黑格尔看来已经变得不可能。黑格尔反过来再次思考基督教原初精神的合理性，基于耶稣而阐发的"基督之爱"观念同时受到了怀疑。既然无法用基督之爱来取缔法律和道德，那么，法律与道德在处理财产问题方面必须存在。这样一来，黑格尔发现以财产和法律为中心的国家不能被宗教所统治，进而他试图通过基督的爱将人从异化中解放出来。或者说，黑格尔认为通过基督之爱来推翻财产权、法律、道德对人类的统治只是一种空想。解决人的异化问题必须从社会的现实出发，"人的异化的解决之道在于并不能够一劳永逸的达到所有的全面解放，或者后来马克思所说的'人类解放'；国家中必然有一大部分人

---

① 朱学平：《古典与现代的冲突与融合——青年黑格尔思想的形成与演进》，湖南教育出版社 2010 年版，第 112 页。
② [德] 黑格尔：《黑格尔早期神学著作》，贺麟译，上海人民出版社 2012 年版，第 307 页。

生活于异化的状态，而只有一少部分人才能真正实现扬弃异化，得到解放。异化的扬弃就不是人类解放，而只是政治的解放"①。人的异化主要是财产的异化，异化的真正解决之道是财产对人不再有限制，即主体与客体、主观与客观的完全统一。由此，黑格尔从主观的精神领域关注扬弃人的异化，转变为从客观的社会现实领域关注扬弃人的异化。

黑格尔意识到，社会现实问题成为解放人类、实现自由无法避免的问题，因此必须把社会现实领域中的主体——"生命"作为思考和回应社会现实问题的核心。爱的主观性局限使得人的异化问题无法真正获得解决，爱必然要走向客观化。爱需要过渡到生命，从爱向生命的过渡，在黑格尔的思想历程中有其内在的发展逻辑。黑格尔说："爱扬弃了道德范围的限制，不过爱本身仍然还是不完善的本性。在幸福的爱的各个瞬间里没有客观性存在的余地。宗教即生命，它是比爱更高的领域，宗教（生命）是爱的完成。"② 黑格尔认为，生命是对爱的扬弃与完成，同时生命即宗教。黑格尔把生命等同于宗教的做法带有明显的宗教色彩，这里的生命是一种无限的生命，亦即是上帝；而宗教则是上帝在人间传教的中介，宗教的精神实质即上帝的意志，某种程度上宗教即代表上帝。关于"爱""生命""上帝""宗教"的关系，平卡德也做了一个梳理，他认为："主观的爱不可能是不假外求的；它需要在宗教中达到圆满；宗教本身是'反思'和爱的合题：当爱作为主观的和个人的某物想方设法成为某种客观的然而仍然完全是个人的东西时，人们于是就有了宗教。这客观的爱反过来被描述为无限的生

---

① 朱学平：《古典与现代的冲突与融合——青年黑格尔思想的形成与演进》，湖南教育出版社2010年版，第113页。
② ［德］黑格尔：《黑格尔早期神学著作》，贺麟译，上海人民出版社2012年版，第337—338页。

命……"① 主观的爱需要客观化才能得到真正的圆满，爱的客观化和现实化即生命，而生命与上帝、生命与宗教在本质上是一个东西。

生命是黑格尔早期思想发展过程中在爱之后必经的逻辑环节。以黑格尔之见，爱必须实现主观与客观的统一，即实现主观情感意志与客观现实的生活之间的统一。显然，主观的爱不能仅仅是一种宗教情感，爱同时需要客观化、现实化——主观的爱客观化即生命。

黑格尔认为，真正的爱是生命之爱，"爱是生命之花，爱是感觉到自己存在于生命的全体里、没有界限。爱是一种同类之感，一种生命的感觉，既感觉生命既不强于自己也不弱于自己"②。爱必须感觉到自己是存在于生命之中的爱，爱是生命的情感，生命作为现实生活中的客体，是客观世界中的客观存在者。只有意识到生命是爱的支撑和载体，生命是客观世界的一个组成部分，爱才能真正实现客观化。爱作为一种主观的情感必须客观化才能实现主体与客体的统一，而爱的客观化只有在生命中才能实现。由此，黑格尔从主观的"爱"走向客观的"生命"，从主观的"爱"的辩证法转向了客观的"生命"的辩证法。

然而，从"爱"的辩证法向"生命"的辩证法的过渡并不是完全抛弃"爱"，恰恰相反，爱是实现生命完整性的一个重要组成部分。"因为爱，生命从自身走出来，而外化其自身；同样因为爱，生命从其外化中回归自身。生命就是这样一种以爱为中介不断外化，又不断回归的过程。"③ 生命只有以爱为中介才能不断扬弃自身，又完善自身；

---

① [美]特里·平卡德：《黑格尔传》，朱进东、朱天幸译，商务印书馆2015年版，第150页。
② [德]黑格尔：《黑格尔早期神学著作》，贺麟译，上海人民出版社2012年版，第332页。
③ 朱学平：《古典与现代的冲突与融合——青年黑格尔思想的形成与演进》，湖南教育出版社2010年版，第81页。

生命是爱的目的，只有生命才能使得爱实现自身。

生命实现了主观的爱与客观生活的统一。因此，黑格尔认为只有生命是"完整性"的，是自由的。从"爱"上升为"生命"之后，黑格尔在法兰克福后期把"生命"看作思想的核心。思考生命之为生命的本质与意义，在黑格尔看来这是一个最重要的问题，"思考生命，这就是问题。生命自身的意识应当成为人是什么的意识"[①]。生命作为"爱"的升华承担起黑格尔在法兰克福后期进行哲学思考的任务。

与纯粹主观的爱相比，生命不再是所谓的纯粹生命，不是脱离客体的主观情感，而是与现实生活有了更紧密的联系。黑格尔的生命就是要克服主观性直面现实的生活，"脱去天真而纯粹的浪漫主义色彩，而投入到现实生活，与客观性和解，就必然要放弃那种纯洁无杂质的纯粹宗教形态，而投入到鲜活生动的生活中去，生活中最现实，最不可否认的本质就是生命"[②]。生命不再像爱那样只是单纯的、脱离现实的主观性，毋宁是扬弃了纯粹的主观情感，更多地投入现实生活的丰富内容，实现主观之爱与客观生活的统一。简言之，生命是主观与客观的统一。

因此，综合黑格尔著作的原本与相关研究，笔者认为黑格尔之所以用"生命"扬弃"爱"，是因为生命具有以下几种独特内涵。第一，生命的统一性；第二，生命最高统一即神；第三，神作为一种生命具有伟大的创造性。生命优于"爱"的最直接表现即生命能够实现主观与客观、主体与客体的有机统一。而生命这种"统一性"的最高表现即神，神能够把整个世界统一于自身，因为整个世界都是神"创造"的。

---

① 朱学平：《古典与现代的冲突与融合——青年黑格尔思想的形成与演进》，湖南教育出版社 2010 年版，第 70 页。
② 陈果：《寻找通往真理之路——青年黑格尔基督教宗教思想发展》，博士学位论文，复旦大学，2008 年，第 183 页。

二 "生命"的哲学意义

"生命"之所以能够取代"爱"而成为黑格尔关注的核心,一方面是由于生命能够把主观的爱排斥在外的客观性统一于自身之内,另一方面是由于黑格尔认为生命比"爱"更能够和解现实生活中的"现代性"冲突。生命一方面是主观的,无论是生命的意志还是生命的情感都具有主观性;另一方面又是客观的,生命是客观世界中的一个个体,同时整个世界在黑格尔那里也是一个生命体。因此,生命能够把主观与客观、主体与客体的对立"和解"为"统一"。

"统一性"是"生命"优于"爱"的重要特点。尽管爱一方面作为上帝的普遍之爱,另一方面作为个体的主观情感实现了普遍性与特殊性的统一,但是这种统一只是一种情感层面的主观统一。而生命的统一性把普遍性与特殊性的统一从主观的情感层面升华为客观的现实生活层面。黑格尔认为,如果我们把生命的"统一性"仅仅看作某个个体生命内部的一个特殊要素,则这个"统一性"既不能统一这个个体的生命,也不能统一个体生命与个体生命之间的对立,更不能统一有限生命与无限生命之间的对立。朱学平教授对此认为:"生命的有机统一性,并不局限于某一特殊的有机体,而延伸及普遍的有机体或整个的有机宇宙和即涉及生命的全体,涉及自然。"[①] 生命成为黑格尔解释自然、宇宙乃至社会的强有力武器,无论是自然、社会还是宇宙都可以看作一个生命体,由此整个世界的具体内容都可以被黑格尔用"生命"加以观照。黑格尔这一时期力图以生命的统一性和解生命与非生命、有限与无限、整体与部分的对立。因此,在黑格尔那里,生命本身就是生命与非生命、整体与部分、有限与无限的统一。

---

① [德]里夏德·克朗纳:《论康德与黑格尔》,关子尹译,同济大学出版社2004年版,第161页。

第一，生命是生命与非生命的统一。

黑格尔认为死的生命依旧是生命。只把活的、主观的生命和精神看作生命的整体而忽视了与之相对立的客观的、死的一方面，这样仍未达到主观与客观的完全统一。耶稣之死并不是生命的结束，恰恰相反，耶稣肉体的消亡是他生命的开始。因此生命不应该只看作"活的东西"与"活的东西"相结合，还应该看作"活的东西"与非"死的东西"的结合，看作结合与非结合的结合。"死的东西"一方面是指死去的耶稣，另一方面则是指无机的自然界；与之相对，活的东西即生活于自然中的有机生命。黑格尔试图把自然与生命统一起来，他认为："如果我说，生命是对立和联系的结合，则这种结合本身又可以加以孤立并提出反驳说，这种结合与非结合是对立的。因此我必须这样表达我自己说，生命是结合和非结合的结合。"① 生命是把不能结合的无机自然与可以结合的"活的东西"统一为一个生命整体。黑格尔将生命定义为："统一物，分离物和重新统一之物，即从原始统一出发的一个不断展开、不断回归并且最终完全返回自身的过程。这或许可以看作黑格尔成熟时期哲学体系的雏形。"② 生命能够把分离的非生命之物和生命之物统一于一个整体，然后从这种原初统一出发不断扬弃自身，又回归自身。黑格尔成熟时期辩证法的运动过程是一个不断超越自身、扬弃自身而又回归自身的运动发展过程。这里，生命的运动发展形式已经具有黑格尔思想成熟后概念辩证法的特征。

第二，生命是整体与部分、一与多的统一。

在黑格尔那里生命一方面表现出无限可分的个体生命，个体生命本身表现出无限多的样态；另一方面生命本身就是一个整体，即一个

---

① ［德］黑格尔：《黑格尔早期神学著作》，贺麟译，上海人民出版社2012年版，第387页。

② 朱学平：《古典与现代的冲突与融合——青年黑格尔思想的形成与演进》，湖南教育出版社2010年版，第82页。

第三章　黑格尔对现代性的宗教反思：理性逻辑的局限

一与多、有限与无限、绝对与相对统一的整体。关于生命是个体与整体统一，黑格尔以一个阿拉伯人的生动例子予以说明："甚至在这样的话里，譬如说，'柯勒希家族的一个儿子'这个词阿拉伯人用来表明一个个人，一个族中的一个个别分子。这就意味着这个个人不仅是一个整体的一部分，因而全体不是在他之外的某种东西，而乃是意味着，他本人就是那个全体，这个全体即整个氏族。"① 在黑格尔看来，一个人就他不同于其他人、不同于任何外在于他的客体而言，他是一个个体的生命，就这一意义而言，他自己就是一个生命全体；但同时他不仅仅是一个个体生命，因为他与外在于他的其他生命构成了一个生命整体。一个个人的存在只是因为他是从这个生命全体中分裂出来的一个部分，他本人是其中的一个部分，其他生命是生命全体的另外一个部分。

同时，一个个体生命之所以能够被称之为生命，是因为他与其他的生命密不可分地构成了"生命全体"。黑格尔说："必须把生命的多样性看作是对立着的；这样多样性中的一部分只可以看作在联系中，它的存在只能看作一种结合；另一部分只能看作是与前一部分的对立，它是由于从前一部分分离开而有其存在，所以反过来也可以把前一部分规定为，它之所以有其存在只是由于从后一部分分离开。前一部分叫做一种组织，一个个体。很显然，这种生命，其多样性只能被看作联系中，而其存在即是这种联系，同时另一方面也可以看成纯粹的多，看成自身的差异［或自我分化］，看成纯粹的多样性"②。生命一方面是多，世界中有着许许多多的生命个体；另一方面生命又是一，每一个生命都是一个独立的生命之个体。同时万事万物作为许许多多的生

---

① ［德］黑格尔：《黑格尔早期神学著作》，贺麟译，上海人民出版社 2012 年版，第 343 页。
② ［德］黑格尔：《黑格尔早期神学著作》，贺麟译，上海人民出版社 2012 年版，第 384—385 页。

命个体所组成的这个世界又可以看作一个生命整体，生命又是整体与部分的统一。生命既是一又是多，生命是一与多的统一。由此，黑格尔通过生命实现了作为"个体"的生命与作为"类"的生命的统一，所有的有生命之物都被统称为"生命"。黑格尔以一个"生命"概念实现了个人与民族、个人与世界的统一。

第三，生命是有限与无限的统一。

从生命整体与部分的关系进一步演绎，黑格尔得出生命是有限与无限的统一。"生命一方面是无限可分的，分开的每一部分作为个体的生命，还可以进一步划分；但生命就其根本上而言，是一体的，是不可分的。所谓个体的生命、生命的多样性，不过是反思的结果。所以黑格尔说，他存在只因为他并不是部分，没有任何东西是与他相分离的。"① 许许多多的生命只不过是我们对这个作为整体生命的世界进行反思的结果，世界作为一个生命整体是无限的、永恒的，每一个生命个体是有限的、短暂的，无限多的有限生命组成了无限的生命整体。黑格尔对个体性与整体性、个体有限生命与无限生命的关系这样论述：

> 个体性这一概念既包含与无限多样性相对立，又包涵与无限多样性结合。一个人就他不同于在他外面的无限多的个体生命而言，他是一个个体生命；但是他仅仅是一个个体生命，因为他统一切元素、他同在他外面的无限多的个体生命是一体的。它存在，只因为生命的全体是分裂成部分的，他本人只是一部分，而所有其余的人是另外一部分；他存在，只因为他并不是部分，没有任何东西是同他分离开的。如果我们假定，不可分割的生命是固定的，那么我们就可以把无限多的有生命之物看作生命的表现或者

---

① 朱学平：《古典与现代的冲突与融合——青年黑格尔思想的形成与演进》，湖南教育出版社2010年版，第122页。

第三章 黑格尔对现代性的宗教反思：理性逻辑的局限

显现。正因为我们设定了这些表现的多样性，同时设定了有生命之物的多样性，甚至无限的多样性，于是反思作用就把这种多样性固定下来当作静止的、持存的、固定的点或者个体。反之，如果我们假定一个有生命之物，而且我们假定自己作为观察者，那么被设定在我们有限生命之外的生命就是一个具有无限多样性、无限对立、无限联系的无限生命；这个无限生命既是一种多样性，一种无限多的组织和个体的多样性，又是一种统一体，一个独特的有机体，既是分离的又是结合的有机体——这就是自然。①

从生命作为一个无限的整体出发，有限的个体生命只不过是整体生命的一个表现或者说显现。个体生命只不过是我们反思的结果，而整体生命才是生命之为生命的本真样态。但是反思作用把生命个体当作一个静止的、持存的对象固定下来。为了扬弃自身的有限性，个体生命通过繁殖，放弃了自身与其他生命的对立，以实现生命在时间中的无限性。个体生命成为黑格尔反思生命思想的起点，诸多个体生命相互之间对立而又有联系。因此，黑格尔的生命概念就是要"说明结合（Joining；Verbindung）与对立（Opposition；Entgegensetzung）这一矛盾是如何被包纳进一个人——作为一个个体生命——这样一个概念之中的"②。黑格尔早期希望通过以个体生命实现主体与客体、主观与客观的统一。首先，一个个体生命作为包含一切元素的复杂的物理有机体，他不同于他所包含的这些元素，因为个体生命是有生命的，而元素是死的；其次，虽然个体的生命内部融入了无限的其他生命（他的祖先和他的后代），但是他仍旧是一个与他外部的其他无限多的个体

---

① [德]黑格尔：《黑格尔早期神学著作》，贺麟译，上海人民出版社2012年版，第385页。
② Henry S. Harris, *Hegel's Development: Toward the Sunlight, 1770–1801*, Oxford: Clarendon Press, 1972, p. 383.

生命不同的个体。

但是就他自身所囊括的无限性而言（这种无限性表明了他生命的永恒性，而不是他生命的可朽性），他既不能作为一个有机体与他所生活的无机自然相分离，也不能作为一个生命个体与其他生命个体相分离。所以这个个体生命会承认两个事实：第一，对于他所认识的外在于他的世界而言，他只是这个世界的一部分；第二，当他明确认识到他所认识的一切都与他自身密切相关，并且密不可分时，他就不再是一个部分。个体的生命相对于无限多的个体生命而言，它是个体生命，但同时它又是无限多的个体生命的一个元素，它同无限多的个体生命是一体的，这就成就了生命的多样性和空间上的无限性。个体生命所设定的对立面就是一个具有无限多样性、无限对立、无限联系的无限生命。个体生命与无限生命、生命的特殊性与普遍性由此形成了统一。

综上所述，从不可分的生命整体出发，生命本身是无限的，杂多的个体生命只不过是无限生命的一个个部分和表现形式；从个体生命出发，外在于个体生命的整个自然都是与个体生命相对立的形式，这种对立是个体生命自我设定出来的一种对立，是个体生命意识到自身与其他生命不同的一种对立。"自然是设定起来的生命，因为反思作用曾经提出了它的关于联系和分离，关于自为存在的个别（作为某种有限的东西）和联合而成的一般（共相，作为某种无限的东西）的概念，并且通过固执这些概念，反思就把生命变成了自然。"[①] 不仅个体生命是反思的结果，自然也是反思的结果。相对于个体生命的"活"，无机自然是"死"的，但是无机自然与无限多的个体生命组成了生命整体。无机自然同样是整体生命的一部分或者说是生命的一种表现形式。反思设定了个体生命，又设定了自然来解析生命之为生命的本质，但是

---

① ［德］黑格尔：《黑格尔早期神学著作》，贺麟译，上海人民出版社2012年版，第385—386页。

二者都只是生命的一种表现形式，生命本身是无限的、不可分的整体。

第三节 "精神"：生命体验与客观精神的统一

黑格尔对精神的关注，起先并不是要建立一个扬弃"生命"的概念。黑格尔最主要想做的是分析和比较耶稣的精神与犹太人的民族精神之间的差异，进而指出犹太民族精神的特质。通过这一比较，黑格尔关注的核心概念从"生命"转向了"精神"。这一转向并不是非常明显，因为"生命"和"精神"在很多层面上表达了同一种意义。耶稣的精神蕴含着很多思辨性的特质，这些特质与黑格尔在前面提及的"爱"和"生命"是内在一致的。随着黑格尔把注意力转向了精神之后，黑格尔逐渐发现无限的生命本身就是精神的，或者说"神"就是精神。

一 从犹太人的精神到耶稣的精神

起源于亚伯拉罕（Abraham）的犹太精神具有独特的意识，这种独特性使得犹太人与世俗一切生活疏远和隔离。黑格尔在《基督教的精神及其命运》一文中认为起源于亚伯拉罕的犹太精神的特征是自愿拒绝与他人以及与自然的关系：

> 他又完全脱离了他的家庭，以便成为一个完全自立、独立的人，自己作自己的主人。他这样作，而没有受侮辱或被放逐之感，也没有做了坏事或罪行之后的痛苦；这种痛苦显示出对爱情的持久需求，这爱情诚然受到了伤害，但还没有丧失净尽，它寻求新的祖国，以便在那里开花结果，并且使他们本身欢欣愉快。亚伯拉罕所以能成为一个民族的始祖，其第一个行动就是对家庭的爱和民族的共同生活之纽带的决裂，这是同他前此和人与自然一起

生活的关系之全体的分离;他一脚踢开了他青年时期的这些美好关系。①

亚伯拉罕希望摆脱所有这些束缚他的关系,然而他始终关注的是他自己的存在,因此"亚伯拉罕不追求爱,他不想从爱中去求自由"②。这种对生活的"不爱"态度是亚伯拉罕的精神,"这种精神以严格对立态度对待任何事物"③;同时这也是他一生与其他民族和其他国家相处的基本态度。例如,他从未准备过定居,亦即从未准备通过耕种和改良土地使其与某个地方产生依附关系,从而使其成为世界的一部分,他仅在土地适合自己的目的时才使用该土地。同时,他也以类似的方式对待其他民族,"他无论就土地来说或者就对人来说,他在这地球上乃是一个陌生的人"④。因此,亚伯拉罕的精神是这样的,他认为整个世界与他都是分裂的,都在反对他自己,都对他充满敌意。因此,世界与他唯一可能的关系是一种统治关系(Herrschaft),其中一个成为主人,另一个成为奴仆。在黑格尔看来,犹太人生活的根本基础是一种对立精神,即所有自然、其他人,甚至他们的上帝都被犹太人视为异己的存在物。这种对立精神的基础是犹太人对他们与上帝的关系的理解,即上帝被认为是全能的主,与他们分离并通过他们遵守的法律统治着他们的生活。综言之,对立性是犹太人看待其他民族、世界和上帝的唯一态度。

亚伯拉罕认为,整个世界都与他以及他的子民相对立,形成这种

---

① [德] 黑格尔:《黑格尔早期神学著作》,贺麟译,上海人民出版社2012年版,第274—275页。
② 参见 [德] 黑格尔《黑格尔早期神学著作》,贺麟译,上海人民出版社2012年版,第275页。
③ [德] 黑格尔:《黑格尔早期神学著作》,贺麟译,上海人民出版社2012年版,第275页。
④ [德] 黑格尔:《黑格尔早期神学著作》,贺麟译,上海人民出版社2012年版,第275页。

第三章 黑格尔对现代性的宗教反思：理性逻辑的局限

对立精神与他当时的时代密切相关。亚伯拉罕以前，人类的发展历程中，人们所面对的是对人们充满了普遍敌意的自然，冷漠无情的自然力量对人们的生命和财产安全造成莫大的威胁。人们唯一能够对自然做出的反应就是与自然做斗争，这构成了亚伯拉罕要与自然、与他物形成对立精神的根源。为了抗争自然，亚伯拉罕为子民立法，规定子民应该如何支配自然以及与自然作斗争。而立法的原则就是"犹太人作为一个反题，其余人类和自然作为另外一个反题，反题与反题之间处于无限的对立"①。这一原则使得犹太人陷入无限对立的境遇之中。

因此，犹太人的命运是毫无生命本性地屈从。在环境的力量迫使雅各布（Jacob）成为犹太人的永久居留地时，黑格尔看到了犹太人这种屈从的命运。这是一种与亚伯拉罕精神相反的行为，因为这并非自愿的行为，犹太人不愿意与任何地方产生紧密的依附联系。尽管亚伯拉罕自愿离开了他居住的环境，并因此建立了与上帝联合的意识，但是犹太人现在感到自己处于脱离环境又不得不定居于一地的状态，这不是他们自己的主动选择，而是他们已然处于奴役状态下的被迫选择。因此，他们不再感到与上帝联合的意识，而是意识到他们通过服从上帝的律法而实现的奴役关系，这是他们生存所必需的服从，而不是作为生活的自由表达，"他们第一次受到命运的约束"②。

亚伯拉罕的精神在摩西（Moses）那里重新得到了表达。摩西"在孤独地为了自己的民族的解放而热烈奋斗"③，但他无法唤醒他的子民实现解放和自由的精神。摩西只有通过标志着神的意志和神迹的显现，

---

① [德] 黑格尔：《黑格尔早期神学著作》，贺麟译，上海人民出版社2012年版，第280页。
② Henry S. Harris, *Hegel's Development: Toward the Sunlight*, 1770–1801, Oxford: Clarendon Press, 1972, p. 283.
③ [德] 黑格尔：《黑格尔早期神学著作》，贺麟译，上海人民出版社2012年版，第278页。

才可能使得犹太人跟随他。犹太人并不把他们自身的解放看作他们"为了英勇保卫一个高尚伟大的事业"①，而只是把解放看作他们的上帝为他们所做的事情。因此，犹太人与他人以及与自然的对立的观念在摩西这里得到加深，他们与上帝之间的分离在他们的意识中也进一步得到了证实。

犹太人与上帝之间的对立关系在西奈山（Mount Moses）建立的盟约中进一步得到巩固。上帝许诺要成为他们独有的上帝，而他们与上帝盟约的一部分则被视为遵守与上帝盟约的诺言——神赐予的法律。这也证实了犹太民族与其他国家民族之间的分离，因为上帝不仅是犹太人的上帝，他是所有人的主人，而犹太人确信他们与上帝的关系是一种独特的关系。这种独特的关系表现为他们遵守的宗教律法异于其他民族——他们的律法更加严苛，更加强调上帝与人之间的绝对对立。

黑格尔认为，这种对立使得犹太人不得不转而去神那里寻求解脱，希望通过神来获得生命的自由。犹太人与尘世的一切越是对立，对神的依赖和渴求就越是强烈。"只有通过忠诚于上帝才能同反对自然的这个纯粹统一体发生关系，选民不得不严格把自己同他人分离开，但是把自己奉献给上帝也就是把自己变成上帝的奴隶。"② 为了摆脱分离和对立的命运，为了获得救赎只能忠诚于上帝，为了忠诚于上帝只能把自身与他人分离，这种分离使得犹太人完全匍匐于上帝面前。这里便形成了一个"恶无限"的死循环。

一方面，为了摆脱对立、获得救赎，犹太人需要信仰绝对的神。"与自然、与他人的分裂和对立、完全被动地匍匐在一个无限

---

① ［德］黑格尔：《黑格尔早期神学著作》，贺麟译，上海人民出版社2012年版，第129页。
② ［加］查尔斯·泰勒：《黑格尔》，张国清、朱进东译，译林出版社2009年版，第79页。

第三章　黑格尔对现代性的宗教反思：理性逻辑的局限

的客体面前、绝对服从神和律法的统治，就构成了犹太人的必然性和命运。"① 犹太人是严格的律法主义者，这是他们的精神，但不幸的是，这也成了他们获得生命和自由的阻碍。他们由于自身的对立性，使得他们把他们的神与其他的神也对立起来。他们认为他们的神是唯一的神，他们"……拒斥别的国家或国家不得分享他们的神……排斥别人不得参与……却包含一个可怕的要求，即只有他的神是神，而他这一国是唯一拥有神的国家"②。为了救赎，为了信仰的坚定，犹太人认自己的神为唯一的神，拒斥其他一切国家和民族的神，进而拒绝其他一切国家和民族。

另一方面，信仰绝对的神的最终结果却是犹太人陷入了永恒"对立"的命运，犹太人成为神的奴隶，同时犹太人与其他国家和民族处于对立之中。对神的依赖并没有使得他们克服自身的对立，反而加剧了这种对立。因为为了坚定自己对神的信仰，犹太人放弃了自己的情感、理性和一切权利。"因为他们把人的本质的一切谐和、一切爱、精神和生命都寄托在一个异己的客体，他们把人们由以联合起来的天性也全都外化了，自然也被他们放在异己者的手中。"③ 犹太人不相信自己的情感和理性，而认为情感与理性只会使得他们远离神的意志。因为情感往往是基于肉体的自然本性，而肉体受到了俗世的熏染已经污秽不堪，不再纯净；同时人的理性是有限的、片面的，而上帝则是无限的、绝对的真理，有限永远无法达到无限。因此，犹太人放弃了自己的情感和理性，当他们把生命的一切本性的东西都交予异己者的手

---

① 朱学平：《古典与现代的冲突与融合——青年黑格尔思想的形成与演进》，湖南教育出版社2010年版，第99页。
② 朱学平：《古典与现代的冲突与融合——青年黑格尔思想的形成与演进》，湖南教育出版社2010年版，第97页。
③ ［德］黑格尔：《黑格尔早期神学著作》，贺麟译，上海人民出版社2012年版，第325页。

中后，他们向神这个外在于他们的客观存在者屈服了。他们服从神的权威，服从客观存在者的律法和规则。无论是神谕还是律法都只是客观外在的权威，没有内在的认同。他们也就成为一种空虚的存在，这种空虚的存在当然也就没有生命的意义。

犹太人自身的本性使得他们不可能实现主客统一，进而获得真正的生命自由，实证性成为犹太人的命运。因此黑格尔认为："犹太教受限于律法和存在的对立性，而在古希腊社会律法与个体的存在是统一的。在这种意义上，黑格尔提出犹太教也是不自由的实证宗教，这种宗教屈从于外在设定的律法而不是产生于内在的认同。"① "对立性"和"实证性"成为犹太人必然的命运，犹太教的实证性必须被批判。

作为犹太人出身的耶稣意识到了犹太人的困境，意识到犹太人身上这种必然性的命运，于是试图改变犹太人这种坚守对立的缺陷，实现犹太人的自由和解放。黑格尔在谈及耶稣的生活经历时说，尽管犹太人不可避免地成为这种命运的受害者，但耶稣却将自己置于整个犹太人命运的对立面。耶稣超越了犹太人的命运，他反过来试图使犹太人脱离自身的命运。但是除了少数人以外，其他人都太关注如何摆脱命运这个问题本身，以至于听不见耶稣的启示。因此耶稣被迫承认自己和其门徒的关系与自己和其他人的关系是完全不同的两种关系。但是，从这种承认中，耶稣不可避免地会成为命运的受害者。黑格尔说耶稣使自己与犹太人的命运背道而驰，声称耶稣的教训与摩西律法之间存在明显的对立。这种对立最终使得耶稣被钉死在十字架上。

耶稣的精神超越了一切异化，并摆脱了一切法律的束缚，无论是某些内部权威（即理性）或外在权威（上帝）所施加的法律。"他（耶稣）特别指示给他们看，道德所要求的东西是如何与民法所要求的

---

① Ormiston Alice, "The Spirit of Christianity and Its Fate: Towards a Reconsideration of the Role of Love in Hegel", *Canadian Journal of Political Science*, Vol. 35, No. 3, Sep., 2002.

东西及业已变成了民法的宗教命令所要求的东西的［鲜明］对比。他特别在登山训众里这样作了，在那里他说到道德修养是律法的成全（Complementum），他试图指示给他们看，单是遵守这些变成了律法的宗教命令是如何很少构成道德的本质，因为道德的本质是尊重义务而行为的精神。"① 法规变得多余是由于耶稣的精神超越了一切分裂和异化，从而废除了所有的义务和强迫。法规表达的义务转变为一种内在"存在"，即在法规或理性与嗜好的需求之间不再存在分裂，因为耶稣的精神克服了这种分裂并实现了二者的统一。因此，法规不是被废除，而是失去了外在性，成了内在性的存在。"这种与嗜好的一致性就是法规的履行，一种存在，这存在或者用别的说法来表达，就是'可能性的补充力'：因为可能性就是在思想中的客体的共相。存在［是］主体和客体的综合，在这个综合中主体和客体皆失掉了它们的对立，同样那种嗜好、道德也是一种综合，在其中法规（由于它是普遍的，康德总是把它说成是客观的东西）失掉了它的普遍性，同样主体失掉了它的特殊性——两者皆失掉了它们的对立性。"② 因此，耶稣的精神被视为与法规和嗜好的结合，因为它是嗜好与法规的综合，在这种综合之中没有任何区分法规和嗜好的迹象。

　　黑格尔从耶稣登山宝训的诸多例子中发现，耶稣的精神超越了犹太人的精神和康德的道德法则。黑格尔如何看待耶稣的精神超越了法律的要求，可以从他对"不可杀人"的诫命中找到一个例证。黑格尔说，"这个命令曾被认作对于每个理性存在的意志都通行有效的基本命题，也是被认为可以作为普遍立法的根本原则。反对这个命令，耶稣提出了一个较高的和解的天才（爱的变形），这个天才不仅行事不反对

---

　　① ［德］黑格尔：《黑格尔早期神学著作》，贺麟译，上海人民出版社 2012 年版，第 198—199 页。

　　② ［德］黑格尔：《黑格尔早期神学著作》，贺麟译，上海人民出版社 2012 年版，第 300 页。

那个法规，而且使得那个法规成为多余的东西，它包括在其中远为丰富的有生命的充实内容，像空洞抽象的法规，对它来说，简直不是什么东西"①。所以在这里耶稣的精神体现的是一种更高意义上的和解：既和解了犹太教精神中的实证性，也和解了康德道德法则的实证性。基于耶稣的精神，法规与嗜好、理性与感性、情感与生命之间的对立性都得到了和解。所以从这一意义上来讲，精神是对律法和现实生活的和解。黑格尔从犹太人的民族精神到耶稣精神，再到德国民族精神的探索，体现出黑格尔对精神概念的不断发展。

二 从生命到精神的转向

初期的黑格尔从"生命"向"精神"的过渡是不明显的，因为二者本来就是同一个东西。黑格尔也并没有有意识地区别生命与精神的差异。但是随着黑格尔思想的发展，以及黑格尔哲学面临的不同的历史使命，黑格尔把精神"概念化"了，即把精神置于一个思辨的逻辑体系中进行讨论。此时，精神才完全与生命分离开来，具有宗教神秘色彩的生命无法承担起概念思辨的任务，而唯有精神才能够满足黑格尔的要求。

生命的分裂命运与寻求弥合分裂的企图构成了黑格尔早期关于"生命"思想的主题。这可能和黑格尔本身的生命体验有关，我们知道黑格尔的母亲在黑格尔幼年时就死于痢疾——一种周期性在欧洲爆发的瘟疫。尽管幼年受到母亲传染的黑格尔坚强地挺了过来；但是，黑格尔与他的父亲、弟弟和妹妹一直受到痢疾后遗症的折磨和困扰。同时，黑格尔的家庭也是悲剧式的。黑格尔 11 岁丧母，弟弟战死于战场，私生子不成器，妹妹患有精神疾病。所以，黑格尔期望弥合生命

---

① ［德］黑格尔:《黑格尔早期神学著作》，贺麟译，上海人民出版社 2012 年版，第 301 页。

的分裂，但是现实的状况却是主体性的生命不愿意与现实的生活达成妥协。"黑格尔这一时期发现个体的生命与社会是矛盾和冲突的。"① 生命的分裂状态导致了黑格尔早期在一段时间内进入了"疑病时期"。

耶拿时期，黑格尔对这种疑病状态进行哲学思考，认为法兰克福时期的疑病是一种"哀怨意识"。"哀怨意识的概念虽然是黑格尔在耶拿时期所完成的《精神现象学》中才提出来的，但是对'哀怨意识'的深切体会构成了法兰克福时期黑格尔思想的一个主要特点。"② 黑格尔"哀怨意识"概念的产生与法兰克福时期他对生命与现实之间隔阂的无奈有着密切关联。因此，黑格尔的"哀怨意识"是黑格尔从"直观的生命"向"思辨的精神"过渡的重要环节。

所谓哀怨意识是指："自我意识的内在的双重化已经是一个既定事实（这个现象在精神的概念里是至关重要的），但还没有达到内在的统一。"③ 哀怨意识是对现实中主体与客体分裂的一种无奈和痛苦情绪，"哀怨意识，即意识到自己是一个双重化的、完全自相矛盾的本质。正因为意识的这种本质上的自相矛盾认识到自己是一个意识，所以内在分裂的哀怨意识必然同时意识到自己的两个不同方面，当它自以为已经胜利达到统一的宁静时，立即就被重新驱赶回分裂和紊乱之中"④。哀怨意识是一种永远无法实现统一而导致的不安宁，因为哀怨意识只是一种主观的情绪，缺乏客观的现实规定作支撑。

主观的生命意志希望能够与客观的生活之间实现统一。然而，"这种统一由于仍然局限于自我意识、局限于主观性的范围之内，所以是一种虚假的统一，而哀怨意识正是对这种统一实际上不统一的尴尬情

---

① ［匈］卢卡奇：《青年黑格尔》，王玖兴译，商务出版社1963年版，第89页。
② 赵林：《黑格尔的宗教哲学》，武汉大学出版社2005年版，第102页。
③ ［德］黑格尔：《精神现象学》，先刚译，人民出版社2013年版，第133页。
④ ［德］黑格尔：《精神现象学》，先刚译，人民出版社2013年版，第133页。

形的意识，是对这种狂妄的主观统一的虚弱性的痛苦感受"①。局限于个体生命的主观反思，注定对客观现实无可奈何，客观世界不以主观的意志为转移。这种主观意愿与客观世界的对立关系使得生命意识到自己的狂妄与虚弱。黑格尔同样意识到这一点，他"已经意识到客观性的重要意义。正是这种试图走出主观的生命和爱然而却又达不到客观理念和全体性的真理的迷茫、焦虑、痛苦，正是这种哀怨意识，导致了法兰克福时期的黑格尔精神上几乎陷于瘫痪的思想危机"②。当个体生命意识到客观世界某些弊病是对生命自由的戕害，并且发现这种戕害基于主体的意志无法改变时，哀怨意识便产生了。而哀怨意识的产生进一步促使黑格尔寻找克服主体与客体对立的道路。

黑格尔试图从个体生命的主观体验出发实现主观与客观的统一。然而，黑格尔的尝试注定走向失败。主观的生命体验作为一种"无限的、纯粹的、内部的感触也有自己的对象，但由于它的对象并没有经过概念把握，所以就显现为一个陌生事物。这就出现了纯粹心灵的一个内在运动，这心灵为自己的分裂状态感到痛苦"③。生命体验并没有达到客观现实的层面，并不能把客观的世界予以概念的规定。因此，基于"生命"实现主观与客观相统一的努力只是主观生命对异己对象的一种主观意愿。这种意愿注定失败，哀怨意识在主观的生命体验层面必将长期存在。

当黑格尔致力于寻求主观与客观、概念形式与感觉内容、主观的生命体验与客观的现实世界的统一的时候，"绝对"或者说具有概念思辨意义的"绝对精神"就会被提出来。因此，黑格尔在耶拿时期认为，必须把认识对象概念化、客观化，这是"哀怨意识"给予黑格尔的最

---

① 赵林：《黑格尔的宗教哲学》，武汉大学出版社2005年版，第102页。
② 赵林：《黑格尔的宗教哲学》，武汉大学出版社2005年版，第101页。
③ [德] 黑格尔：《精神现象学》，先刚译，人民出版社2013年版，第137页。

宝贵体悟。"黑格尔并不像德国神秘主义者们那样陶醉于那种无规定性的精神本质中，而是孜孜不倦地试图建立体系，寻求规定性，从纯粹的主观性藩篱中摆脱出来真正达到主客观的统一。"① 与其他神秘主义的哲学家不同的是，黑格尔期望实现神秘主义直观与客观现实的统一，因为神秘主义的直观本质上是一种主观性的神秘体验。这种主观性带有一种知识的片面性，"神秘主义直观是一种狂妄的和绝对的主观统一，神秘主义只有当其扬弃了直观和直接知识的片面性而上升到概念、理念、思维和精神的高度才能成为思辨哲学"②。主观性的生命、爱和直观的精神无法达到客观的概念规定和理论高度，必须上升到思辨精神和客观概念的高度才能实现真正的主体、客体之统一。只有通过概念才能够把个体生命从主观性的藩篱中解放出来，实现主观与客观、主体与客体的统一。

因此，生命内在地表现出扬弃自身而走向思辨精神的逻辑诉求。一方面，主观的生命向往把分裂的状态统一起来，但是由于生命或者精神自身的主观性无法实现统一，生命作为一种和解矛盾的理论武器已无用武之地。"我们能够超越生命不可避免的对立，仅仅借助的是把我们自己提升至无限者，仅仅借助的是逐渐认为我们自己等同于那基于我们自己有限生命的'无限生命'，除非我们所属的'精神'让我们能够具有自我的理解使这种认同成为可能。"③ 通过对生命的体验和直观，我们把自己作为有限生命与无限生命统一起来的做法并不能解决生命在现实中遇到的种种矛盾，而只有在"精神"那里，生命的矛盾才能够得到真正的克服。另一方面，哀怨意识促使生命从主观性走向客观的概念规定，从直观的生命体验走向思辨的概念表达，这是哀

---

① 赵林：《黑格尔的宗教哲学》，武汉大学出版社2005年版，第101页。
② 赵林：《黑格尔的宗教哲学》，武汉大学出版社2005年版，第101页。
③ [美]特里·平卡德：《黑格尔传》，朱进东、朱天幸译，商务印书馆2015年版，第153页。

怨意识需求心灵之安宁的必然选择。

在黑格尔看来，无限的生命即神（上帝）或者精神。黑格尔认为，生命或者说精神的统一性是一种活生生的、内在的统一。如果把生命或者精神表现形式的对立性看作精神本身就是对立的，显然是不合理的。因为，如果把精神的表现形式如个体生命之间的对立看作精神本身是对立的，那么精神就成为一种僵死的、杂多的存在。精神是统一的或者说是唯一的，精神就是上帝。如果把无限多的个体生命看作统一的，把全体的精神看作无限的生命本身，那么这个统一的、无限生命就是上帝。在黑格尔早期思想体系的轮廓中黑格尔把无限生命、上帝（神）、精神就看作同一个东西。费舍尔（Kuno Fischer）指出："早在法兰克福时期，在黑格尔体系最初的轮廓中，下面这些概念就具有同样的意义：绝对的存在＝绝对的东西＝上帝＝绝对精神＝理性（绝对理性）＝自我认识（自我区分）＝绝对的东西二重化……自此以后，绝对精神及其在世界发展过程中的显示，就一直是黑格尔学说的基本观念和基本主题。"① 早期黑格尔模糊的思想模型中，精神与无限生命本质上的统一性使得黑格尔把宗教中的无限生命——神与思想中的精神实体结合起来，无限的生命就是上帝，就是绝对的精神。精神一方面是思想中的实体，另一方面又是生命体验中至上的"神"，思想中的至上对象与宗教中的至上对象就成为一个东西。

精神的绝对统一也是黑格尔在法兰克福时期思想的核心原则。生命中一与多、部分与整体、有限与无限的有机统一性之所以成为可能，就是因为这种生命或者精神的绝对统一性。早期黑格尔基于无限生命与精神的统一，奠定了其思想中的基本原则。此后，黑格尔思想一生所关注的对象就是精神，也就是无限生命。"精神之所以是精神只由于

---

① ［德］库诺·菲舍尔：《青年黑格尔的哲学思想》，张世英译，吉林人民出版社1983年版，第61页。

第三章 黑格尔对现代性的宗教反思：理性逻辑的局限

它与物无共同之点，这个物体之所以是物体只由于它与精神无共同之点。但是精神与物体没有任何共同之点，他们是绝对的对立面，他们的合一（在这个合一里面，它们的对立终止了），是一种生命，生命就是具体化的精神。"① 从直观的宗教体验出发，精神的合一就是一种生命，生命的内容就是精神。精神与物体表现形式上的对立在生命或者精神内部是统一的，因为物体也是精神的表现形式。

真正的哲学就是对生命整体或精神整体的把握，生命在黑格尔看来表达的就是统一性，就是整体（Das Ganz），"生命就是整体性，是哲学的最高对象，黑格尔后来称它为精神"②。黑格尔早期宗教思想描绘了一幅具有内在逻辑发展脉络的图景，并在耶拿（Jena）时期走向成熟，最终形成了《精神现象学》（Phänomenologie des Geistes）这一著作。但是，如果不适当探究早期这一发展历程，就无法充分理解黑格尔思想在成熟时期的观点。所以，对黑格尔的早期著述（现收集归纳为《黑格尔早期神学著作》）以及在他于耶拿时期与谢林重新建立联系时所写的内容进行深入研究显得至关重要。某种意义上可以认为，耶拿时期黑格尔思想已经走向成熟，因为黑格尔重新确立了以辩证法和理性构建思想体系的立场。

生命的"圆圈式的运动"就已经体现出精神的三段式模式，"生命的原始合一由于反思的分离作用而获得规定性，而精神的行为则是对规定性的一种无限的扬弃。规定和规定的扬弃都表现了生命或者精神的自我否定的特点，然而这种无限的扬弃过程同时也就是精神向自身的无限的返回过程，唯有通过这种自我否定精神才能真正实现自身"③。精神无限地扬弃自身又回归自身的过程同时也是生命实现统一性的过

---

① ［德］黑格尔：《黑格尔早期神学著作》，贺麟译，上海人民出版社2012年版，第378页。
② 张世英：《新黑格尔主义论著选辑》上卷，商务印书馆2003年版，第557页。
③ 赵林：《黑格尔的宗教哲学》，武汉大学出版社2005年版，第150页。

程。因此，精神的自我否定又自我肯定过程就是生命的自我肯定又自我否定的过程，精神"开端之真正肯定的具体展开过程反过来又是一种针对着开端的否定表现，确切地说，它所针对的是开端的那个片面形式，即仅仅直接地或作为一个目的存在着"①。精神就是在这种自我肯定又自我否定的发展过程中实现了对分裂的重新合一，从而实现了自由和真理。精神自我否定又自我肯定的统一性运动显明地表现了精神的"思辨性"。

康德为代表的"主体理性"观把生命分割为理性与现实的对立，这实质上是知性的逻辑在作祟。黑格尔要通过"精神"建立一种新的逻辑学来对抗传统的知性逻辑。费希特的《全部知识学的基础》（*Grundlage der gesamten Wissenschaftslehre*）其实也是在寻求解决知性逻辑对立的途径，"只是对他来说，自我肯定和自我否定这两项活动在他的系统中好像是割裂的不相联系的，这使得有生命的自我被传统的思辨逻辑所羁缚住了"②。费希特的逻辑陷入一种僵化的窘境，因此，必须解决逻辑的"活化"问题，黑格尔的精神恰恰就解决了逻辑的"活化"问题。因为精神的思辨运动是一种有生命原则的逻辑运动，无限的生命就是精神，因此精神在产生之初就是有生命的、活的运动。

这种有生命的、活的精神运动就是对精神之自由的最好阐释。在黑格尔那里，精神往往与自由是等同的，精神真正实现了生命的自由。黑格尔实现人的自由的目的在精神中终于达到，人的真正自由即精神的自由。因为精神把上帝之国与尘世统一起来，人们可以在这种精神王国之中体味真正的自由。"尘世事物与属神事物的和解就是'上帝之

---

① ［德］黑格尔：《精神现象学》，先刚译，人民出版社2013年版，第16页。
② ［德］里夏德·克朗纳：《论康德与黑格尔》，关子尹译，同济大学出版社2004年版，第184页。

国'，即上帝作为唯一的和绝对的精神在其中进行统治的现实。在思维中有条理的表现这一规律已经是青年黑格尔的目标，在它看来，这一目标在他的哲学史中已经最终实现。"① 在精神的王国中人们最终实现了自由，正如在上帝之国中每一个灵魂都是自由的一样。"对黑格尔来说，世俗智慧与上帝认识是一回事。因为他们都是论证信仰的理由。"② 精神实现了直观的宗教与思辨的哲学的统一，二者都是关于真理或者上帝的知识，二者都需要用思辨的精神进行思考。

三 谢林与黑格尔哲学思想的"日出"

法兰克福时期结束之后，黑格尔前往耶拿投奔谢林。从耶拿时期开始，黑格尔放弃了对早期宗教思想至上的坚持，开始从理性和哲学出发去思考问题。我们不能把黑格尔的这一转向看作暴力的、突然发生的，因为黑格尔思想的转向有着内在的必然性。经过对黑格尔早期思想的梳理，我们发现黑格尔思想的转向和发展有着明晰的逻辑线索，从康德理性主义到爱的和解，从主观的爱的情感到客观的生命，从体验式的生命到精神，从直观式的精神到耶拿时期的客观精神，至此黑格尔思想逐渐走向成熟。其间每一阶段的思想转向都是对前一阶段的扬弃和发展。

法兰克福早期，黑格尔继续对伯尔尼时期的理论进行思考。从图宾根时期到法兰克福早期之前，可以看作黑格尔的康德主义时期，这一时期黑格尔试图以康德的理性思想来批判传统宗教问题。到法兰克福一段时间之后，黑格尔开始走出康德、走向独立思考并创造自己思想的道路。因而，黑格尔试图从"基督之爱"的原则中找到

---

① ［德］卡尔·洛维特：《从黑格尔到尼采：19 世纪思维中的革命性决裂》，李秋零译，生活·读书·新知三联书店 2006 年版，第 62 页。
② ［德］卡尔·洛维特：《从黑格尔到尼采：19 世纪思维中的革命性决裂》，李秋零译，生活·读书·新知三联书店 2006 年版，第 60 页。

有益的因素进而使得传统宗教适应时代的发展；同时，黑格尔试图用基督之爱实现康德理性与传统宗教信仰的一种结合。然而爱作为一种主观情感，无法完全承载生命的丰富内容，因此需要以"生命"作为个人与世界发生关联的中介。但是，到了法兰克福晚期，黑格尔又走出宗教的神圣天国进入哲学思想的殿堂。黑格尔认为生命体验只是人们的主观情感，需要把这种情感客观现实化，进而实现概念化和思辨化，亦即上升到"精神"。基于这三个概念或者环节，我们可以说黑格尔在早期思想发展的过程中不存在突然的断裂或者质变现象，进言之，他的思想发展的每一个阶段都是连续的、前后相继的。同时，这三个概念的发展象征着黑格尔早期思想不断走向成熟的一个过程，即黑格尔最终超越了康德的反思知性思想，以及世界中的各种异化现象。

所以，法兰克福时期的黑格尔是对理性逻辑进行反思和批判的一段时期。当然，这种反思和批判同时是对现代性的反思和批判。卢卡奇评价黑格尔这一时期的思想时认为，黑格尔这一时期对时代问题（包括启蒙理性和宗教问题）有着强烈的批判意识，不过黑格尔对时代问题的批判从社会问题（例如比较古希腊与当时社会的差异）变成了关于个人道德问题的思考，关注个人道德问题的核心是"爱"。正是这一范畴使得黑格尔不可避免地被带入宗教的怀抱和寻求与基督教的和解。① 自此之后直到"精神"概念的提出，黑格尔都在试图以宗教思想中的合理因素和解社会现实问题。

19 世纪初欧陆哲学关注的中心问题是由当时的德国唯心主义思想家对康德批判哲学的关注而引起的。黑格尔全心投入这一哲学热点问题，并在到耶拿后一年半内通过发表两篇著述公开参与对这一问题的

---

① 卢卡奇的思想有其片面性，因为爱确实是黑格尔这一时期的思想核心，但是说成从社会问题到个人道德问题的转变似乎并不准确，因为黑格尔始终认为这两者的关系是不可分割的。

第三章　黑格尔对现代性的宗教反思：理性逻辑的局限

讨论，并提出自己的见解。1801 年 7 月，黑格尔写作了第一篇哲学文章《论谢林和费希特哲学体系的差别》（*Differenz des Fichteschen und Schellingschen Systems der Philosophie*，以下行文简称《差别》），随后黑格尔与谢林合著了第二篇文章，即《信仰与知识》（*Glauben und Wissen*），[①] 在这两篇文章中，黑格尔明确提出了他对当代哲学的理解，在第一篇文章中，黑格尔主张谢林哲学优越于费希特的地方在于，费希特哲学过于注重主观性而未能实现主客统一。在第二篇文章中，黑格尔批判地处理了康德、雅克比和费希特话语中的"主体性的反思哲学"的全部内容。这种主体性哲学划分了信仰和知识之间的对立，因此也将上帝保留在不可知的、超验的彼岸世界——这种此岸与彼岸的对立思想与黑格尔追求的统一性思想背道而驰。从这两篇文章中，黑格尔一方面表明了自己的立场，即站在理性思辨的立场进行思想讨论，具体而言是站在谢林理性思想的一方参与了这场讨论；另一方面黑格尔表明自己放弃了坚持宗教至上的观念，因为黑格尔找到了更好地解决对立性问题的方式，即辩证法。需要指出的是，黑格尔思想的转向很明显地受到了谢林的影响。

为了能够获得一份大学教职，黑格尔前往耶拿投奔他在大学时期的室友和同学谢林。黑格尔抵达耶拿之前，谢林已经在耶拿大学担任哲学教授近三年，在学术上取得了一系列的成就，并且已经享有崇高的声誉，而此时的黑格尔只是一名为了工作而投奔友人的青年教师。黑格尔抵达耶拿之所以意义重大，有两个原因。首先，这一时期以费希特（Johann Gottlieb Fichte）和谢林之间的辩论为代表，德国哲学的研究重心正在发生重要的转变；其次，黑格尔前往耶拿的举动能够使他有机会直接参与这场思想辩论，这种参与不仅使他站在同辈人的思

[①] 这篇论著刊发在 1802 年的《哲学评论杂志》第 2 卷第 1 期。

想基础上提出了新的观点，而且还使他的思想更加成熟。

　　费希特与谢林曾经共同在耶拿生活过较长一段时间。不过费希特在1799年被指控为坚持无神论的立场，这一指控迫使费希特辞去教职离开了耶拿。费希特和谢林关系亲密，他们共同反对康德的理性主义观点。但是在这个统一战线的表面之下存在潜在的分歧，这种分歧尤其在谢林于1800年出版第一个系统性著作《先验唯心论体系》之后更加明显。在《先验唯心论体系》中，谢林试图将康德和斯宾诺莎联合起来。谢林提出自然是主观性的无意识产物的观点，并且拒绝了费希特关于主观和客观之间的区别是主观的论点，认为这种区别是相对于所谓的"绝对"的东西而言的。这种绝对跨越了主观经验和客观世界之间的界限。通过将斯宾诺莎的实体视为生命力，谢林为将绝对视为主体奠定了基础。

　　因此，谢林和费希特之间的关系有两个方面。一方面，二人都把观念论看作一种最高等级的哲学形式，并且认为观念论是一种对康德批判哲学的发展；但另一方面，二人对于所倡导的观念论的基础存在重大分歧。谢林哲学在不同的发展阶段总是在不断发展变化，在黑格尔刚去耶拿的那一段时期，他正在研究和发展同一性哲学（Identitätsphilosophie）。作为所有真实事物中基础同一性的一种表达，这种同一性哲学被理智直观感知并且以"真实存在是观念的，观念之物的是真实的"[①] 作为基本原则。问题是从有限意识的角度看，主体和客体是不同的。因此，需要一种智慧，通过这种智慧，人们才能认识到这种同一性，而谢林把这种能力，称为理智直观。"这种直观是使人们真正了解客观现实的能力……它揭示了客观现实（自然）和人类知识只是同

---

　　① 参见［德］黑格尔《费希特与谢林哲学体系的差别》，宋祖良、程志民译，商务印书馆1994年版，第27页。黑格尔指出在谢林那里，"观念性与实在性在思辨之中是一"。

第三章 黑格尔对现代性的宗教反思：理性逻辑的局限

一条河流的两条支脉，而人类通过这种直观行为意识到了他们的同一性。"① 这种同一性哲学由两部分组成和阐明——自然哲学（他的《自然哲学体系纲要》于1799年面世，尽管是早先的草稿）和先验哲学（他的《先验唯心论体系》于1800年面世）。谢林认为人类通过自己的理智直观就可以发现自然与意识的内在同一性，因为二者都是对绝对真理的表达。

谢林的同一性哲学以"绝对"概念为基础，在该概念中，理想与现实、主观性与客观性最终成为一体。因此，他认为自己同一性哲学的两个部分是互补的，从两个不同的起点体现出绝对作为理想和现实、主体和客体的统一性。谢林通过这两种互补的方法将绝对理解为真理，这也是谢林对费希特的先验自我的单方面主观性的批判。费希特是从先验自我出发实现主体与客体的统一，而谢林则是从绝对出发实现主体与客体的统一。谢林的自然哲学是对现实（客观）世界的一种分析，它揭示了现实世界的观念（主观），目的是将自然显示为绝对观念的客体化和现实化。在谢林的术语中我们可以发现，自然，作为特定对象的系统，是被自然界所创生的自然，又是绝对观念自我表现的产物。作为生产过程的自然是自然界的自然，即不断发展的观念自然的自我表达。自然既是自然界的产品又是生产过程，它是被自然界创造的，与自然界之间存在动态的关系，这种关系最终体现为同一性。此外，自然是有机的统一体，谢林所说的同一性是从观念出发的有机统一体。他接受了他认为费希特在斯宾诺莎那里所取得的进步，消除了任何具有僵死特质的自然概念，但谢林随后采取了进一步的行动，以应对费希特未能充分认识自然的失败——费希特没有认识到自然的动态的、自我发展的过程，而

---

① György Lukács, *The Young Hegel*, Trans by R. Livingstone, London: Merlin Press, 1975, p. 246.

谢林在他对自然的描述中强调自然是一种"普遍的有机体"。这意味着自然不再是单纯的僵死形式，而是有机的、动态发展的，同时蕴含着普遍性的原则。

先验唯心主义体系是谢林从不同的角度考虑现实的尝试。从费希特基于个体自我开始就以一种知性的认知形式考虑现实。谢林认为，如果要使知识成为可能，就必须找到一个条件，这个条件可以使主体和客体联合起来达成最终的统一性。该条件在谢林看来就是自我意识，自我意识和自我在谢林这里并未严格区分，而是意义相近的概念。自我意识是谢林先验唯心主义体系的出发点，它不是个人自身，而是"总体上的自我意识的绝对行为"①。正是这一"绝对行为"成为谢林规定所有现实的基础，因为该行为是绝对现实化自身而成为客观存在产生。正如个人具有自我反思的能力，并因此将自身创造为可以反思的对象一样，谢林所谓的"绝对自我"，同样是通过自我反省，使自身成为自身的对象。因此，他通过发展先验唯心主义哲学，将自然作为反映观念的真实存在，并在真实存在的自然中发现观念，从而努力摆脱费希特哲学的单纯主观性。因此，自然被认为是一个独立的系统，其存在条件不是位于自然之外，而是存在于自我的自我反思行为中。自我即绝对，是理想与现实、主观性和客观性的同一性。

谢林认为绝对既非主体，也非客体，而是凌驾于主体与客体之上、凌驾于一切有条件之物之上的无条件物。"当我们进行认识时，客观之物和主观之物是统一在一起的，以致我们不能说二者当中何者为先。这里即不存在第一位的东西，也不存在第二位的东西，两者同时存在，

---

① F. W. J. Schelling, *Schellings Werke*2, Edited by Manfred Schröter, München：Becke, 1965, p. 374.

而且只是一个东西。"① 绝对同时包含了主体与客体，但又不是主观精神与客观实体的中性，而是主体与客体完全无差别的同一，"一种非人的派生万物的精神实体"②。主体与客体无差别的同一原则上源于费希特的"A=A"的同一律。谢林继承这一点，并将同一律延伸为"主体=客体"，即"A=B"。谢林认为哲学的知识就是理性的知识，而绝对理性的最高规律就是同一律，即"A=A"，绝对理性是最高存在，一切存在都被包含在它之内，因此"A=A"就是存在的最高规律。同一律成为绝对的、无条件的、绝对统一的表现，是绝对知识的表现。

根据同一律"A=A"，绝对包含一切事物于自身，它派生万物，是一切有限事物之本源；不仅是宇宙万物之源，而且是宇宙本身。因此，绝对是一切有条件事物的最终条件，"这种绝对是个人和整个人类自由行动中的客观事物和主观事物和谐的真正根据。谢林进而指出，绝对是无意识的、不可称谓的，也不是知识的对象，而是信仰的对象——行动中永恒的上帝，它主宰着自然和历史的进程，统帅着主体和客体、自由和必然、思维和存在的统一"③。因此，一切知识都是从绝对开始的主体与客体的统一，即"A=B"。"A=B"是以"A=A"的同一律为基础推演出来的，任何知识都是主客二者无差别的综合，主体与客体是完全无差别的统一。

确实，根据谢林的观点，所有差异和区别都消失了。尽管在1800年年底的通信中，费希特表现出了对谢林观点的理解和不安，但他们之间的辩论并未公开，因此世人通常认为二者的观点是一致的。黑格

---

① [德] 谢林：《先验唯心论体系》，石泉译，商务印书馆1976年版，第250页。
② 王修和：《两种不同的哲学原则及其归宿——兼论谢林与黑格尔哲学的差异》，《湘潭大学学报》1988年第4期。
③ 王修和：《两种不同的哲学原则及其归宿——兼论谢林与黑格尔哲学的差异》，《湘潭大学学报》1988年第4期。

尔正是在这场辩论正在进行的过程中抵达耶拿，他在头六个月所做的工作就是要清楚地阐明谢林和费希特之间的区别。这就是《差别》一文的目的，它也表明了谢林与费希特、黑格尔与谢林的关系以及黑格尔自己对哲学本质和宗旨的反思，这些反思很明显源于他对二者的哲学体系关系的讨论。

谢林哲学体系对黑格尔最有吸引力的地方是谢林"试图将自然和历史视为一个统一的辩证过程。这回答了青年黑格尔的最深层次的知识追求"①。谢林为黑格尔一直试图寻找一种可以满足时代需求和希望的哲学理论提供了更充分的理论基础。这些需求和希望促使黑格尔探索自己的哲学体系。黑格尔在成为体系哲学家的过程中，一直以自己的理解为谢林哲学做辩护。

受谢林影响，黑格尔通过寻求同一性哲学来克服所有矛盾和二元对立。谢林的哲学旨在克服从笛卡儿到康德在现代形而上学中演变而来的主客二元对立，实现矛盾的有机统一。黑格尔在法兰克福时期就已经发现康德—费希特哲学的一个基本弱点是主观和客观之间的二元对立。黑格尔认识到是康德的范畴演绎发现了唯心主义的真正原理，即理性自我。但由于康德在理性与自然之间持尖锐对立的观点，使得康德发现的成就（理性）失去了力量。黑格尔在费希特那里也发现了同样可悲的结果，即费希特"以更严格，更纯粹的形式"提出了康德对真实唯心主义原理的发现。由于这一进步，黑格尔对费希特提出了赞美。但是在黑格尔看来，费希特同样把有限的、可自我否定的自我与有限的、无意识的客体相对立，而本应统一在一起的自我仍然是超越的"他者"。因此，费希特从未实现自我与自然的统一，而仅是提出基于"应然原则"的对立。在费希特仅能提出目标的情况下，谢林提

---

① György Lukács, *The Young Hegel*, Trans by R. Livingstone, London: Merlin Press, 1975, p. 257.

第三章 黑格尔对现代性的宗教反思：理性逻辑的局限

出了实际的统一，这就是黑格尔认为谢林具有优越性的原因。正是黑格尔对"整体性"的愿景——一种生活的整体性和统一性——激发了黑格尔。而谢林的哲学，尤其是他的自然哲学，最接近于实现了这一愿景。因此，黑格尔此时尤其是在自然哲学领域成为谢林的门徒和追随者。从谢林认为自然是有机统一体的角度，黑格尔找到了真正的哲学基础——系统的统一性原则。

这就是黑格尔在《差别》一文中所关注的谢林哲学的一个方面，而这反过来又表明了他对谢林自然观的热情。正因为如此，可以说"他们合作的耶拿时期是两个重要思想的道路交叉点"①。"交叉"准确地描述了它们之间的关系，因为在耶拿早期，他们都对自然哲学有着浓厚的兴趣。耶拿时期是黑格尔努力进行哲学试验的时代，即制定出自己的哲学体系，以满足他最强烈的时代诉求——"需要一种哲学，这种哲学对自然在康德和费希特体系中遭受的虐待作了调解，理性本身被建立为与自然一致。不是这样的一致：即在其中理性放弃自己或不得不成为自然的一个乏味的模仿者，而是理性出于内在力量使自己形成为自然，由此而达到协调。"②受到谢林对同一性哲学的追求的鼓励，尤其是受谢林自然哲学的影响，黑格尔逐渐意识到构建一种新哲学的理想是可以实现的。黑格尔度过了耶拿的岁月，其哲学思想逐步走向成熟，在这个过程中黑格尔一直以谢林思想的辩护者身份自居。但是黑格尔思想中关于某些概念的理解与谢林已经存在明显的差异（比如关于"绝对"的理解），这种差异在《精神现象学》中达到顶峰。可以盖棺定论地说，这种成熟是受谢林的影响而实现的。但黑格尔并未停留于谢林哲学止步不前，而是很快与谢

---

① György Lukács, *The Young Hegel*, Trans by R. Livingstone, London: Merlin Press, 1975, p. 258.

② [德] 黑格尔：《费希特与谢林哲学体系的差别》，宋祖良、程志民译，商务印书馆1994年版，第4页。

林分道扬镳。

黑格尔离开法兰克福前往耶拿这一变化,不仅仅使他职业上发生了重大变化,更重要的是他的思想也发生了重大变化。法兰克福时期黑格尔因为对理性必然走向二元论感到非常失望,因而坚持宗教高于哲学;而到了耶拿时期因为对辩证法思想的发展,黑格尔从哲学的角度找到了理性克服二元论思想的方法,因此重新认为哲学高于宗教。所以从耶拿时期开始,黑格尔重新以哲学而不是以宗教神学思考和回应社会现实问题。

从法兰克福时期黑格尔思想的发展历程中我们可以发现,从爱到生命再到精神的思想发展逻辑预示着黑格尔思想中必然要进行精神的概念化和思想的哲学化。这一转向意味着黑格尔思想走向成熟,同时黑格尔思想在转向之后对宗教神学的态度也发生了重大变化。宗教神学不再是他解决社会问题的理论武器,反而成为他批判的靶子;理性的立场得到重新的确立和巩固,自此之后黑格尔成为一名坚定的理性主义者。

同时,坚持理性和哲学至上的思想方式使得黑格尔的思想逻辑的结构和基本原则发生了变化。辩证法在这一时期走向成熟并成为支撑黑格尔思想体系的逻辑方法,尽管黑格尔在后期对辩证法不断进行发展和演绎,但是辩证法的基本逻辑在这一时期基本形成。辩证法不再是隐藏在黑格尔宗教思想中的一个逻辑脉络,辩证法与形而上学的精神成为紧密结合在一起的一体之两面。自此之后,我们要研究黑格尔的思想必须要探讨他的辩证法,同时要探讨辩证法必须要了解他的具体思想内容。黑格尔思想的核心原则和内在推动力是精神,精神的自我发展运动把黑格尔关于逻辑学、自然哲学、法哲学、宗教哲学、艺术哲学、精神哲学等各个门类的思想联系起来。简言之,在黑格尔的哲学体系中,精神的原则起着主导作用。

但是这并不意味着黑格尔完全放弃了对宗教神学问题的思考,尽管他不再以宗教神学作为思想立场,但是宗教神学的内容仍然是他研究的重点。因为黑格尔认为宗教的对象和哲学研究的对象是同一的,进言之,上帝就是真理。所以有些学者认为黑格尔的哲学思想就是一种理性神学思想是有一定道理的。不过这并不意味着哲学和宗教在黑格尔思想体系中没有差别,在黑格尔的逻辑科学框架中,我们可以明显地发现哲学和宗教在黑格尔思想体系中的位置是不一样的,哲学是宗教的更高环节,或者说,哲学离真理更近一些。

第四章　黑格尔对现代性的改造：个体理性与集体意志的结合

从耶拿时期开始一直到生命的结束，黑格尔都是在思辨哲学的视域下思考如何实现人的自由这一目的。其实实现人的自由这一目的贯穿黑格尔思想的一生，早期黑格尔试图建立民众宗教计划的目的就在于试图使得世人在公共生活中获得自由。在伯尔尼时期成为康德主义者的重要目的在于，黑格尔试图通过理性的逻辑打破宗教的枷锁对人类自由的束缚。法兰克福时期，黑格尔对爱、生命和精神概念的考察进一步坚持了实现人类自由的目的，并且希望在现实生活中实现人类的自由。因此黑格尔对理性逻辑的批判实质上是因为黑格尔意识到理性的逻辑成为现实生活中限制人类自由的另一重枷锁。耶拿时期之后，黑格尔试图实现个人自由的目的更加具体化。尤其是在其生命最后的十年，黑格尔一直在探索的问题是如何在社会和国家的张力关系中实现个人的自由。

第一节　现代性的逻辑改造：从形式理性到思辨理性

黑格尔在思想成熟之后，重新确立了理性思辨在其思想体系中的最高地位，这种对理性的重新回归是基于他对理性的重新理解和阐释。

第四章 黑格尔对现代性的改造：个体理性与集体意志的结合

黑格尔的理性不再是代表启蒙理性特征的康德、费希特意义上的理性，亦即不再是知性意义上的理性，而是一种和解了知性内在矛盾和界限的理性，亦即是基于辩证法推演的思辨理性。康德式的形式理性在社会现实的实践中，并不能真正实现个人与集体的有机统一。黑格尔试图通过思辨理性扬弃形式理性的局限，进而实现对个人与集体的和解。思辨理性的这种和解之所以成为可能也是因为黑格尔重新界定了意识与理性的关系，这种重新界定一方面使得理性具有了思辨性，另一方面也论述了理性逻辑的发展脉络。

一 康德理性思想中的"个人"与"集体"

在康德那里，个人与集体的统一是基于个人的道德实践，而指导人们进行道德实践的最高法则来自自我的理性，"一切道德概念都完全先天地在理性中有其位置和起源"[①]。理性的法则就是道德实践的"绝对律令"，人们进行实践的合理性依据必须基于自我的理性，而不是基于偶然性的客观事实和自我偏好。只有把人的理性看作高于感性的意见、兴趣、偏好和欲望之上，自我才能确立一种纯粹的、形式的不受偶然性事件束缚的道德法则。

基于康德的这种理论，有些学者认为康德统一个人与集体的基础是个体的理性，以及个体性的原则。好像只有这么理解才能解释康德的理性为什么能够超越客观社会现实和感性诉求。康德本人也指出："正是为了不顾意志的一切主观差异而使这条道德原则成为意志形式上的最高规定根据的那种立法的普遍性，理性才把这条道德原则同时宣布为一条对于一切有理性的存在者的法则。"[②] 康德本人的思想好像佐证了这种阐释，即当自我不以现实生活中的客观经验为依据而是以自

[①] 《康德著作全集》第4卷，李秋零主编，中国人民大学出版社2005年版，第418页。
[②] 《康德著作全集》第5卷，李秋零主编，中国人民大学出版社2006年版，第35页。

我意识中的绝对律令进行实践，自我的理性便成为指导个体实践的唯一法则。当自我的先验理性成为实践的普遍法则，那么社会性的客观现实就必须被当作一种"偶然性"的材料加以否定，即先验的理性命令是普遍必然性的绝对法则，经验事实只是偶然性的现象。好像康德本人就是一个强调个体性和纯粹理性的学院派思想家。但是这样阐释康德会产生两个方面的问题。

第一，这种解释无法区分康德的个体性原则与传统个人主义思想中的个体性原则之间的差别。传统个人主义思想强调的个人的独立性，并且认为个人只有保持与社会现实和集体之间的对立性才能够合理地追求自身的权利和诉求，因为国家或者共同体并不像它们所许诺的那样去维护每一个人的利益，人们需要时刻保持警惕的态度。表面看来，康德与传统个人主义并无区别，二者都在强调个人的独立性和自我决定原则。然而，人们过多地强调个体性原则以及个人与社会的对立性，这又使个体性原则成为形而上学的最终原则和不可改变的东西。这种做法只是过于谄媚地夸大主体性的光辉，从而忽视了社会现实的客观性。康德对传统个人主义的主张提出了批判："纯粹融贯一致的逻辑、不加自我反思地对自我保护的屈从是不合理的，是自我欺骗的。"① 康德已经认识到纯粹理性的抽象统一性原则在社会现实实践中不可能。换言之，个体权利的实现需要在个人与集体的关系之中，需要在自我意识与历史条件的纠缠之中才有可能。而康德思想的一个重要出发点就是要反思和批判传统个人主义的个体性，这种阐释无法厘清二者的差别。

第二，这种阐释无法区分康德理论理性与实践理性之间的区别。表面看来，无论是理论理性还是实践理性都可以指导个人实现与集体

---

① ［德］特奥多·阿多尔诺：《否定的辩证法》，张峰译，重庆出版社1993年版，第259页。

第四章 黑格尔对现代性的改造：个体理性与集体意志的结合

的统一。但是，如果我们在纯粹理论理性的领域去理解康德对个人和集体的关系的看法，那么个人就成了知性的个体，与之相应，社会和集体都变成了不可知的自在之物（物自体）。"康德给予自在之物的唯一性质是它'影响着'主体。然而在这种活动中，自在之物又截然地同主体相对立，只有靠一种不可履行的思辨——康德在任何地方都未实行——它才和作为另一种'自在之物'的道德主体偶然地堆在一起。康德的认识批判并不允许他把自由引入存在，他靠祈求一种存在领域来救自己。这种存在领域的确可以免遭这种批判，但也被免除了任何有关它可以是什么的判断。"① 在康德的理论理性中，个人和自在之物是完全对立着的两种存在，那么人们就会很容易得出个人与集体是完全对立的这一判断。因此，只有基于实践理性才能打通个人与社会之间的关系——实践理性能够在价值上回应个人与集体之间的关系，而理论理性只能在知识上思考个人与集体之间的关系。

康德所说的理性主要是指实践理性，亦即道德伦理实践和处理人与人、人与集体关系的理性。尽管康德强调，理论理性和实践理性密不可分，但是实践理性比理论理性更具有"实践性"。只有在这种意义上，康德才能超越传统个人主义，强调在个人与集体的关系中思考人的真正自由问题。阿多诺对此认为，"无法想象一个个人的先验主体离开了社会、离开了为了善或恶而使之一体化的社会，因为先验主体的概念建立在社会生活的基础上。甚至康德的普遍性也想成为一切、即一切合理存在物的普遍性，合理性被先验地社会化了"②。康德的理性最终要社会化和现实化，亦即最终要通过人在现实生活中实践出来，而这种实践的过程就是个人理性与社会现实发生关系的过程。

---

① ［德］特奥多·阿多尔诺：《否定的辩证法》，张峰译，重庆出版社1993年版，第251页。

② ［德］特奥多·阿多尔诺：《否定的辩证法》，张峰译，重庆出版社1993年版，第198页。

基于上述，康德的"个人"具有双重意义，既是作为理性存在者的观念性的个人，又是处于社会关系中的总体性的个人。阿多诺认为，康德的"理性的存在物'肯定意指着活生生的人类主体，但康德的'普遍的自在目的的王国'据说和理性的存在物相等同，但又超越了人类主体。他既不想把人性的观念让给现存的社会，又不想让它挥发成幻影"①。所以康德的个人一方面是理性存在者，另一方面又是社会中的活生生的个体，二者紧密相连。

同时在这种意义上，我们也就能够理解康德所提出的"强迫性"与个人自由之间的关系。集体对个人的"强迫"是个人实现自由的前提，这种"强迫"并不违背理性对实践立法的原则。康德在《实践理性批判》中为了弥补绝对道德命令和人的现实实践之间的重大分歧，而强调人的自由的真正实现需要以强迫性的"法律、强迫、尊重、义务"为前提。康德当然不能容忍自由被强迫，也不能容忍人们片面地服从国家和集体的意志。不过在现实生活实践中，康德认为"强迫性"是个人实现自由的现实前提，先验理性的纯粹设想并不能实现人的自由。这种强迫意味着康德并不是以个人的理性压制集体的利益，进而实现个人与集体的统一，而是强调个人在集体面前有服从和被迫的一面才能实现个人与集体的统一。正如匹兹堡大学恩斯特龙教授（Engstrom）指出的，道德实践所服从的法则"不仅要理解为行为的道德律令，而且还要理解为应用善观念的有效性标准"②。如果我们只强调纯粹性的道德律令，而没有对道德律令或者善观念的应用和实践，这很容易导致形式与内容、理论与实践的分离。"强迫性"意味着康德的实践理性强调要在理性与现实、个人与集体的张力关系中理解人的自由

---

① ［德］特奥多·阿多尔诺：《否定的辩证法》，张峰译，重庆出版社1993年版，第255—256页。
② Engstrom, "The Concept of the Highest Good in Kant's Moral Theory", *Philosophy and Phenomenological Researh*, No. 12, 1992, pp. 747–780.

第四章 黑格尔对现代性的改造：个体理性与集体意志的结合

及其实现问题。

所以，康德"强迫性"思想意味着康德承认了个人与集体、理性与现实之间存在着矛盾。如果像传统个人主义那样故意忽视个人与社会之间的矛盾和张力关系，那么个人要么完全忽视现实社会的客观性，而无条件地听从自己的理性进行实践；要么就会发现理性无法指导人们的实践，因为现实社会的客观规定使得个人不得不屈服。仅仅依赖个人的理性和主观意识并不能消除个人与社会之间的矛盾，人们除了用理性认识和把握这种矛盾并不能做其他事情。康德并不是固执于理性的纯粹性，而是强调实践理性需要处理和调节个人与集体的现实矛盾。

但是，康德的问题在于他把现实的实践看作理性的实践，同时把实践活动和实践对象看作一体的。因为在康德看来，理性存在者的实践活动和意志活动都是可以对象化和客观现实化的。一方面当理性存在者进行实践的时候，必然会有实践的结果产生，这一结果是对象化了的；另一方面，相对于个人的感性冲动，意志具有类似于客观事物的独立性。因此，康德并未区分实践活动与实践对象的差别。在黑格尔看来，康德的实践理性并未真正直接面对社会现实，而是超越社会现实。"第一，自我在它的个体性里即是直接的本质、普遍性、客观性。其次，主观性努力追求实在性，但不是像从前那样追求感性的实在性；因为在这里，理性本身被当作现实的东西。"① 康德把理性"神化"为一种超越个人的意识统一体，一种决定个人实践的思想框架。康德认为意识统一体独立于任何经验，这种独立性的存在或多或少地与个别经验事实相对立，但又不是彻底地与所有实际存在相对立。因此，作为主观的个人所听从的不再是感性实践所获得的经验，而只是

---

① ［德］黑格尔：《哲学史讲演录》第 4 卷，贺麟、王太庆译，商务印书馆 1978 年版，第 288 页。

服从个体性的理性道德律。康德的实践超越社会经验中的偶然事实，而只服从理性自我设定的法则。

正是在这一意义上，黑格尔一直斥责康德的理性是抽象同一性的形式理性。康德的实践理性思想坚持了同一律"A=A"，亦即实践理性设定了实践活动，而实践活动就是实践对象。这种同一律只是逻辑形式自身的等同性，存在者之间的同一"A=A"实际上只是两个规定简单的并列。这种抽象的同一只注重思维规定之间的"同一"，而忽视了诸存在内容之间的差别。黑格尔认为，康德把实践活动和实践对象之间的关系理解为"自我=自我"的圆圈式运动，现实事物被排除在自我之外，只注重了主体，而忽视了客体。表面看来康德通过实践理性设定实践活动即实践对象的做法，保证了实践理性自身的自由，但是这种做法以牺牲现实的经验内容为代价。或者说，康德通过形式理性的抽象同一性保证了实践活动过程中的自决能力，但是这种抽象的同一性把现实的自在之物排除于形式理性的认知视域之外。

二 形式理性与思辨理性

在法兰克福时期，黑格尔从未想过要进行思想概念化的尝试，因为他没有发现概念思维能够超越"反思"的形式理性的任何可能性。在黑格尔看来，现代性的逻辑作为一种理性逻辑，更多地表现为一种反思的形式理性。康德式的理性逻辑只能把对象理解为彼此孤立的不同部分，而不能把握对象的整体性。康德认为，人的理性无法认识现实世界中的对象，因此人通过自己的理性在实践的过程中不以现实世界的客观性为原则。所以，康德式的理性逻辑无法实现主体与客体的统一，而只能从主体的反思出发知性地理解对象。当面对现实生命这个对象的时候，黑格尔强调必须超越"生命的不足和缺陷"，亦即必须满足生命在生活过程中的统一性和丰富性，而这超出了知性思想的理

第四章　黑格尔对现代性的改造：个体理性与集体意志的结合

解范围。知性思想中生命是碎片化的，正如现代性的理性逻辑导致人的碎片化一样。

青年黑格尔在法兰克福时期试图求助于宗教神学解决理性的形式逻辑问题。不过在法兰克福时期也给黑格尔留下了一种可能性，即从概念上而不是从宗教思想上超越知性和形式理性的可能性，而黑格尔到耶拿时期开始了对这种可能性的探索。法兰克福时期黑格尔强调生命永远超越思想，知性思想永远无法理解生命（前文已经指出这一时期的生命即精神，即上帝）。而到耶拿时期黑格尔则试图实现思想与生命的统一，这种统一表现为把生命概念化为精神，以打破思想的传统形式理性的束缚，进而把握和达到生命本身。因此，黑格尔在思想中找到了对生命统一性的充分表达，但这时思想被提升到思辨理性而非形式理性的反思水平。后者仅知道二元对立和绝对分离："反思必然分离在绝对统一性中是一的东西，合题与反题被分离为两个命题，在一个命题中表达统一性，在另一个命题中表达分裂。"① 而这种分裂对于反思性思想而言仍然是绝对的和不可超越的。黑格尔认为现代性陷入弊病的根源在于其所坚持的理性逻辑是一种知性的形式理性。知性逻辑导致现代性的逻辑是脱离现实内容的形式理性，现代性的对象是脱离现实的抽象概念，是僵死的反思，因而导致主体与客体、理性与现实的对立。

这当然不能使黑格尔对生命的真实本质的理解感到满意，这种真实本质只能由思辨推理的思想来把握："理智发现自己一度被关在不可理解的界限之内，自己限制自身是它绝对不可理解的法则，但恰恰是通常意识对对立所不可理解的东西，推动趋向思辨。"② 知性的对立是

---

① ［德］黑格尔：《费希特与谢林哲学体系的差别》，宋祖良、程志民译，商务印书馆1994年版，第23页。
② ［德］黑格尔：《费希特与谢林哲学体系的差别》，宋祖良、程志民译，商务印书馆1994年版，第45页。

推动思辨理性实现统一的前提和动力。

黑格尔认为，扬弃无限与有限之间二元对立的解决方案可以在精神（Geist）和辩证法的概念中发现。同样，信仰和知识之间的对立也应通过思辨性的思想来克服，因为思想"把在通常知性的意识中的必然的对立物构造为意识的统一性"①。因此，在思辨思想中，信仰和理性是和解的和统一的。"最高思想"，即绝对精神，不是"哲学终止于信仰的点"②，和理性消亡的点相反，绝对精神既是哲学的出发点，又是哲学的最高目标。

黑格尔的"绝对精神"概念是一个不断发展的过程，因为精神的前身"生命"就是一个动态的发展过程。因此精神的内涵具有无限的丰富性，甚至完全相反的两种内涵都能在精神的发展过程中得到体现。杨祖陶先生认为："黑格尔精神概念与众不同的规定性即精神的观念性。"③ 这主要是因为精神在不断发展的过程中，后一个发展环节会扬弃前一个发展环节，而可能产生质的变化。比如精神在发展为思辨的概念之后就扬弃了前期的直观体验。然而，直观体验是被扬弃而不是被完全抛弃，直观体验作为精神的一个逻辑环节仍然在那里："从精神的观念出发来考察精神就会得出精神的最初的精神的这个第一个自为存在本身还是某种直接的、抽象的、非绝对的东西。"④ 这个直接的、抽象的东西就是黑格尔法兰克福时期所谓的精神或者说直观的生命体验，而到耶拿时期之后精神就发展为思辨的概念。

由于思辨哲学可以把握和认识绝对的真理，因此它是唯一完整的

---

① ［德］黑格尔：《费希特与谢林哲学体系的差别》，宋祖良、程志民译，商务印书馆1994年版，第19页。
② Hegel, *Faith and Knowledge*, edited and translated by Walter Cerf and H. S. Harris, Albany: State University of New York Press, 1977, p. 67.
③ 杨祖陶：《德国古典哲学逻辑进程》，武汉大学出版社2003年版，第6页。
④ 杨祖陶：《德国古典哲学逻辑进程》，武汉大学出版社2003年版，第25页。

第四章 黑格尔对现代性的改造:个体理性与集体意志的结合

或绝对的知识。思辨哲学本身是一门论述绝对理性自我外化的哲学,因此黑格尔说思辨哲学的历史是"在无限多样性的形式中表现自身的永恒的唯一的理性的历史"①。为了提出思辨性的哲学思想,黑格尔认为构建绝对知识体系是必要的,因为哲学必须旨在以"内在联系"的形式将有限世界的事物呈现为一种连续性,因此必然产生一种"不断进展到完成的客观的总体性"的体系。② 这种知识将克服所有的二元对立,尤其是黑格尔痛苦地将其视为当代哲学标志的二元对立,即信仰与理性之间的二元对立。黑格尔拒绝信仰与理性的分离,他一直在努力克服这种二元对立以及由之引起的其他二元对立,即反思思想所感知的无限与有限之间的绝对对立。按照这种二分的观点,"知识"仅限于经验有限的世界,对绝对的知识是无法把握的。根据康德的观点,这种无法把握的东西为信仰腾出了空间。但是,对于黑格尔来说,这是完全不能令人满意的:"这种限制性与绝对物的状况或关系(在这关系中,关系在意识中只是对立,与此相反,在统一性之上存在着一种完全的无意识性),叫作信仰。"③ 这种信仰基于主观性,因而对信仰的对象一无所知。

因此,黑格尔在这一时期对康德的形式理性展开了批判性的分析。黑格尔指出,尽管费希特思想与康德思想基本是一致的,但他还是对康德哲学进行了首次重大突破,从而促进了德国唯心主义的发展。费希特受康德影响的一个重要方面是对自我的道德和承认两个重要原则的认可,因此,费希特从康德那里采纳了自我的这一基本原则,并将

---

① [德] 黑格尔:《费希特与谢林哲学体系的差别》,宋祖良、程志民译,商务印书馆1994年版,第30页。
② [德] 黑格尔:《费希特与谢林哲学体系的差别》,宋祖良、程志民译,商务印书馆1994年版,第30页。
③ [德] 黑格尔:《费希特与谢林哲学体系的差别》,宋祖良、程志民译,商务印书馆1994年版,第18—19页。

其作为自己哲学的中心。但是，费希特和康德之间这种关系在另一方面表明，费希特不仅重新诠释了康德的哲学，而且还真正建立了一个独立的体系。费希特不同意康德哲学的主要根源是康德哲学中涉及的二元论。认识论上，康德的观点涉及现实与表象之间的二元论，以及对现实永远无法认识的不可知论。在道德上，康德的观点涉及理性自我与自然自我之间的二元论，理性自我承认和遵守先验道德命令的义务，而自然的自我则是由不断与义务发生冲突的自然倾向所支配。费希特提出，克服康德二元论及其不可知论的最好方法是发展一个始终如一的理念论。然而，康德通过对人类理性学说的批判性探究所取得的明显的哲学进步，提出了一种关于主体性概念的理论。康德在对人类经验的分析中，正确地确定了理性的积极贡献作用，同时保持了独立存在的物体世界的客观性。费希特希望克服这种对经验的双面解释。他的方法是保留理性作为解释经验的基本原则，而消除不可知的自我作为解释经验的基本因素。但是，无论是康德还是费希特都是在现代性的逻辑下探讨、诠释理性，这种对理性的诠释必然导致有限与无限之间的对立。

虽然说黑格尔通过思辨理性改造了传统形式理性，他在把辩证法和形而上学统一起来的同时，强化了绝对精神的至高地位，这便又回到了形而上学的绝对主义。① 因此，黑格尔形而上学的方法是绝对精神自我展开的辩证法，形而上学最终关注的对象则是绝对精神及其绝对精神的运动发展，社会现实问题在黑格尔那里只是绝对精神运动发展的一个环节。绝对精神在自否定的运动中不断生成、发展自身，在一个个由低级到高级之间的运动过程中完成了范畴之间的推演。黑格尔

---

① 旧形而上学认为知识具有绝对性，事物发展具有终点，因此将形而上学的对象视为绝对的大全。黑格尔指出："形而上学的对象诚然是大全，如灵魂、世界、上帝，本身。"（［德］黑格尔：《小逻辑》，贺麟译，商务印书馆1980年版，第99页。）

第四章　黑格尔对现代性的改造：个体理性与集体意志的结合

在形而上学领域做出了历史性的巨大革新，他超越了形式理性的抽象思维的局限。

黑格尔认为，正是绝对精神使人们可以进行思辨性的思考，在其中可以对现实的真实本质进行概念化认识。在此意义上，黑格尔对宗教和哲学之间关系的理解发生了逆转。在法兰克福时期的著作中，黑格尔以宗教取代哲学成为生命统一性的活生生的表达，而现在哲学却再一次占据了最高的位置。因为黑格尔在思辨性思想中找到了生命统一性的充分表达。同时，黑格尔不再视宗教为这些问题的最充分表达，宗教表达仅限于表象化思维（Vorstellendes Denken）的形式，因此未能达到以概念形式掌握真理的绝对知识的最高水平。

绝对宗教作为达到绝对精神的重要环节，具有所期望的"自我塑造或客观自我发现绝对的直觉"，使自身在异化中外化，并从异化中回归自身。正是这种绝对精神的辩证法提供了万物的统一性或同一性。绝对精神的真理可在绝对宗教（基督教）中找到，即"在上帝的永恒化身的直观中，从一开始就产生语言的直观中统一起来"①。因为这一概念首先在基督教中得到体现。因此，尽管黑格尔改变了关于宗教与哲学之地位的看法，从而从表达这一真理的明确性出发将绝对知识置于宗教之上，但这并不是说宗教没有实现这一真理。黑格尔的哲学思想充斥着基督教思想，他把真理从宗教观念提升为思辨概念。我们可以在黑格尔耶拿（Jena）时期的文章中发现这一观点，即绝对精神的直觉不仅可以在绝对知识和绝对宗教中找到，而且可以在艺术中找到。黑格尔认为在每种语言中都能找到那种直觉的清晰表达，区别在于，宗教比艺术在表达真理时要优越；但黑格尔又认为，绝对的知识具有思辨性，因此哲学比宗教要优越，是表达真理的最清晰手段。

---

① ［德］黑格尔：《费希特与谢林哲学体系的差别》，宋祖良、程志民译，商务印书馆1994年版，第81页。

最终黑格尔以思辨理性批判了现代性的形式理性，进而重构了现代性的逻辑基础。自此之后，黑格尔所谓的"理性"就是思辨理性，而康德式的理性在黑格尔看来只是"形式的理性"或者知性。

第二节 改造现代性的方法：辩证法

耶拿时期的黑格尔思想尽管被有些学者认为仍然处于黑格尔思想的早期阶段，但是黑格尔思想在这一时期已经走向成熟，这种成熟表现在黑格尔对辩证法思维和概念思辨语言的运用已经非常自觉。并且黑格尔通过辩证法开始了建构自己思想体系的道路，黑格尔通过辩证法思想发现了从康德到费希特再到谢林的思想逻辑演变，并最终确立精神的至高地位。精神成为黑格尔现代性批判思想的最根本原则，黑格尔哲学的最高真理就是阐释精神（尤其是绝对精神）的内容。精神又反过来统摄和指导黑格尔整个哲学体系的构建，并进一步把社会历史进行逻辑化和体系化的梳理。同时，黑格尔的现代性批判思想不再是以他早期的生命体验式的方式进行论述，而是以辩证法的逻辑进行论述。概言之，辩证法的逻辑成为黑格尔现代性批判思想的逻辑结构，而精神成为现代性批判思想的根本原则。

一 辩证法的正式提出

在《基督教的精神及其命运》一文中，黑格尔首次提出了对辩证法思想的初级看法，包括精神的理念、矛盾的"和解"和世界的有机理论等。经历了法兰克福时期到耶拿时期的思想孕育，最终在《差别》一文中黑格尔的辩证法思想基本走向成熟，在这篇文章中黑格尔提出了一个著名的论断："绝对物本身因此是同一性和非同一性的同一性；

第四章　黑格尔对现代性的改造：个体理性与集体意志的结合

对立和统一同时都在绝对物之中。"① 这一论断揭示了黑格尔辩证法的最主要特质，对于黑格尔认识到辩证法的内在性及其命运和必然性也至关重要；同时这一辩证法的特质对于黑格尔理解和把握现代性的本质至关重要。黑格尔对现代性的批判跳出了同一性的理性逻辑，而进入同一性与非同一性相结合的思辨逻辑。

黑格尔辩证法首先表现为对命运和必然性的批判。命运和必然性这两个概念最早出现在黑格尔对基督教堕落历史的研究过程中。在此过程中，他发现，鉴于耶稣的生平和历史事实，基督教在某种程度上不可避免地走向对立性和"实证性"。此外，黑格尔谈到宗教的"命运性和必然性"时认为，只要它停留于满足人的特殊需要这一层面就会必然产生对立性的命运。尽管他认为同样不可避免的是，随着人类特殊需求的变化，会逐渐放弃实证性的宗教表达方式。这是黑格尔对历史过程中必然性的看法，这种必然性是由于这样的事实，即分裂（Entzweiung）在不同的时间以不同的形式出现，"作为时代的教化，又是形态的不自由的已给予的方面"②。从这些不可避免的分裂中，在随后的时代出现了更大程度的和谐与统一。

但是，黑格尔认为不仅应该将这一分裂过程视为不可避免的，而且应该认为是必要的。例如，他认为存在于古希腊文明中的大统一是不可避免的，因为其中存在着"分裂"，即狭隘的教区制度（分裂）是大城邦实现统一的一个重要特征。因此，分裂也是必不可少的，没有分裂，人将无法实现他自身作为自由理性人的潜力。概言之，分裂是统一的前提，统一是分裂之后的必然结果。

同样，黑格尔在评估耶拿初期两篇论文中提出的当代哲学状况

---

① ［德］黑格尔：《费希特与谢林哲学体系的差别》，宋祖良、程志民译，商务印书馆1994年版，第68页。
② ［德］黑格尔：《费希特与谢林哲学体系的差别》，宋祖良、程志民译，商务印书馆1994年版，第9页。

时，也遵循了这种观点。在《差别》一文中，尽管黑格尔对费希特的思想提出了强烈的批评，但他认识到费希特主观唯心主义的出现是必然的和必不可少的。黑格尔认为，费希特的哲学从历史上讲是康德哲学的必然结果，因为费希特哲学源于努力克服康德哲学的二元对立问题所产生的必然环节。但由于费希特思想的前后矛盾，他的哲学影响必须让位给谢林。卢卡奇对此认为，这一历史分析"代表了他（黑格尔）自身发展的巨大进步，清楚地表明了未来的成熟黑格尔"[1]。黑格尔两篇文章中的第二篇文章《信仰与知识》可以反映卢卡奇的这一论点，黑格尔对康德、雅各比和费希特的哲学进行了分析和完善。在这个过程中黑格尔得出结论，思想的分裂为思想的统一提供了必要的前提。

康德、雅各比和费希特的理性思想导致有限与无限之间的对立性局面，并把不可认知的"至高无上"对象看作超越经验世界的信仰对象。但是康德等人的哲学是必要的，因为他们把有限和无限，知识和信仰之间的对立进行体系化时，清楚地表明了这一立场的后果（对立和分裂），从而为超越这一立场开辟了可能性。而且，尽管康德等人的哲学思想将"有限和无穷的绝对对立"这一基本原理作为"共同基础"，但他们"在彼此之间形成了对立，耗尽了该原理的所有可能形式"。康德的哲学确立了"客观的一面"，雅各比哲学确立了"主观的一面"，而费希特的哲学则是"两者的综合"：

> 在康德那里，无限的概念被定位为本身存在的概念，也是哲学唯一承认的概念。在雅可比那里，无限性受主观性（即本能、冲动、个性）的影响。在费希特那里，受主体性影响的无限本身

---

[1] György Lukács, *The Young Hegel*, Trans by R. Livingstone, London: Merlin Press, 1975, p. 262.

第四章 黑格尔对现代性的改造：个体理性与集体意志的结合

作为义务和斗争又被重新客观化。①

因此，在费希特哲学中，黑格尔所发现的问题不是费希特对康德二元论提出解决方案，即主体和客体的统一性，而是费希特未能实施该解决方案的原因："统一性的原则不能成为体系的原则。体系一开始形成，统一性就被放弃了。"② 费希特最终并没有克服主体与客体的对立，因为在费希特这里没有了客体，只有主体。黑格尔在这里发现了谢林的优势，"统一性的原则是谢林的全部体系的绝对原则。哲学和体系同时发生，而且统一性在各部分中没有丧失，在结果中更是如此"③。在谢林的哲学中，这种绝对的统一性原则的存在对于黑格尔而言是非常重要的，而其他哲学的缺失则既是其结果，又是在它们中发现其他关键不足之处的原因。这是那些哲学共享启蒙理性思想的错误所导致的结果，即这些错误将理性简化为单纯的知性，并在信仰和知识之间进行二分。

因为理性逻辑只能对有限的经验拥有肯定的认识，当把理性归结为对经验的僭越时，绝对便超出了理性逻辑的掌握范围。因此绝对是"一种超越"，在其中人们只能拥有关于绝对的信念。"上帝是不可知的，因此是一个空虚的概念，理性逻辑所能知道的是，除了一无所知外，它一无所知……必须躲避信仰。"④ 上帝作为绝对信念不能为理性所把握，因而理性认知必须躲开上帝。这样做的结果是，由于理性在这些哲学中仅限于有限性，因此它们变成了"有限性的理想主义"形

---

① Hegel, *Faith and Knowledge*, edited and translated by Walter Cerf and H. S. Harris, Albany: State University of New York Press, 1977, p. 62.
② [德] 黑格尔：《费希特与谢林哲学体系的差别》，宋祖良、程志民译，商务印书馆1994年版，第66页。
③ [德] 黑格尔：《费希特与谢林哲学体系的差别》，宋祖良、程志民译，商务印书馆1994年版，第66页。
④ Hegel, *Faith and Knowledge*, edited and translated by Walter Cerf and H. S. Harris, Albany: State University of New York Press, 1977, pp. 55 – 57.

式,其基本原理是"有限性的绝对性"。此外,知性反思的理性逻辑唯一能够把握到的无限概念是理性与绝对信念之间的无限对立,但这种无限对立无非由理性的有限性所导致。但是,在黑格尔看来,这不是真正的无限,因为那些哲学家没有看到的是:

> 因为先验的观点只设置作为自我的无限物,因此,它造成有限物和无限物的分离。它从表现为自然物的东西中引出了主体—客体性,而自然只剩下了客观性的僵死外壳。自然,从前的有限—无限物,丧失了无限性,这种无限性仍然是和自我等于自我对立的纯粹有限性。①

如果把无限设置为有限理性的必然结果,则二者彼此之间依然是有限的。对于黑格尔而言,真正的无限放弃了无限和有限之间的绝对对立,并用绝对概念和解这种对立。康德的哲学并不是没有超越这些对立面的潜力,不过他在实际操作中试图通过主词和谓词"异质的、原始的绝对统一性"解决这个问题。在康德思想中,这种统一性遭到了"先天综合判断"的破坏,即有限性和无限性以判断形式出现,成为主语和谓语,或者成为特殊性和普遍性的对立两极。在先天综合判断中,绝对统一性仅仅是无意识的系词"是",对立和差异的外观在判断本身中占了上风。因此在康德那里,最重要的不是统一性,而是对立性。黑格尔认为,先验判断所依赖的"先天综合统一体"根本不被康德认为是先天的,而只是"由对立而产生"的系词。

黑格尔认为,康德的理性仅仅局限于坚持对立,而没有上升到克服对立形成统一的层面。真正的理性是克服对立上升到统一的理性,而不是仅仅停留于对立层面的理性。固执地坚持限制和对立的思想,

---

① [德]黑格尔:《费希特与谢林哲学体系的差别》,宋祖良、程志民译,商务印书馆1994年版,第54页。

第四章 黑格尔对现代性的改造：个体理性与集体意志的结合

就是知性。黑格尔在《差别》中对知性做了明确的解释："限制力，即知性。"① 知性的本质即对立，尽管知性也设置了无限，但是这种无限（物自体）是与认识主体对立的无限。宋祖良先生认为，虽然在康德、费希特哲学中设立了作为无限的物自体和作为无限的理念自身，"在康德、费希特哲学中有作为理念的绝对物，有作为自我＝自我的绝对物，但是由于这种绝对物与自在之物、非我的具体的和有限的认识过程是完全割裂开来、对立起来的，坚持的是主体与客体的对立，正因为此，黑格尔才认为，康德、费希特哲学仍然采用了知性的方法"②。只有上升到统一之后的理性才是真正的理性。

对于黑格尔来说，对立是绝对实现原初统一性的前提。黑格尔所追求的统一性，即承认主体与客体之间差别的统一性，只有在这一意义上统一性才有可能。黑格尔的基本概念，即"绝对精神"本身就是"同一性和非同一性的同一性，对立性和同一性是内在统一的"③。

黑格尔强烈反对那些坚持僵化对立、永久分裂立场的哲学家，认为这将导致他们否认自己能够思考无限和永恒。黑格尔认为，这将会把宗教简化为一种渴望，即宗教的主要方面是感觉，因此它只是主观的。然而人们对宗教的主观方面的渴望并不满足，因为它寻求绝对，但只有理性的有限性寻求绝对是远远不够的。与此形成对照的是，黑格尔认为，理性和哲学的任务不是将无限和有限视为完全对立，将知识仅仅局限于有限经验领域，而是理解宇宙中的无限性、永恒性，进而认识到这个世界的精神。

---

① ［德］黑格尔：《费希特与谢林哲学体系的差别》，宋祖良、程志民译，商务印书馆1994年版，第9页。
② 宋祖良：《青年黑格尔的哲学思想》，湖南教育出版社1989年版，第126页。
③ 参见［德］黑格尔《费希特与谢林哲学体系的差别》，宋祖良、程志民译，商务印书馆1994年版，第68页。

哲学的任务在于把这些前提结合起来，把存在置入非存在之中作为变，把分裂（Entzweiung，对立）置入绝对物之中作为绝对物的现象，把有限物置入无限物之中作为生命。①

黑格尔坚信谢林提出的这种正在生成和显现的同一性哲学作为最基本的原则需要真正被纳入哲学。黑格尔发现谢林的体系优于费希特的体系，主要是因为"同一性的原则是谢林的全部体系的绝对原则"②。在谢林的自然哲学中，正在生成和外显的同一性原则体现在各个方面。从低级形式发展到高级形式，自然界具有连续性，尽管每种高级形式都以新事物的出现为特征，而新事物反过来又为低级形式提供了起点。自然是绝对客体化的外显和形态，谢林反思自然的发展认为，在有限事物世界中作为自然基础并发展（成为自身）的活动就是这种无限绝对。这是谢林自然哲学的核心所在，它对黑格尔产生了极大的影响，因为这与他努力研究哲学体系时所求问的绝对同一性相吻合并扩展了他自己的思想。

因此，黑格尔认为，虽然康德、费希特等人的哲学只限于启蒙思想的原理，但它们也具有与该思想相对立的要素。康德等人不仅完成了主观性和反思性哲学，而且开辟了该思想的局限性得以克服的可能性。黑格尔将矛盾观点视为万物及其运动的最深刻原理，即辩证法原理。任何两件事都相互对立，既是主体又是客体，或者是两个不同的客体，通过这种对比，它们之间就形成了对立的意识。同时黑格尔认为反思的理智直观也以这种方式感知事物之间的关系。但这也是反思的理智直观能够感知到事物的唯一方法，从而使分裂和对立变得绝

---

① ［德］黑格尔：《费希特与谢林哲学体系的差别》，宋祖良、程志民译，商务印书馆1994年版，第12页。
② ［德］黑格尔：《费希特与谢林哲学体系的差别》，宋祖良、程志民译，商务印书馆1994年版，第66页。

第四章 黑格尔对现代性的改造：个体理性与集体意志的结合

对而僵硬。

另外，黑格尔认为有必要超越反思的态度，悬置僵化的对立，从生命整体的角度看待事物之间的关系，而不是把它们看作分离的对象，从而把握了万物的统一性，在自我之内找到了另一种明显的对立面。但是，这意味着在所有经验中都存在矛盾，黑格尔所说的矛盾是"对立已成为每个术语的内在含义（每个术语在其内部都具有相反的含义）。因此，矛盾在主体上是矛盾的，这就是主体发展的原因"①。理性并不完全反对对立和限制，因为必要的二元对立是生命发展过程中的关键环节：

> 因为必然的分裂是生命的一个因素，生命永远对立地构成自身，而且总体在最高的生动性之中，只有通过出自最高分裂，重建才是可能的。然而理性使自身与之对立的乃是由知性而来的分裂的绝对固定，如果绝对的对立物本身发生于理性，情况就尤其如此。②

黑格尔在《逻辑学》（*Wissenschaft der Logik*）中把构成其思想体系的基石——概念看作一个个的生命。基于此，概念的自我运动即具有生命原则的运动。"在黑格尔的思辨辩证法中，存在着一个概念自身通过自我、实体、主体到个体生命的发展过程，它终结于个体生命的自身实现与觉解。这表明，黑格尔的思辨辩证法中贯穿着一种生命原则，生命才是黑格尔所谓'概念'的真理。"③ 黑格尔思辨辩证法的运动是一种有生命原则的自我运动，贺来教授在《辩证法的生存论基础：马

---

① Hyppolite, *Studies on Marx and Hegel*, Trans by John O'Neill, London: Heinemann, 1969, p. 16.
② ［德］黑格尔：《费希特与谢林哲学体系的差别》，宋祖良、程志民译，商务印书馆1994年版，第10页。
③ 王天成：《概念辩证法的个体生命原则》，《天津社会科学》2005年第2期。

克思辩证法的当代阐释》中认为辩证法的这种生命自我的运动是由辩证法根源于生命的形而上学天性所导致；郭嘤蔚教授在《论辩证思维的确定性》中也认为辩证法奠基于生命的"生存""天性"。概念的辩证运动是概念自身通过"自我、实体、主体到个体生命的发展过程"，而这个过程是概念自身实行的否定自身、扬弃自身又回归自身的过程。简言之，概念的辩证运动是一种"自否定"的生命运动。"那个使得概念自己引导自己前进的东西，是概念在自身内具有的否定性东西；这个东西构成了真正的辩证因素。"① 因此，我们可以说，"自否定"构成了黑格尔辩证法运动的核心原则。

"自否定"是否定之否定。否定之否定的前一个"否定"意味着矛盾的产生，是对原初对象的扬弃，这是一种形式上的否定；后一个否定则意味着矛盾自身的扬弃和解决，实现了对立面的统一，是矛盾的肯定结果，是一种绝对的否定。前一个否定如果没有后一个否定，就只是一种"形式的否定"，因为这个否定只是发生在自身内部，而未和对象发生关联；但是，第一个否定却是一切真实东西的出发点，"是一切活动——生命和精神的自身运动——最内在的源泉，是辩证法的灵魂"②。第一个的否定不仅仅是一个直接的出发点，同时也是"构成概念外在反思的活动运动的转折点"，它"并不是一种外在反思的行动，而是生命和精神最内在、最客观的环节，由于它，才有主体、个人、自由的主体"③。在这种意义上，否定就不是单纯意义上的否定。它作为一个转折点，而向自身内部进行自我反思，从而回到直接的肯定性，也就是说通过否定的否定把自己建立为一条肯定的原则。

---

① ［德］黑格尔：《逻辑学》Ⅰ，先刚译，人民出版社 2019 年版，第 33 页。
② ［德］黑格尔：《逻辑学》下卷，杨一之译，商务印书馆 1966 年版，第 543 页。
③ ［德］黑格尔：《逻辑学》下卷，杨一之译，商务印书馆 1966 年版，第 543 页。

第四章　黑格尔对现代性的改造：个体理性与集体意志的结合

对于黑格尔来说，生命在本质上是自我否定和发展的，这对生命整体而言具有深远的意义。因为"生命本身就是这种辩证法"，"生命就是现实的"和"现实是发展的"。① 生命通过自否定的发展运动实现了无限生命和有限生命的统一。这种统一包括以下事实，即有限生命是无限生命的自我外在化。这种外在化是无限生命中的"苦恼"（Grief），因为它是对自身的异化，但它纯粹被视为"至高无上的思想的环节"，无限生命在实现自身和统一有限生活的过程中返回自身。黑格尔从他所使用的语言中清楚地阐释了关于"绝对是上帝"的观点。在黑格尔看来，神圣的绝对不要仅仅从历史人物死亡的意义上理解耶稣的死亡，而应该从哲学意义上理解神圣绝对的死亡，用耶稣之死理解上帝精神的外在化和异化。同时，耶稣的复活也必须从哲学的角度来理解，即绝对以统一和整体的方式上升至自身以实现其本质，即其完全的自由：

> 哲学必须重建的是绝对自由的理念，以及绝对的激情，即逻辑思辨性的耶稣受难日，以便取代历史性的耶稣受难日。必须以思辨的方式重新建立耶稣受难日的全部真实性和严酷性。由于教会哲学和自然宗教的［更多］宁静，基础不足和更加个人化的风格必须消失，因此，最高的总体可以而且必须仅从这种严峻的消失意识中实现复活，这种消失意识囊括了一切，并尽其所能，从其最深的领域上升到其形式最宁静的自由。②

根据黑格尔的说法，尽管从反思的意义上可以把耶稣的死亡与复

---

① Hyppolite, *Studies on Marx and Hegel*, Trans by John O'Neill, London: Heinemann, 1969, p. 16.
② Hegel, *Faith and Knowledge or the Reflective Philosophy of Subjectivity in the Complete Range of Its Forms as Kantian, Jacobian, and Fichtean Philosophy*, Trans by Walter Cerf and H. S. Harris, Albany: State University of New York Press, 1977, p. 191.

活理解为一件事与另一件事分离,就好像两者之间存在障碍或对立一样,对立和限制成为"生命中的一个因素"。但是,我们要超越僵化对立的反思性观点(可以通过推理的态度来实现),要看到对立内在于每一事物,从而感知到对立内部的连续性和差异性。因此,如果生命中的一个因素是"对立"或"矛盾",那么生命本身就是"统一"或"统一性"。持续的生命允许相对的对立(之所以相对,是因为它们只是反思的产物),但同时生命克服了对立,对立和统一因此相互依存。掌握统一或统一性的概念就是要意识到对立并不是真的对立,就像时间节点或空间节点并未真正分开一样。如果这样理解,就可以打破它们的对立进而"寻求和解"。这种寻求和解是每个事物向更大的本质实现发展的原因。

这种扬弃对立、需求和解、实现统一的过程在黑格尔看来就是辩证法的运动过程。黑格尔认为"思辨"是具体的、有过程的、辩证的,应该在对立面的统一中把握对立面。"思辨——它的最高任务是在主体和客体的统一性中扬弃分离。"[①] 所以,黑格尔的"思辨统一"即在概念的矛盾运动中把握统一,是主体与客体、思维与存在的对立统一。同时,"思辨统一"是"抽象统一"与"具体统一"的统一,是差别与无差别的统一,如此方能显示其思辨性。

主客体差别的统一是具体的、发展的统一,而不是谢林所谓的静止的、僵化的主客无差别。而主客体差别的、发展的统一之所以成为可能是因为绝对精神自身的特质。相较于费希特的理性达到的"主观统一",以及谢林通过理智直观达到的无差别统一,黑格尔认为理性不应该只停留在主观层面或者直观层面,理性要进展到绝对知识的环节,此时的理性即绝对精神。思辨统一是以绝对为基础的统一。绝对的精

---

① [德]黑格尔:《费希特与谢林哲学体系的差别》,宋祖良、程志民译,商务印书馆1994年版,第86页。

神既是思维的主体,又是存在的主体,思辨统一的过程,即绝对精神作为本体创造世界并使世界发展的过程。绝对精神的发展过程即世界的发展过程即我们认识世界的过程。绝对精神之所以能够作为认识本体和存在本体的统一体就在于"绝对精神自身本质上是具体的,是不同规定的统一;绝对精神作为自身具体、自身发展的理念,乃是一个有机的系统,一个全体,包含有很多的阶段和过程在自身内"①。这种扬弃异化的辩证法和克服异化的思辨逻辑是绝对精神进行自否定运动的结果。为了适应这些后果,以净化和加深上帝的观念,黑格尔赞成使用"精神"(Geist)一词来指代上帝。精神或者说绝对精神②成为黑格尔宗教哲学思想中的基本原则。

黑格尔思想成熟后的辩证法至少包含五个方面:③

第一,辩证法是一个不断发展变化的运动过程。我们需要把世界和其中的一切看作发展变化的。与其把现实的世界万物看作永恒不变的本质,不如把它看作可改变的和开放的。无论什么东西都在成为另一种东西的路上,也在走向灭亡的路上。黑格尔在讨论运动发展过程中的质变与量变规律时说,一方面,运动发展意味着量的增长与扩张;另一方面,运动发展意味着质的变革与灭亡。对现实的描述必须描述这样一个事实,即现存事物不断处于过渡之中。因此,运动发展规律不仅概括了所有现存事物的自否性运动规律,而且概括了人类对事物运动变化的认识规律。

第二,辩证法是对矛盾对立双方的扬弃和超越。任何范畴的矛盾

---

① [德]黑格尔:《哲学史讲演录》第3卷,贺麟、王太庆译,商务印书馆1959年版,第30、32页。

② 黑格尔在有些地方区分绝对精神和精神,进而凸显绝对精神的至高无上地位;在有些地方并不做这种区分,而认为精神就是绝对精神的体现。本研究借鉴黑格尔的第二种用法在很多方面并未对这两个概念进行严格的区分和界定,特此说明。

③ Michael Fox, *The Accessible Hegel*, Amherst, MA: Humanity Books, 2005, p.38. 黑格尔的辩证法蕴含着生成变化、矛盾对立、思维抽象、追求真理和走向灭亡。

对立关系——无论是在物质世界还是在知识世界,对黑格尔来说都不是问题。他的辩证法超越了对立和争论,同时又注重对立双方的相互依赖性和互补性。辩证法的这一特质为黑格尔辩证法解决或和解矛盾提供了可能性。黑格尔认为,一切事物都是由相互矛盾的东西构成:"它们的真理是这样一个运动,即一方直接消失在另一方里面,而这就是转变;在这个运动里,二者是区分开的,然而它们所依据的区别同样已经直接地瓦解自身。"① 这既是关于事物如何存在的本体论断言,也是关于人类如何认识事物的认识论断言。

第三,辩证法包含着对矛盾的扬弃(Aufheben)。辩证法的否定和超越在思想中的演绎是同时发生的。对黑格尔来说,当以前的发展被辩证地取代时,真理就会在每个环节被扬弃而进入下一环节。尽管如此,前一个环节仍然是一个统一体系的组成部分。"'扬弃'在语言里具有双重的意义,既意味着保存和保留,也意味着终止和结束。'保存'已经在自身内包含着否定,即某东西为了保留下来,被剥夺了直接性,随之被剥夺了一种向着外在影响敞开的定在。——就此而言,已扬弃的东西同时也是一个保存下来的东西,它仅仅失去了自己的直接性,但并没有因此被消灭。"② 对黑格尔来说,当某一事物被辩证地超越时,它不仅在一个新的结果中被超越,而旧的结果也隐含地被转化了。当黑格尔使用扬弃这个概念时,我们看到的是一个不断发展的过程,其原始元素在某种意义上被取消了,在另一种意义上又被保留了,但在整体意义上被转化了,以至于在这个过程的后面环节中重新出现和蜕变。

第四,黑格尔的辩证法认为,真理随时间变化而不断向前发展。

---

① [德]黑格尔:《逻辑学》Ⅰ,先刚译,人民出版社2019年版,第62页。
② [德]黑格尔:《逻辑学》Ⅰ,先刚译,人民出版社2019年版,第86页。首先,扬弃意味着破坏或取消;其次,它意味着保留或维持;最后,它意味着提升或转化。黑格尔的辩证法包括所有这三种形态。

第四章 黑格尔对现代性的改造：个体理性与集体意志的结合

真理的获得是一个过程，而不是一种固定的形式。对黑格尔来说，真理就像一个有机体，它成长为它所要成为的东西。概念的演变对于真理的全面出现是必要的。因此，对真理的认识过程同时是真理不断显现自身的过程，对真理的认识是通过对不充分的概念进行反思而获得的，在这个过程中真理的内容不断被补充完善。认识真理的过程中，思想在不断修正和批判自己，并以辩证的方式克服其先前对真理的认识。

第五，黑格尔的辩证法认为所有有限的事物都将走向消失和灭亡：

> 辩证法是现实世界中一切运动、一切生命，一切事业的推动原财。同样，辩证法又是知识范围内一切真正科学认识的灵魂。在通常意识看来，不要呆板停留在抽象的知性规定里，似乎只是一种公平适当的办法。……细究起来，凡有限之物不仅受外面的限制，而且又为它自己的本性所扬弃，由于自身的活动而自己过渡到自己的反面。所以，譬如人们说，人是要死的，似乎以为人之所以要死，只是以外在的情况为根据，照这种看法，人具有两种特性：有生也有死。但对这事的真正看法应该是，生命本身即具有死亡的种子。凡有限之物都是自相矛盾的，并且由于自相矛盾而自己扬弃自己。①

因此，辩证法被看作世界上一切事物中都存在着的一种力，是所有变化和发展的始作俑者。而且一切有限事物都将走向灭亡，解体和毁灭也会发生。在黑格尔看来，一切物体的生灭变化也是辩证的，体现了自身辩证否定发展的原则。

---

① ［德］黑格尔：《小逻辑》，贺麟译，商务印书馆1980年版，第177页。

二 辩证法与精神

从耶拿时期开始时，我们可以看到黑格尔继续思考法兰克福时期所关心问题——克服分离和对立。黑格尔特别指出，克服对立是哲学的基本宗旨："二元对立（Entzweiung，分裂或对立）是哲学的必需之起源。"① 他认为哲学的真正任务就是扬弃对立。之所以如此，是因为哲学的任务是扬弃对立上升到统一，并且这种统一是尊重差别和对立的统一。可以看出这种统一不是费希特所认为的完全摧毁对立性的统一，前者保留了统一双方的差别和特殊性，后者则完全消解了差别和特殊性。因此，黑格尔在一个非常明确的表述中宣称："绝对物本身因此是统一性和非统一性的统一性；对立和统一同时都在绝对物之中。"②

谢林的统一性、连续性和无限性以及发展的概念对于黑格尔具有生命性的概念的提出至关重要。黑格尔在谢林思想中发现这些概念的重要性并把它们应用到自己的思想框架之中。谢林被一种强烈的对自然的热情所俘虏，并将自然作为精神的化身，因此自然的不同形式都是绝对精神统一性的表达。基于此，谢林哲学主张主体与客体的终极统一性，它掌握了客体与主体相对的异化。黑格尔认为，康德、雅各比和费希特哲学无法否认谢林哲学中的这种统一性。例如，康德的批判哲学通过其非批判的现象二元论和不可知的本体论而保持了主体与客体之间的明显对立，其结果是"该哲学的全部任务和内容不是对绝对的认识，而是对主体性的认识"③。康德等人并未把握到客体对象的

---

① [德] 黑格尔：《费希特与谢林哲学体系的差别》，宋祖良、程志民译，商务印书馆1994年版，第9页。
② [德] 黑格尔：《费希特与谢林哲学体系的差别》，宋祖良、程志民译，商务印书馆1994年版，第68页。
③ Hegel, *Faith and Knowledge or the Reflective Philosophy of Subjectivity in the Complete Range of Its Forms as Kantian*, *Jacobian*, *and Fichtean Philosophy*, Trans by Walter Cerf and H. S. Harris, Albany: State University of New York Press, 1977, p. 68.

第四章 黑格尔对现代性的改造：个体理性与集体意志的结合

现实性，而只是认识到主体的现实性，因此谢林的统一性哲学在黑格尔看来比康德等人的哲学更加高级。

当然，这并不是说黑格尔完全采用谢林思想作为自己的哲学观，因为他与谢林的哲学自从一开始就存在分歧。例如，就生命概念而言，我们可以发现黑格尔在青年时期就开始独立思考的道路。黑格尔"不是将生命视为一种生物概念，而是将其视为心灵和精神的生命……他更关注人类的理想期望，而不是生物驱动力。如果要描述黑格尔哲学的整体特征，表达其起源和基本直觉，就必须说它试图成为人类生命的思想"①。黑格尔的生命概念本质上涉及统一性、辩证发展和无限性的概念。生命是无限的，这种无限在于生命的多样性、整体的连续性和不可分割性；并且由于连续性，每个部分本身都具有其对立面（即具有矛盾性），这就是为什么生命存在辩证发展的原因。此外，如果生命每个部分都是如此，由于整体及其各个部分的不可分割性，对于生命的整体而言，这也是最深刻的事实。生命的特征在于辩证发展，其中个体、人际关系和社会中存在的矛盾引起了更大程度的和解的出现，其特征是对每个个体之间和内部存在的统一或统一性有了更大的认识整体。但是黑格尔从未想过，生命的这种辩证发展过程产生于一种和解对立的统一性，而统一性就是所有差异消失所导致的空无。直到他在1805—1807年写作《精神现象学》时才开始确信发现了谢林哲学所假设这种统一性所存在的空无的缺陷，因此黑格尔最终试图探索他与谢林思想的明显差异。

生命概念对黑格尔而言当然是重要的，但他在耶拿时期基于《精神现象学》的探索最终超越了生命概念，而引入了内涵更加丰富的精神概念（Geist）。这个概念已经出现在他的法兰克福著作中，但是在耶

---

① Hyppolite, *Studies on Marx and Hegel*, Trans by John O'Neill, London: Heinemann, 1969, p. 4.

拿，精神象征着他的哲学发展到成熟，精神包括了爱与生命概念中涉及的所有因素，而爱和生命的概念在黑格尔哲学走向成熟的过程中起着至关重要的决定性作用。生命是动态发展的，但就精神的概念而言，这种发展也是精神的自我显现（Selfdiscovery of Geist）。与生命的概念一样，不可将精神看作超出了有限的细节和有限存在的无限绝对。因为在黑格尔看来，先在于有限世界中的绝对不是绝对，绝对是从有限世界中诞生的，又反过来统摄有限世界的精神。

黑格尔发现，与生命概念相比，精神概念具有更丰富的含义，那就是发现与整个生命的整体不仅仅是"与更大的生命"的统一，而且是与"宇宙精神"的统一——精神的自我运动和发展可以把整个宇宙精神和人文精神都囊括在内。黑格尔的精神概念与上帝概念有关，它是对绝对的更纯粹和深化的概念。显而易见的是，黑格尔不想从他的哲学中根除上帝的概念。恰恰相反，因为他本人宣称哲学在当代的主要兴趣是再次将上帝绝对置于最前沿，置于一切哲学的顶点，置于一切存在的唯一原则。黑格尔认为，"精神已发展到分裂为二的状态：一方面是局限于经验世界和现象界的知识，另一方面是局限于意志、情感世界和神秘直观的宗教。上帝与精神是分裂的，这种分裂也造成了近代宗教与哲学的对立"[①]。长期以来，上帝一直与其他有限实体并列放置，或者完全将其置于其他有限实体的末尾，以此作为绝对有限性的推论。现在，关于上帝的概念仅仅进行宗教方面陈述是不够的，无论是对于自然宗教和以艺术形式存在的宗教都是如此。但对于当代基督教来说，这也是可悲的——在现代基督教中，关于上帝的真理被误解为是与有限现实世界并驾齐驱的"他者"。但是，黑格尔认为上帝的地位被人们远远低估。上帝是有限世界的起源或首要原因；同时，作

[①] ［德］黑格尔：《宗教哲学讲演录》Ⅰ，燕宏远、张国良译，人民出版社2015年版，第5页。

第四章 黑格尔对现代性的改造：个体理性与集体意志的结合

为一个全善的上帝，与一个已经变得腐败和邪恶的世界严格对立。

黑格尔在他的所有作品中多次提到上帝，并认为基督教是最完整的宗教形式，但他远不止是一个基督教的辩护者。他的成熟著作表达了这样的观点，由于哲学理解了宗教，并将其见解以纯粹的概念形式归纳出来，因此它超越了宗教，成为人类的最高成就。事实上，他使用精神，即绝对，而不是上帝［Gott］这个词，以迫使他的读者进行哲学思考。尽管如此，黑格尔确实认为精神与上帝的旨意有关。人类在基督教和黑格尔的推测性哲学中开始理解理性的真正的、辩证的特性。

在《自然哲学》（*Naturphilosophie*）中，黑格尔谈到了上帝是世界的创造者。并讨论了上帝和精神之间的关系。

> 上帝有两种启示，一为自然，一为精神，上帝的这两个形态是他的庙堂，他充满两者，他呈现在两者之中。上帝作为一种抽象物，并不是真正的上帝。相反地，只有作为设定自己的他方、设定世界的活生生的过程，他才是真正的上帝，而他的他方，就其神圣的形式来看，是上帝之子。只有在与自己的他方的统一中，在精神中，上帝才是主体。①

黑格尔认为，如果我们对宗教思想进行理性的思考就会发现，在绝对宗教中，上帝的概念之所以深入人心，是因为它是化身的宗教。这种化身的原则，即"神性的牺牲"，是上帝本质的基本普遍真理，而不仅仅是局限于历史时刻的上帝真理。耶稣在那个历史性时刻牺牲了自己神圣性的生命，这种牺牲体现了上帝的普遍真理。人类与上帝有一种非常特殊的关系。"上帝是其共同的精神；他生活在其中，并且是真实的。在这个过程中，精神为自己产生了关于自身的真正概念。"②

---

① ［德］黑格尔：《自然哲学》，梁志学等译，商务印书馆1980年版，第13页。
② Joseph McCarney, *Hegel*: *On History*, London: Routledge, 2000, p. 62.

精神是现实性的或实际存在的，而不是凌驾于事物之上的东西。在目的论上，黑格尔的"上帝"可以理解为倾向于实现理性、自由和自我意识的精神。在绝对宗教中表现出的真理——关于上帝的知识——在精神的概念中得到最充分的体现："上帝是精神，这是这种宗教的内容，也是这种意识的对象。"① 鉴于上帝的观念与绝对真理的统一关系，而精神则通过自否性的运动深刻地宣告了绝对真理。真理就是"绝对精神"，一种自我外化自身、否定自身而又回归自身的辩证运动着的精神。

要理解精神的辩证运动，以及精神与上帝之间的辩证关系，我们需要理解黑格尔的辩证法。黑格尔认为，形而上学、认识论、伦理学、政治学和宗教的关键问题都是与辩证法有关的。辩证法是现实世界和所有关于这个世界的真正知识的动态原则，构成了科学进步的生命和灵魂，只有这种动力才能赋予科学主体以内在的联系和必然性。

辩证法是现有世界中所有运动、所有生命和所有发展的一般原则，绝对精神通过辩证运动演绎出整个世界。绝对精神通过"自否定"的运动，亦即通过抽象规定的自行展开和自行深入、自行运动和自行总结，就表现出一个从终点回归起点的圆圈。因此，黑格尔通过"精神"把自然哲学、逻辑学和精神哲学都统摄进一个体系之中，而宗教只不过是这个体系的一个环节。

精神所具有的对立统一性与自我否定性显现出精神蕴含着思辨特性。精神所具有的对立统一不是前黑格尔哲学所谓的静止的、僵化的对立统一，而是活的、思辨的对立统一。"对立统一已经不再是静止的和平面式的，即通过一个绝对的第三者从外面来调和矛盾，而是

---

① Hegel, *Jenaer Realphilosophie*, Hamburg: Verlag yon Felix Meiner, 1969, p. 268.

一个发展的过程，是精神或生命的自我否定运动，即生命自身在发展过程中呈现出来的统一、分裂和重新统一。对立统一对生命来说不再是外在的东西，而是它自身的发展过程，是它自己的真理。"① "精神"一方面具有了生命所具有的对立统一性，精神实现了诸多对立之有机融合；另一方面，精神具有自我否定的特性，作为精神实体之自我，首先对自身进行纯粹的否定，在此基础上肯定自身，又回归了自身。

三　辩证法的批判性与建构性

在黑格尔看来，绝对精神自我否定自我的运动构成了辩证法运动的核心原则。"自我否定自我"是否定之否定。否定之否定的前一个"否定"意味着矛盾的产生，是对原初对象的扬弃，这是一种形式上的否定；后一个否定则意味着矛盾自身的扬弃和解决，实现了对立面的统一，是矛盾的肯定结果，是一种绝对的否定。前一个否定如果没有后一个否定，就只是一种"形式的否定"，因为这个否定只是发生在自身内部，而未和对象发生关联；但是，第一个否定却是一切真实东西的出发点，"是一切活动——生命和精神的自身运动——最内在的源泉，是辩证法的灵魂"②。第一个的否定不仅仅是一个直接的出发点，同时也是"构成概念外在反思的活动运动的转折点"，它"并不是一种外在反思的行动，而是生命和精神最内在、最客观的环节，由于它，才有主体、个人、自由的主体"③。在这种意义上，否定就不是单纯意义上的否定。它作为一个转折点，而向自身内部进行自我反思，从而回到直接的肯定性，也就是说通过否定的否定把自己建立为一条肯定

---

① 赵林：《黑格尔的宗教哲学》，武汉大学出版社2005年版，第149页。
② [德]黑格尔：《逻辑学》下卷，杨一之译，商务印书馆1966年版，第543页。
③ [德]黑格尔：《逻辑学》下卷，杨一之译，商务印书馆1966年版，第543页。

的原则。第一个否定潜藏和保存着对他所否定对象的肯定。基于概念自我的否定之否定运动,我们可以从以下几个方面理解辩证法的"自否定":

第一,辩证法的"自否定"运动是一种自我否定的运动。"自否定"是一种蕴含着生命原则的概念自身的否定运动,亦即自身否定自身,继而又肯定自身的一个过程。简言之,"自否定"即否定之否定。否定绝不是外在的否定,不是外在的排斥或拒斥,而是统一事物的自我否定。并不是一个事物受到外来的否定,而是这一事物自身否定自身、超越自身又打破自身的肯定或者规定。黑格尔这样描述"自否性":"存在者的运动就是一方面转变为一个他者,并因此转变为它的内在内容,另一方面又把这个展开过程或它的这个实存收回到自身之内,也就是说,存在者使自己成为一个环节,把自己简化为一个规定性。在前一方面的运动中,否定性对实存作出区分和设定,而在后一方面的自身回归中,否定性是特定的单纯性的一个转变过程。"① 这种能够否定自身的运动,很明显是一种蕴含着"生命原则"的运动,是一种本体论意义上的运动。同时,自否性运动是事物自身的运动,而不是借助外在的规定对事物进行描述。

第二,辩证法的"自否定"意味着否定与肯定、批判与重构的统一。自否定即否定之否定,第一个否定的辩证环节,就在于建立包含于其中的肯定与否定的统一,即指明否定和被否定之物的联系,或者说被否定之物存在于否定之中。第二个是向第一个否定所否定的对象的一个回复,但是这个回复已经充实进了否定的环节,它不是一个"静止的第三项",而是对立的统一,是进行进一步分析的泉源。单纯的肯定或者单纯的否定都不可能把握真理本身,而只会陷入谬误。

---

① [德] 黑格尔:《精神现象学》,先刚译,人民出版社 2013 年版,第 33—34 页。

第四章 黑格尔对现代性的改造：个体理性与集体意志的结合

黑格尔认为："它们（形式主义者）认为抽象的孤立的思想概念即本身自足，可以用来表达真理而有效准。"① 片面强调肯定或者否定，把某一认识局限于一成不变的形式中，最终只能使得思想走向抽象和片面。因为作为单纯的点的否定尚未成为一条独立的原则，而否定之否定则成为一条独立的原则，否定作为一种能动性，就从单纯的任意性和消极意义上的自由进入了一条有自己原则的、自己规定自己的自由，从而达到否定或自由的最高形式，也就是达到了肯定与否定的统一。

第三，辩证法的"自否定"运动是一种"圆圈式"的批判运动。辩证法通过"自否定"的运用，亦即通过抽象规定的自行展开和自行深入、自行运动和自行总结，就表现为一个从终点回归起点的圆圈。"科学表现为一个自身旋转的圆圈，中介把末尾绕回到圆圈的开头；这个圆圈因而是圆圈中的一个圆圈；因而每一个别的枝节作为方法赋予了灵魂的东西，都是自身反思，当它转向开端时，它同时又是一个新的枝节的开端。这一链条的片段就是各门科学。"② 黑格尔在他的整个思想体系中运用否定之否定的规律把概念、思维的发展运动描述为一个体系，在运动中发生着从纯粹概念向更加具体、更加有丰富内容的概念的复归；从最初的纯存在到最后的绝对理念是一个完整的圆圈，它由存在论、本质论、概念论三个小圆圈构成，而他们各自又由其他圆圈构成。由此，黑格尔构筑起他那庞大的辩证法体系。圆圈式的体系之中，后一个运动环节是对前一个环节的否定和批判，整个环节又是一个有机的体系。同时这个运动体系是合乎理性规定的体系，即每一个环节都是理性的，每一个环节的运动也是符合理性的。在黑格尔那里，合乎理性的即是现实的，这里的现实是指合乎理性的"现实

---

① ［德］黑格尔：《小逻辑》，贺麟译，商务印书馆1980年版，第95页。
② ［德］黑格尔：《逻辑学》下卷，杨一之译，商务印书馆1966年版，第551页。

性",而不是发生于客观世界中的现实的事实。因此,这里存在着"现实性"与现实存在的张力关系,这种张力即蕴含着黑格尔以"现实性"的合理性,对现实存在的不合理性的批判。

黑格尔认为辩证法的运动是具体的、有过程的、辩证的,应该在对立面的统一中把握对立面。"思辨的东西,在于这里所了解的辩证的东西,因而在于从对立面中把握对立面。"① 所以,黑格尔辩证法在概念的矛盾运动中把握统一,是主体与客体、思维与存在的对立统一。同时,辩证法是"抽象统一"与"具体统一"的统一,是差别与无差别的统一。思辨性就是要承认思维与存在、个体性与普遍性之间的差异,批判"抽象统一"设定的绝对主体或者绝对客体的无限作用。就此而言,辩证法的批判性在于对抽象统一性的批判,这种抽象统一性既包括以理性主体去规定客体的主观统一,也包括以绝对客体去规定主体的客观统一。在批判主观统一(费希特)和客观统一(谢林)的过程中,黑格尔提出了辩证法对思想内容的建构性意义。

生命在与现实达成和解的过程中,首先要做的是对客观现实生活和生命自身的双重批判。这种批判既是对生命自身的批判,生命把自身认识和实践的权力让渡于外在于自身的权威,这种自我堕落首先需要受到批判;同时也是对现实社会的批判,现代社会表面上强调尊重每一个人的主体性,实际上却消解了每一个人的主体性。因此,辩证法需要批判现实的生活和生命自身。同时,在批判之后辩证法要实现生命与现实的和解,因而建构出一套适合生命自身的观念体系。辩证法的科学性就在于它能够在概念中把握存在于我们意识之外的物体,并且批判性地保证意志的独立存在。换句话说,辩证法以概念运动的

---

① [德]黑格尔:《小逻辑》,贺麟译,商务印书馆1980年版,第80页。

逻辑重新创建思想的自我发展，创造思想的精神内涵，以便稍后在现实实践中重新达成理想与现实的和解。

第三节 黑格尔对"主体性"的现代性批判

如何回应和解决现代性的弊病一直是人们关注的重点问题。在这个过程中研究者们从自身的思想视域出发给出了很多的理论建构和应然假定。人们要么希望重新建立一种类似宗教道德伦理的尝试并强加灌输给人们接受；要么试图建立一种"超人"式的主体（例如尼采的"超人"，哈贝马斯的"交互主体"）。然而解决现代性问题的弊病不是要建构一种应然的理论，不是提出一种理想的假设；而应该是从现代性问题的本身出发，深入探究现代性的根本逻辑，在此基础上提出解决现代性弊病的"客观理论"。如果我们可以证明现代性的逻辑本质是"主体性"原则；那么我们就可以得出一个结论，即现代性逻辑的主要意义是确立了"主体性"，而现代性逻辑的消极后果则是使得"主体"抽象化，亦即"主体性"的丧失。

正是在主体性丧失的背景下，异化（Entfremdung），在黑格尔的时代成为人类越来越关注的问题（当然在我们的今天世界里仍然是一个主要问题）。许多人都感到个人与社会的脱节，他们发现实现他们的个性和成为社会的成员这两个目标是相互冲突的分裂的。黑格尔现代性批判思想的一个主要目的是使和他同时代的人与现代社会达成"和解"。"和解"，即克服异化达成和谐一体的过程。更具体地说，和解是克服个人与社会的矛盾对立的过程。尽管黑格尔所处的时代，个人与社会的关系与今天相比发生了一些变化，但有些东西并未发生改变——两者都包含了家庭、社会和国家。所以，黑格尔在批判现代性的"主体性"进而实现个人与社会的和解的做法对今天的我们仍具有重要意义和价值。

一 抽象的形式主体与具体的主体

在康德看来，指导人们进行道德实践的最高法则来自自我的理性，"一切道德概念都完全先天地在理性中有其位置和起源"①。人们进行实践的合理性依据必须基于自我的理性，"如果不是道德律在我们的理性中早就被清楚地想到了，则我们是决不会认为自己有理由去假定有像自由这样一种东西的（尽管它也并不自相矛盾）"②。我们从自我的理性中发现道德实践需要服从道德律而不是服从外在经验世界的偶然性和自我感性偏好。因为只有把人的理性看作高于感性的意见、兴趣、偏好和欲望，自我才能确立一种纯粹的、形式的不受偶然性事件束缚的道德法则。康德指出："如果一个有理性的存在者应当把他的准则设想为实践的普遍法则，那么，他就只能把这些准则设想为这样一些原则，它们不是按照质料，而是仅仅按照形式包含着意志的规定根据。"③当自我的先验理性成为实践的普遍法则，那么社会性的伦理关系及其客观现实就必须被当作一种"偶然性"的材料加以否定，即先验的理性命令是普遍必然性的绝对法则，经验事实只是偶然性的现象。所以康德认为，理性的自我意识中包含了超越自然因果律的自由因果律，这种自由因果律可以规定现实生活中的实践行为。康德的自我尽管也是实践的，但是这种实践是以个体先验理性为法则的实践，自我要想在实践中获得自由必须遵从先验理性。因此，康德的自我是一种纯粹先验理性的自我，只有先验理性的自我制定的"绝对命令"是普遍的、永恒的，而客观现实的丰富材料只是偶然的、特殊的。

---

① 《康德著作全集》第 4 卷，李秋零主编，中国人民大学出版社 2005 年版，第 418 页。
② 《康德著作全集》第 5 卷，李秋零主编，中国人民大学出版社 2006 年版，第 5 页。
③ 《康德著作全集》第 5 卷，李秋零主编，中国人民大学出版社 2006 年版，第 28 页。

第四章 黑格尔对现代性的改造：个体理性与集体意志的结合

以黑格尔之见，康德的先验理性自我超越社会现实，因而是一种纯粹的自我（Pure Ego）。"我乃是一纯粹的'自为存在'（Fürsichsein），在其中任何特殊的东西都是被否定或扬弃了的。这种自为的我，乃是意识中最后的、简单的、纯粹的东西。我们可以说：我与思维是同样的东西，或更确定地说，我是作为能思者的思维。"① 作为主观的自我所听从的不再是感性实践所获得的现实经验，而只是服从个体性的理性道德律。因此，康德的实践超越社会经验中的偶然事实，只服从纯粹理性自我设定的法则。进而，康德通过纯粹自我建构了道德实践的理性基础，进而为现代性的道德基础提供了前提。

康德的理性自我曾经给黑格尔带来了很大的影响，伯尔尼时期的黑格尔曾经试图以康德的道德律令去改造《圣经》和宗教律令，甚至一度把耶稣改造为古代的"康德"和伦理学意义上的教师。但是，伴随着对社会现实关系的认识不断深入，黑格尔逐渐意识到康德的理性自我缺乏社会实践的伦理基础。正如匹兹堡大学恩斯特龙教授（Engstrom）指出，道德实践所服从的法则"不仅要理解为行为的道德律令，而且还要理解为应用善观念的有效性标准"②。如果我们只强调纯粹性的道德律令，而没有对道德律令或者善观念在社会关系中应用和实践，这很容易导致形式与内容、理论与社会实践的分离。伯纳德·威廉斯（Bernard Williams）也批评过康德把理性自我看作实践基础的做法，"应该把一个人看作理性的，是先验自明的，这是包括功利主义思想在内的康德主义者的一个缺点"③。只强调自我的道德实践从先验理性出发就是自明的，而忽视了现实的社会实践关系，这很明显是一种个人与社会伦理关系的分离。

---

① ［德］黑格尔：《小逻辑》，贺麟译，商务印书馆1980年版，第81页。
② S. Engstrom, "The Concept of the Highest Good in Kant's Moral Theory", Philosophy and Phenomenologica Research, Vol. 52, No. 4, 1992, pp. 747–780.
③ Bernard Williams, *Mroal Luck*, Cambridge: Cambridge University Press, 1982, p. 10.

黑格尔强调，自我要成为伦理思想的基础必须克服两个方面的矛盾。第一，要克服理论与现实之间的矛盾，自我从理性出发所设计的实践理论需要经得起社会客观现实的检验；第二，要克服个人与群体之间的矛盾，自我作为个体性的理性存在者需要把自己的主观意志与整个社会的普遍意志综合起来进行考虑。所以，黑格尔认为自我只有在社会伦理关系的实践中才能真正实现自身。具体而言，自我只有扬弃自身的主体性进入社会性的实践关系，才能实现个体性与社会性的统一。进而，自我在社会伦理关系的客观现实和丰富内容中实现自身。艾伦·伍德（Allen Wood）这样评价黑格尔的转向以及康德与黑格尔的差异："康德及其观念论的追随者们将个体的身份视为一种理性建构。"而在黑格尔那里，"人类的自我意识不仅是对我实际存在的意识，同时也是对我努力想要成就和努力想要做的事情的意识一样"[①]。在黑格尔看来，自我的真正满足不只是基于理性的绝对律令，不只是把自我的主观目的现实化、实体化；同时也是把自我置于个体性与社会性的关系实践中实现其本质。因此，黑格尔的自我是一种社会伦理关系中的现实自我，这种自我是对康德纯粹先验理性自我在社会伦理关系中的现实化和具体化。

在这里黑格尔实现了从纯粹先验理性的自我到社会伦理关系中的自我的发展。现代性的理性逻辑把自我抽象化，而黑格尔则试图实现抽象理性自我在社会伦理关系中的现实化。黑格尔提出："由于社会需要作为直接的或自然的需要同观念的精神需要之间联系的需要，……而人就跟他自己的、同时也是普遍的意见，以及他自身造成的必然性发生关系，而不是跟仅仅外在的必然性、内在的偶然性以及任意性发

---

① Allen Wood, *Hegel's Ethical Thought*, Cambridge: Cambridge University Press, 1990, p. 20.

第四章 黑格尔对现代性的改造：个体理性与集体意志的结合

生关系。"① 自我不仅仅只是满足自我的精神需要，同时也要满足自我的社会需要和身体的自然需要。要做到这一点，自我必然地与社会发生关系，在个人与社会的关系中确证自身，而不是仅仅考虑理性的道德律对自己的指导。"由于个体自身的主观满足（包括他的声望和荣誉得到承认在内）也包括在对自在自为的有价值的目的实现中……主体是什么，就是他的一系列行为。……如果他的一系列行动是有实体本性的，那么，个体的内在意志也是具有实体本性的。"② 个体的主观目的需要与社会伦理关系的"实体性"目的达成内在的一致性，个人的主观诉求需要与社会的普遍性价值相一致。艾伦·伍德指出："黑格尔认为，可以将个体的努力自身理解为积累性的和集体性的，理解为人类自身为了理解其本质，为了获得本质得以实现的严格意义上的客观形态，从而做出集体追求的各个方面。"③ 对黑格尔来说，对自我的实践关切通常有着具体的社会和集体关切，或者说，自我关切是一种普遍关切，是一种有社会性和集体性利益诉求的关切。人类个体自我的各种追求可以汇集在一起，被理解为一种集体性和社会性的普遍诉求。黑格尔称这种个体自我追求的汇集是一种集体性主体的追求，这种集体性主义的追求即精神（Geist）或者客观精神。黑格尔在《法哲学原理》中指出，"客观精神"即"现实的理念，即精神，把自身分成其概念的两个理想性领域，即家庭和市民社会，处在它的有限性中的精神，为了超出其理想性而自为地成为无限现实的精神，以此而把它的这种有限的现实材料，即个体作为群众，分配给上述两个领域，结果这种分配对于单个人来说，就显得是以情境、任性和自己对本身使命

---

① [德] 黑格尔：《法哲学原理》，邓安庆译，人民出版社 2017 年版，第 339 页。
② [德] 黑格尔：《法哲学原理》，邓安庆译，人民出版社 2017 年版，第 225 页。
③ Allen Wood, *Hegel's Ethical Thought*, Cambridge: Cambridge University Press, 1990, p. 19.

的选择为中介的"①。黑格尔在这里把家庭、市民社会和国家都看作客观精神的表现形态，个人本质的真正实现只有在家庭、社会和国家这些现实的社会伦理关系之中才有可能。

不过，这里同时给人们一种误解，即黑格尔的客观精神强调的是集体和社会的利益，进而黑格尔的伦理思想也是强调"社会性"和集体的利益，而"个体性"和私人的利益仿佛被忽视了。很多学者包括艾伦·伍德都认为，这种误解有一定的道理，因为黑格尔的《法哲学原理》主要探讨的是客观精神而不是主观精神，所谓的客观精神是一种关于"总体性"的社会生活的理性形而上学思想，而不是有关个体行为和个体思想的理论。黑格尔自己也曾经说过："在谈到自由时，不应从单一性、单一的自我意识出发，而必须单从自我意识的本质出发，……单一的个体只是环节罢了。"②所以黑格尔给人的印象是只强调社会性，而不强调个体性。事实上，黑格尔的伦理思想确实要求个体为社会和集体做贡献，而不是片面强调如何满足私人的利益。

然而，如果我们深究黑格尔在《法哲学原理》中所描绘的伦理理论的最终目的就会发现，黑格尔并不只是为了满足集体的目的，同时也为了满足自我的目的。在黑格尔那里，作为集体最高表现的理性国家之所以是黑格尔所强调的伦理思想的目的之一，是因为自我的本质可以在理性国家中真正实现。黑格尔说，"国家的目的在谋公民的幸福"③，"就国家的目的是普遍的利益本身并在其中把对特殊利益的保存作为其实体而言……当它把各种特殊利益纳入各自效力的概念差异中时，这些差异通过它们的实体性也同样形成了种种现实的固定的规定，就是权力"④。国家的目的即实现人类的普遍利益，而人类的普遍

---

① [德]黑格尔：《法哲学原理》，邓安庆译，人民出版社2017年版，第393页。
② [德]黑格尔：《法哲学原理》，邓安庆译，人民出版社2017年版，第388页。
③ [德]黑格尔：《法哲学原理》，邓安庆译，人民出版社2017年版，第395页。
④ [德]黑格尔：《法哲学原理》，邓安庆译，人民出版社2017年版，第398页。

利益的实现又包含着个人的特殊利益。这里的特殊利益是指实现个体的真正的本质和自由,只有通过国家,进入国家,个体的利益和自我本质才能真正得到实现。"单个人的自我意识由于它具有政治情绪而在国家中,即在它自己的实质中,在它自己活动的目的和成果中,获得了自己的实体性的自由。"① 个人进入国家,才获得了真正的自由,正是在这一意义下,黑格尔才强调把个人置于个人、社会和国家的社会伦理关系之中进行理解。"在这种普遍自由的状态中,当我映现到我自己内时,我就直接映现到对方之内,而反过来,在我使自己与对方联系时,我就与我自己联系。"② 自我只有在与对方的联系之中才能与自己联系,这里的对方并不是实践的手段和对象,而是与自我平等的他我。以社会和国家的伦理关系为场域,自我才能在自我与他我的关系中实现自我的真正本质。此时,自我就不再是先验理性规定下的自我,而是一种伦理关系中有具体内容的、普遍性的、社会性的自我。

综上,康德的自我是一种纯粹的自我,这种纯粹自我选择按照理性规定为善的东西去实践③,进而以理性的自我去规定社会,这也是现代性逻辑的典型表现;而黑格尔的自我则试图把康德意义上的纯粹自我置于社会伦理关系之中,构建一种社会性的自我,奠定现实伦理实践的根基,进而批判现代性的弊病。

二 个体自我的实践与自由

从纯粹个体性的自我到普遍性的自我的上升过程中,自由成为必然环节和结果。黑格尔把希腊化时期的斯多葛主义、怀疑主义和中世

---

① [美] 布尔克:《西方伦理学史》,黄慰愿译,华东师范大学出版社 2016 年版,第 253 页。
② [德] 黑格尔:《精神哲学》,杨祖陶译,人民出版社 2015 年版,第 207 页。
③ 《康德著作全集》第 5 卷,李秋零主编,中国人民大学出版社 2006 年版,第 67 页。

纪的苦恼的意识看作个人努力实现自由的三个阶段，在希腊化时期个人内在本性的压抑使得人们开始追求实现自我的普遍性本质——自由。黑格尔认为只有在伦理世界之中，个人在对方中意识到自我意识，自我在普遍性的自我意识之中建立起来，进而在一种普遍性的社会伦理关系之中才能实现自由。正如有学者所言："自由是一个自我建构、自我实现的存在论结构（Ontological Structure），当且仅当自我是自由的，因而能自我决定自我，自我才能成为自我。没有自由，便没有真正的自我。"① 无论是康德还是黑格尔都强调在伦理学中自由是对自我的进一步规定。这种看法异于传统自由主义的观点，传统自由主义一般认为，"自由"通常是指自我在私人领域中的权利，即个体在私人领域中可以根据自己的意愿不受他人尤其是不受国家的干涉而做一切事情的权利。自我和自由是一对密不可分的范畴，对自由主义者而言，重视自由意味着强调针对个体自我的合法干预有特定的范围。自由主义者对国家持一种警觉和提防的态度，即认为如果个体自我不以足够的警惕心来提防国家，那么国家就会侵犯个体自我在私人领域的权利。与之相对，黑格尔认为自由不是对国家的提防，相反国家是个人实现自由的保证。黑格尔批评自由主义者对国家干预个人的行为进行划界的做法，认为我们很难界定国家管制与个人权利之间的范围；相反，如果我们过分提防国家的干预和管制会使得我们的自由受到损害。在黑格尔看来："国家自在自为地是伦理性的整体，是自由的现实化；而自由之成为现实乃是理性的绝对目的。"② 国家是人们的"自由"精神的现实化体现，现代国家存在的绝对目的就在于实现个人的自由，国家的意志与个人的自由是内在统一的，并且只有在国家中个人的自由才能真正得到实现。

---

① 黄裕生：《论自由与伦理价值》，《清华大学学报》（哲学社会科学版）2016 年第 3 期。
② ［德］黑格尔：《法哲学原理》，邓安庆译，人民出版社 2017 年版，第 387—388 页。

第四章　黑格尔对现代性的改造：个体理性与集体意志的结合

相较于传统自由主义，康德认为对自由的定义不能仅从世俗的法律和权利等方面出发，而应该从纯粹的自我出发。正是由于自我的意志和实践行为受到纯粹先验理性的规定，自我才可以自由地决定自己的行为。因此，自由就是服从于自我的理性，而不是服从于外在的他者。就此而言，自由是自我实现自我本性的表征。因此，在康德那里，自由首先是指一种能够依据自己的意志选择做某件事或者不做某件事、做这件事或那件事的能力或可能性（Possibility）。康德认为自由意味着我们的意志和行为的选择只是受制于我们自身，而不受外来的束缚。只有当我们的意志仅仅受到纯粹的实践理性支配，而不受到外物的支配的时候，自我才是自由的。这时候的自由是一种超越了自然因果律的先验自由（Transzendentale Freiheit），是一种绝对的自发性（Absolute Spontaneität）。作为理性存在者"能够从一切外在东西和它自己的外在性、它的定在本身抽象出来；它能够忍受对其个体的直接性的否定，忍受无限的痛苦，就是说，能够在这种否定性中肯定地保持自己，而且能够自为地是统一的"①。自我依靠自己的理性摆脱欲望、爱好等自然因果律的束缚，从自身的欲望中抽离出来进而规定自己的行为。因此，这种绝对的自发性意味着除了要超越自然形式的束缚之外，还要给自己以肯定性的自我规定。自我必须自我规定，为人类的道德实践行为建立可能性的条件。这种自我规定自我、自我自主选择的能力，就是人的决断（Willkür/Arbitrium）能力。决断意味着自我可以摆脱自身的自然本性和动物性的束缚而进行独立的选择。就此而言，这种决断对于感性强制的独立性就是"实践意义上的自由"（Die Freiheit im praktischen Verstande）②。自我给自我的规定是实践理性中的"自律"，而不是"他律"。在此基础上，康德进一步规定了"自律"和

---

① [德] 黑格尔：《精神哲学》，杨祖陶译，人民出版社2015年版，第17页。
② 《康德著作全集》第3卷，李秋零主编，中国人民大学出版社2004年版，第354页。

"自由"的关系，康德认为"自律"是自由的实现。"康德将自由定义为意志的原因性属性，借此它能够独立于外在原因起作用，强调为我所加，或是作为纯粹理性的能力，它自身是实践的。对康德来说，只要有成为自律的能力，我们就是自由的，不管我们是否能通过自律地行动践行自由。"① 道德实践的发生在实践之前就被决定了，因为道德实践需要服从于理性自我制定的道德法则。只有服从于理性的法则进行实践，才能体现自由意志和自我决定自我的能力。所以在康德那里，自由首先是指一种可能性或者是一种自己的理性可以支配自己的能力；其次，实现了的自由的则是一种依据理性法则实践之后获得的自由。

受康德影响，黑格尔认为实践的根据和原因是自我，进而，自由是自我决定自我的实践。"自由正是在他物中即是在自己本身中、自己依赖自己、自己是自己的决定者。"② 自由是精神自我（理性）规定自我意志、自我决定自我的实践行为。自由意志以普遍性——作为无限形式的自身——为其内容、对象或目的。自在自为的意志是真正无限的，因为它的对象就是它自身，因此它的对象不是有限的他物。对黑格尔来说，实体的自由意志是"意愿自由意志的自由意志"。只有当意志不"意愿"任何其他的、外在的、外来的东西时，它才是自由的。所有的理性存在者都具有实现肯定性自由的能力，能够将其自身同他的一切欲望、冲动、希望等分离开来，并且做出与欲望等相背离的行动。尽管欲望可以规定自我在现实生活中去做的事，但自我却可以自主地选择去做还是不去做这件事。

自我可以规定自己的行为，并且服从自己为自己的行为制定的道

---

① Allen Wood, *Hegel's Ethical Thought*, Cambridge: Cambridge University Press, 1990, p. 39.
② ［德］黑格尔，《小逻辑》，贺麟译，商务印书馆1980年版，第93页。

第四章 黑格尔对现代性的改造：个体理性与集体意志的结合

德律。从这一点而言，黑格尔的"自由"同康德一样是一种肯定个体的自由意志，肯定自我对自我的规定，肯定自我的自主选择和决断的自由。进言之，二者都强调一种肯定的自由，社会现实生活中因为受到各种外来因素的影响，自我只能肯定纯粹理性的能力才能获得自由。

所以在黑格尔那里，首先，自由的实现需要遵从自我的理性，亦即要达到自我肯定自我的自由。意志在自身之外必定不拥有其他东西，哪怕是作为对象或目的。康德明确承认实践理性的肯定的无限性，具体来说，他认为意志具有一种以普遍的方式，即以思维的方式自己规定自己的能力，这种能力无疑是意志拥有的。黑格尔同样认识到，人只有在拥有这种能力，并且把它应用于自己的行动时才是自由的。然而，当人们具备了肯定的自由，只是具备了实现自我规定、自我选择、自我决断的能力和可能性，并不意味着人们就真实地具有了自由。美国实用主义者物米德（G. Mead）指出："这里（基于肯定自由）所发生的一切都是依据自由因果法则而发生的。每个结果都是这一实践的先行原因的必然结果。因此，自由不可能在我们所认知的经验世界中发现。"① 如果只是停留于纯粹理性之中才能获得自由，那么这种自由对于我们的现实经验世界就是没有意义的。因为脱离了人与社会、人与国家的关系，这种自由只是一种自我肯定的主观自由（特殊自由）。

其次，黑格尔认为，自由的实现需要进入社会伦理关系的实践中才有可能，亦即要达到否定自由的环节。"在这个环节中，自我从无区别的无规定性过渡到区分，过渡到设定一个规定作为一种内容和对象。"② 肯定的自由作为第一环节只是自我无差别地肯定自己有自由决

---

① G. Mead, *Movement of Thought in the Nineteenth Century*, Chicago: The University of Chicago Press, 1938, p. 66.
② ［德］黑格尔：《法哲学原理》，邓安庆译，人民出版社2017年版，第42页。

断、自我选择和实践的能力和可能性,而否定的自由指称我们在现实实践中否定自己主观的自由意志,在此基础上重新规定自我。康德同样意识到,自由不能仅仅停留于肯定自由的阶段;自我要走出主观的意志,上升到自律的环节,才能真正获得自由。黑格尔在康德思想的基础上进一步指出,自我否定了主观的意志之后,要与客观的他物(家庭、社会、国家)发生实质上的关系。正如麦金泰尔所言,"只有在自我与他者的关系之中,并且通过这种关系我们才能成为并且持续成为实践性的理性存在者,只有在与他者的关系之中,并且通过这种关系,我们才能对我们的信念、概念和预设进行批判性的研究"①。黑格尔的否定自由是一个基于伦理实践关系的范畴。它包含自我、对象(宽泛意义上的对象)和自我的合乎理性的实践等多种关系范畴,而不是像康德所说的仅仅指自我的合乎理性的实践。黑格尔的自我依赖于社会性才能显现个体性的真正本质,自由同样需要在社会的总体性中才能显现个体性的本质。或者说,个体自由的实现是在"社会性"中展现自我的本质。就此意义而言,否定自由是一个社会关系属性的范畴,是一种普遍性的自由。

最后,自由的实现需要在否定自由意志的主观性与社会伦理关系的客观普遍性的基础上实现个体性与社会性的统一,亦即达到否定之否定的自由。单纯强调自由意志的主观性,不过是由肯定自我具有实现自由的能力。单纯强调社会关系的客观性,不过是由否定自由意志的主观性上升到普遍意志的客观性。以社会关系的普遍意志作为单纯的对象,不过是自我的"他者",也就是自我的对象。只有当对象(各种社会伦理关系)被整合进自我的合乎理性的实践中时,对象的他者属性才能被超越。"作为把自身与自身相关联的否定性,从而是把自己

---

① MacIntyre A. C., *Dependent Rational Animals: Why Human Beings Need the Virtues*, Chicago: Carus Publishing Company, 1999, p.156.

规定为单一性的普遍性即在这种普遍性中把一切特殊性和规定性统统扬弃掉的否定性,这是绝对地自己规定自身的根据。为了把握主权,一般必须内在地拥有这个概念,即实体是什么和概念的真实的主体性是什么的概念。"① 基于合乎理性的实践,只有当对象属于这一实践,成为自我的部分时,自我在对象中才是自由的。所以,否定之否定意味着它走出自身(否定自由意志的主观性),与他物发生实践关系,但是又不依赖于他物(否定社会关系的客观普遍性)。不依赖他物,亦即完全根据自己的意志规定外在于自身的他者和自我的意志。只有在否定自由意志的主观性和社会关系的客观性的基础上将主观的自我与一系列包含客观对象的合乎理性的实践统一起来,自我才能实现自由。换言之,自我在这里既否定了主观性的自由意志,也否定了客观性的社会关系,实现了否定之否定的自由,即获得了真正的自由(实体性的自由)。

三　个人幸福与集体利益

当我们从自我和自由这两个范畴探讨黑格尔对现代性的个体性原则的批判,并且认为黑格尔伦理思想实现了现代性的个体性与社会伦理关系的结合;那么,幸福就成了我们探讨自我和自由之后的必要范畴。因为幸福概念一方面代表着黑格尔伦理思想中自我实现自我本性的结果,自我本性的实现即获得了实体性的自由,即获得了幸福;另一方面代表着黑格尔把现代性原则中的个体性在社会伦理关系中实现出来之后,进一步向前发展现代性原则的关键环节。

康德在规定人的本性时区分了自然本性和自由本性,认为二者分别受到自然因果律和自由因果律的规定,自由不是对欲望、爱好、兴

---

① [德] 黑格尔:《法哲学原理》,邓安庆译,人民出版社 2017 年版,第 421 页。

趣等自然本能的满足，而是对理性规定的实践。基于自由律与自然律的区别，康德区分了两类幸福。一类是从自然本性出发的幸福，罗尔斯将其概括为"我们的自然欲望合理地得到的有序的满足"①。另外一类是从自我本性出发的幸福。从柏拉图以来的古希腊伦理学传统把幸福界定为如下的生活："人类在其中能做最适合于人性之事和拥有最适合人性之物。幸福（Eudaemonia；Happiness）的生活就是人类自我实现的生活。"② 幸福的生活即人类实现了自我的本质的生活，或言之，人类实现自我本质的结果即幸福。在康德那里，自我的理性首先超越了自然本性，而实现自由本性，进而能够实现一种超越"纯粹动物性"的幸福；其次，自我的能力能够判断幸福是否值得，"一个有理性且无偏见的旁观者，甚至在看到一个丝毫没有纯粹的和善的意志来装点的存在者却总是称心如意时，决不会感到满意。这样，看起来善的意志就构成了配享幸福的不可或缺的条件本身"③。

康德认为，在现实生活中人们不需要理性法则的命令，无须思考何谓人类自我的本质，就会追求一些发自于自然本性的幸福。"求得幸福（Glückseligkeit），这必然是每一个有理性但却有限的存在者的要求，因而也是他的欲求能力的一个不可避免的规定根据。"④ 这里所说的幸福与自我的自由本性无关，而是自我的自然本性的实现，因此，在康德看来这种幸福会破坏道德，"个人幸福……向道德提供的动机正败坏了道德"⑤。对道德的破坏实质上是对自我的理性规定和自由本性的破坏。阿伦·伍德把这种幸福称为抽象的幸福，这种抽象

---

① ［美］罗尔斯：《道德哲学史讲义》，张国清译，上海三联书店2002年版，第209页。
② Allen Wood, *Hegel's Ethical Thought*, Cambridge：Cambridge University Press，1990，p. 53.
③ 《康德著作全集》第4卷，李秋零主编，中国人民大学出版社2005年版，第400页。
④ 《康德著作全集》第5卷，李秋零主编，中国人民大学出版社2006年版，第26页。
⑤ 《康德著作全集》第4卷，李秋零主编，中国人民大学出版社2005年版，第450—451页。

的幸福赋予具体经验的特殊欲求以普遍性的形式，只包含自然本性的某种共同之处，也就是在特殊物之间的相似性和普遍性。因此，"这种抽象的幸福理念只是单纯的'抽象的普遍物'；他自己的幸福理念是真正的普遍物，真正的普遍物是'自我规定'或'自我确定'的，它是个别事例的最终依据"[①]。"抽象的幸福"之所以存在缺陷，是因为它作为一种普遍目的，只是把人们的经验性目的（生活中的各种欲望）协调起来并形成整体，而不是把自我发自本性的目的作为追求的目标。

所以在康德那里，这些经验性的目的或者欲望是外在于人的自由本质的，或者说这些经验性冲动与自我的本质规定相违背。因为这些经验性的目的只是基于人们在日常生活中的各种欲望产生出来的，而不是基于人的自我本质规定产生出来的，因此不具有真正的"普遍目的"要求的"规定性"。与之相对，康德认为，真正的幸福是指理性的自我因为行为符合自由的意志而产生的幸福感，这种幸福感体现出自我的合乎理性法则的实践和自由选择，在自然本性与自由本性之间选择了自由本性。基于生活中的经验冲动而来的欲望只能得到抽象的幸福，因为欲望冲动的满足只能获得短暂的快乐，随之而来的是无尽的空虚；只有被自由本性规定的欲望才能够实现真正的幸福。这种合乎自由本性的规定亦即合乎道德法则的规定，康德因此指出："幸福……是在任何时候都以道德上合乎法则的行为为前提条件。"[②] 基于生活冲动的欲望只是为了满足人的生物本能，而从人的"自我规定"出发、合乎自由本性和道德法则的实践才能实现真正的幸福。因此，康德认为，需要服从道德法则的规定才能获得幸福。

[①] Allen Wood, *Hegel's Ethical Thought*, Cambridge: Cambridge University Press, 1990, p. 63.

[②] 《康德著作全集》第 5 卷，李秋零主编，中国人民大学出版社 2006 年版，第 118 页。

而这种超越自然欲望的自由本性的幸福的实现需要借助上帝公设、灵魂不朽和法权。上帝的公设和灵魂不朽从宗教层面确保了人们按照自由的本性去实践、获得幸福；法权则在此岸和现实世界中确保人们按照自由的本性实践、获得幸福。康德并不仅仅考虑幸福如何在彼岸实现，更重要的是康德认为合乎自我规定和自由本性的道德实践如何在此岸实现幸福。在这里，康德引用法权来保障幸福在此岸的实现，"法权上的正派（Honestas Iuridica）"在于：在和他人的关系中维护自己作为一个人的价值的那种价值，这种义务是由如下命题来表述的：不要让你自己成为他人的纯然手段，要对他们来说同时是目的"①。法律能够保证每一个人作为目的，而不是手段；自我能够按照道德法则去实现自己的自由，进而追求幸福，而不会受到妨碍。

黑格尔赞同康德关于幸福是自由本性的实现的规定，认为幸福与自由密不可分。幸福"给这种素材带来形式的普遍性，并且用这种外部方法对这种素材加以清洗，以去除其粗糙性和野蛮性。这种对思想之普遍性的推动，就是教养的绝对价值"②。幸福这一发自自我的本质规定的普遍性就是意志和自由。关于幸福的理念同时是关于"自由意志规定的合理体系"③ 的理念。"自由意志规定的合理体系"即实体自由的实现体系。因此，幸福的"真理"是意志的自由，"是意愿自由意志的自由意志"。追求幸福的背后，是一种想要显示自我的"普遍性，即一切冲动的体系"④ 的渴求。不过，黑格尔的伦理学不同于康德的地方在于，他的伦理学是一种自我实现的理论，而不是一种目的论的理论。因此，黑格尔的伦理思想不是从识别行动的有意识的目的开始，而是从想要实现自身的行动者的观念开始。

---

① 《康德著作全集》第 6 卷，李秋零主编，中国人民大学出版社 2007 年版，第 245 页。
② ［德］黑格尔：《法哲学原理》，邓安庆译，人民出版社 2017 年版，第 60 页。
③ 参见［德］黑格尔《法哲学原理》，邓安庆译，人民出版社 2017 年版，第 59 页。
④ 参见［德］黑格尔《法哲学原理》，邓安庆译，人民出版社 2017 年版，第 59 页。

第四章 黑格尔对现代性的改造：个体理性与集体意志的结合

所以，一方面黑格尔赞同康德，认为基于自由本性和道德法则规定的幸福不是为了满足我们基于自然本性而产生出来的各种欲望，而是发自自我的本质规定、符合自由本性的道德实践。"福在这一理念中不具有自为的作为单一的特殊意志之定在的有效性，而只是作为普遍的福和本质上作为普遍自在的、即根据自由存在的东西，才有有效性。"① 幸福作为主观性的特殊目的要想获得实在性，就需要上升为普遍的基于自我的本质规定的幸福（善）。无论是康德还是黑格尔都认为，幸福应该是先验理性的自我按照绝对的道德律令实现自我的本性而得到的结果，自由是意志为自身追求幸福设定的客观内容。

另一方面，黑格尔不同于康德的地方在于，他们关于自由的理解不同，实现自由的方式不同，获得幸福的方式也就存在很大不同。康德自由的实现是基于自我的理性规定、自我决断的能力和自律，进而康德试图通过上帝公设、灵魂不朽和法权保证个人幸福的实现。而黑格尔自由的实现则是基于个人与集体（社会、国家）的伦理关系，而法权、道德都需要在国家这个伦理实体之中才能保证个人幸福的实现。黑格尔指出："这里我们所考察的法是形式法，福是单个人的特殊的福。所谓普遍的最好东西、国家的福祉，也就是现实而具体的精神的法，属于一个完全不同的领域，在这个领域，形式法以及单个人的特殊福气和幸福同样都是次要的环节。"② 作为形式法的法权和作为主观特殊性的幸福需要上升到自在自为的国家福祉。经历了这一上升环节之后，也就是说个人的幸福追求置于社会伦理关系的实践之后，个人的幸福才能真正获得。因此，黑格尔把国家看作实现个人幸福的必然环节，他说："现代国家的本质在于，普遍物是同特殊性的完全自由和

---

① ［德］黑格尔：《法哲学原理》，邓安庆译，人民出版社2017年版，第236页。
② ［德］黑格尔：《法哲学原理》，邓安庆译，人民出版社2017年版，第229页。

个体的福祉相结合的,所以家庭和市民社会的利益必须统合于国家。"①国家作为社会伦理体系的最高环节保证了个人幸福的主观诉求和集体福祉的普遍意志达成内在一致。

所以,黑格尔是在社会伦理关系的实践中理解幸福,幸福理念的真正功能,是使我们在社会伦理关系中真正获得"实体的自由"。"在纯化冲动这一要求中存在着普遍的看法,认为应该把冲动从它们直接而自然的规定形式以及从它们内容的主观东西和偶然东西中解放出来,返回到它们实体性的本质。这是一个无规定性的要求,其实它的真意在于,冲动应该成为意志规定的合理体系。"② 这种自由意志规定的合理体系是一种社会伦理关系的体系,在人们获得幸福的过程中,自由意志同时也在社会伦理关系中实现自身。黑格尔在《法哲学原理》一书中详细描绘了"社会伦理关系"与自由意志规定下的幸福的关系。在这个关系中个人幸福的实现主要从家庭、市民社会和国家之中的抽象法权、道德和伦理义务方面的诉求中产生。自我要真正实现自我的本质,即获得实体的自由(同时就获得了幸福),就需要考虑家庭、市民社会和国家中的伦理体系。自我作为一个有着自我意识和理性的自由个体而言,所追求的幸福绝不仅仅是满足于自己私利的各种欲望,而是要在社会伦理关系中实现自我的真正本质。

就这一意义而言,个人的自由与他人的自由、与国家的意志是内在统一的,个人自由的实现就是国家意志的诉求,个人的幸福即社会和国家的福祉(善)。所以,黑格尔认为,"由于个体自身的主观满足(包括他的声望和荣誉得到承认在内)也包括在对自在自为的有价值的目的实现中,所以认为只有这样的目的才显得是可欲和可达的要求,就如同那种认为客观目的和主观目的在意志中是相互排斥的见解一样,

---

① [德] 黑格尔:《法哲学原理》,邓安庆译,人民出版社2017年版,第390页。
② [德] 黑格尔:《法哲学原理》,邓安庆译,人民出版社2017年版,第59页。

第四章 黑格尔对现代性的改造：个体理性与集体意志的结合

两者都是抽象理智的一种空洞的主张"①。我们不能脱离绝对价值和人的本质去空谈个人的主观欲望的满足，也不能只强调善的绝对价值和理想而忽视了个人的主观感受。因此，自由意志追求幸福的主观目的与实现人的本质、绝对价值是内在统一的。"如果我是绝对自由的，我就想要得到幸福，因为我的幸福是一个自由且理性的欲望体系的对象，在这个体系中，不仅包含他人的权利与福利，也包含共同体的善。"②个人的幸福和权利与家庭、市民社会和国家的普遍性福祉——"善"在社会伦理关系中达成内在的一致性。

> 善就是作为意志概念和特殊意志之统一的理念；在这个统一中，抽象法正如福和知识的主体性及外部定在的偶然性一样，都作为自为的独立的东西被扬弃了，但它们本质上仍然在其中被包含和保存着。所以善就是被实现了的自由，是世界的绝对终极目的。③

共同体的善是个体的自由意志追求的终极目的，同时也通过特殊意志而成为现实的必然性。因此，这种普遍性的善能够统摄特殊性的幸福。要获得真正有效的幸福，需要保证幸福一方面作为特殊性与善的普遍性有区别，另一方面又作为特殊性从属于善的普遍性。

黑格尔并不希望牺牲个体的利益去满足集体的意志诉求，也不希望国家蜕变为个人权利的"守夜人"。现代国家和共同体存在的目的应该是积极地满足个人的权利和自由，而个人自由的实现离不开现代国家和共同体的强有力保障。二者不是相互限制的两极，而是内在利益

---

① ［德］黑格尔：《法哲学原理》，邓安庆译，人民出版社2017年版，第225页。
② Allen Wood, *Hegel's Ethical Thought*, Cambridge: Cambridge University Press, 1990, p. 71.
③ ［德］黑格尔：《法哲学原理》，邓安庆译，人民出版社2017年版，第235—236页。

一致的一个有机统一体。黑格尔的探索对于我们思考在现代国家中如何处理"个体性"和"社会性"的关系无疑具有重要借鉴意义。现代政治体制下，人们过于强调自我的"个体性"和权利，从而对国家权力持提防态度，而忽视了国家和共同体的普遍意志对维护个人自由的重要意义。在西方新自由主义的伦理实践遭遇危机的当今时代，我们需要意识到，构建个体性与社会性有机统一的现代国家伦理体系，进而实现个人主观意志与国家普遍意志有机结合，是个体自我在现代国家中实现真正自由、享有幸福生活的必由之路。

当然，黑格尔认为个人与集体能够实现有机统一的根本原因在于二者都是绝对精神外化自身又回归自身的环节。简言之，黑格尔认为个人与集体相统一的中介是绝对精神；而绝对精神之所以能够承担这一角色是因为它既是宗教信仰中的最高对象（上帝），又是人类认识和实践的最高真理。或言之，绝对精神是理性与信仰的统一。正是因为绝对精神的中介作用，个人与集体才能够实现有机的统一。因此，我们需要进一步探索黑格尔的绝对精神如何实现信仰与理性的联姻，进而为个人与社会的统一提供保障。

第五章　黑格尔对宗教的现代性改造：宗教的理性化

　　黑格尔思想成熟后对现代性的批判既包括对现代性弊病之根源的批判性分析，也包括对现代性逻辑原则的改造和对现代性危机的拯救。而拯救的方法，除了重塑现代性的理性逻辑以指导人们的日常生活之外，还包括改造宗教以和解日常生活中遭遇的价值信仰危机。黑格尔思想的一生可以被看作改造宗教以适应当下时代精神的一生。"在他的一生中，黑格尔一直在努力阐述一种宗教概念，这种概念可以为一个迅速转变、经常支离破碎的现代社会提供凝聚力。"[①] 黑格尔在思想早期试图把基督教改造为主观宗教和民众宗教以适应当代社会。尽管在耶拿时期之后，黑格尔更多地探索如何在改造理性逻辑的过程中克服现代性弊病，不过改造宗教以适应当代社会仍然是黑格尔重要的思想任务。最终在1827年《宗教哲学讲演录》中，黑格尔再次探讨宗教对现代社会的意义，并且通过思辨体系和辩证法实现了对宗教的现代化改造。在《宗教哲学讲演录》中，黑格尔强调现代宗教精神能够为社会和谐发展提供凝聚力，因此不能仅仅把宗教当作统治工具或意识形

---

　　① Thomas A. Lewis, *Religion, Modernity, and Politics in Hegel*, New York: Oxford University Press, 2011, p. 248.

态工具。黑格尔试图把宗教信仰理性化，以解决社会中的现代性问题。他把宗教看作对最重要的东西——上帝——的真实表达，并通过把理性化的宗教信念灌输给所有人，进而把现代社会秩序通过上帝黏合在一起。黑格尔的哲学证明了宗教信仰在当代社会中的重要意义，并在现代世界中对宗教进行哲学上的辩护。黑格尔在对宗教进行现代性改造的过程中，试图实现宗教的理性化、概念化、体系化和去神秘化改造。基于现代性改造之后的宗教便是一种适应了现代社会的现代性宗教。这种宗教中理性与信仰是统一的，哲学与宗教的对象都是真理。

第一节　黑格尔对宗教信仰的"理性化"

一方面，黑格尔试图吸收宗教中的合理性因素以拯救现代性的理性逻辑；另一方面黑格尔则试图通过思辨的理性拯救宗教，以便能够使宗教适应现代性的诉求。黑格尔通过思辨理性拯救宗教主要包括以下几个过程：第一，在《基督教的精神及其命运》中，黑格尔提出宗教的辩证法，赋予基督教的核心原则"爱"以"和解"的功能，以此改造基督教的"实证性"以及康德伦理神学思想中的主体分裂与异化。第二，在《1800年体系残篇》中，黑格尔把宗教的辩证法上升为哲学的辩证法，即把宗教是爱与理性反思在思想中的结合，上升为生命是结合与非结合的结合。第三，在《费希特与谢林哲学体系的差别》中，黑格尔进一步把生命上升为统一性与非统一性的统一性，生命从主体成为客体，客体成为主体。第四，在《精神现象学》中，黑格尔则使得主体上升成为实体，"实体成为主体"。至此，黑格尔以一个完整的辩证法体系实现对宗教的理性化。对宗教理性化和去神秘化过程，如前一部分所言，同时也是黑格尔对现代性的理性原则不断进行改造的过程。耶拿时期的黑格尔把精神思辨化，与具有直观特质的宗教对象分开。"黑格尔在《精神现象学》中，将宗教视为现象，将思辨理性视为精神。"① 在成熟期的黑格尔思想中，精神是概念思辨与宗教体验的统一。其实，精神具有思辨性在黑格尔思想早期就已经初露端倪，黑格尔的精神在早期就已经隐含着被视为思辨理性的因素。

一 宗教的"理性化"改造

黑格尔在其思想的早期就接触到整个社会对宗教的批判，黑格尔一开始也曾是积极批判传统宗教思想的一名成员。基督教被他在青年时期先后认为是"客观宗教"和"实证宗教"。但是黑格尔在思想成熟之后，不再把基督教看作实证性的，而是认为基督教（主要是指新教）是最完美的宗教形式。黑格尔这一思想的转变并不意味着黑格尔放弃了对宗教的批判，而是跳出了以启蒙思想为代表的理性主义的宗教批判，进入到从时代精神和宗教神学思想自身出发进行的现代性批判。

传统宗教的根本特征是"实证性"或者说权威性，这一点在现代社会并未发生改变，即上帝与人类、宗教教义与个人意志是对立的，人们只能无条件地服从权威的宗教和上帝。因此，黑格尔认为"和解"上帝与个体的对立，把对上帝的认识从直观式的信仰上升转变为概念的逻辑推理，是对宗教进行现代性批判的主要任务。基于这一任务，黑格尔试图把上帝改造为哲学中的最高真理而不再是神圣的启示。在黑格尔那里，逻辑学成为宗教神学的原则，即宗教神学的内容被黑格尔改造为运动发展着的概念式的逻辑范畴，同时，圣父、圣子、圣灵"三位一体"的神学体系被改造为概念、判断、推理的逻辑的"三位一体"。

---

① 叔贵峰：《青年黑格尔派宗教批判的逻辑演进》，人民出版社2014年版，第108页。

黑格尔关于意识确定性难题的追问源于认识主体与认识对象之间的张力关系。对对象的真理性认识，不能仅仅局限于对象，也不能仅仅局限于认识主体自身，而是在认识与对象、主体与客体之间的辩证发展过程中获得。自我意识的这种循环运动问题是由于个人意识仅在与社会现实的对立关系中才意识到自我和对象。在黑格尔的分析中，这些问题在自我意识的循环运动中亦即在"理性"的循环运动中得以克服，因为它汇集了关于外部事物在"意识"中感知的普遍性概念以及对个体自我意识的体验，使有限的主体的自我意识上升为普遍的自我意识的概念。

基于理性的循环运动，自我、他者、整个世界都被理性所规定。"理性意味着意识确信自己是全部实在性。但这个自在体或这种实在性仍然是一个绝对的普遍者，是实在性的一个纯粹的抽象表述。它是最初的肯定性，是一个自在且自为存在着的自我意识，所以自我仅仅是存在者的一个纯粹本质性，亦即一个单纯的范畴。"① 因此，在自我意识的肯定性运动阶段，理性知道自己是全部现实的意识。这是理性自否定运动的出发点和肯定性阶段，在这里人们开始理解理性，即他们自己思想的原理，人们开始意识到理性规定了世界上的一切现实事物。个人意识在上一个周期中意识到的明显的对立关系现在消失了，它变成了一种积极的接受关系，而不是消极的关系，并且"有信心认为世界是理性的，可以被理性地理解。没有不可理解的谜团，原则上没有什么超出了理性理解的范围"②。

但是，在提出"理性的抽象概念就是真理"时，这种唯心主义就陷入了矛盾，因为此时的自我意识只是在进行肯定性的认识，"它直接

---

① ［德］黑格尔：《精神现象学》，先刚译，人民出版社2013年版，第150页。
② Richard Norman, *Hegel's Phenomenology: A Philosophical Introduction*, London: Sussex University Press, 1976, p. 66.

发现一种特定的实在性横亘在眼前，这不是理性的实在性，然而理性本应是全部实在性……它仍然确信自己是全部实在性，只有在这个概念中，它才意识到，作为一种确定性，作为自我，它还不是真正的实在性"①。自我意识直接把现实世界的内容看作自身的内容，从而使得自我意识自身的具体内容被遮蔽。理性与现实之间的这种张力关系使得二者自身无法跨越彼此之间的界限，而需要借助于一个"中介"，这个中介在黑格尔看来就是宗教。通过宗教，理性与现实之间的关系得以联结，即在宗教意识层面的联结。所以有学者断言，黑格尔在这里存在着一个宗教转向："为了实现宗教转向，意识必须在现实性层面作出自我牺牲，放弃在现实世界中确证自身的企图。"② 这种转向即意味着自我意识开始否定自身，进而否定自己可以直接把握整个世界。这也就意味着意识断绝与无形的永恒存在（整个世界）的关系，而只与有形的永恒存在（上帝）发生关系。由此，意识从肯定性的认识阶段转向否定性的认识阶段。

在"理性"的肯定性运动中，"感性意识"的真理和"理性"的真理"沦为一个单一的真理，即任何事物或它本身只是出于意识而已"，而意识本身是内在性的。因此，理性的循环运动的第一个认识阶段即意识的肯定性认识阶段。然而，在"理性"循环运动的第一个认识阶段中，个体自我意识进化到顶点所达到的真理，在"原初宗教"中，在宗教意识进化的顶点中同样重复出现。之所以出现"理性"循环运动，是因为个人的自我意识未能实现自我站在与对象相分离和对立的关系中；这与宗教意识对上帝的认识是类似的，即都把认识主体和认识对象看作统一的，而未能认识到自我与对象的内在差别。进而

---

① ［德］黑格尔：《精神现象学》，先刚译，人民出版社2013年版，第153页。
② 潘斌：《黑格尔自我意识的辩证进路及其批判》，《贵州大学学报》（社会科学版）2020年第5期。

这种认识导致对自我意识自身内容的遮蔽。

通过个人以自己的理性发现自己内在的真理只是主观的个别性真理，因此需要过渡到认识的第二阶段，即在否定性的认识中发现自我与对象的否定性关系，这引起了普遍的自我意识的概念。个体自我意识在人类意识第一阶段中的失败导致了"理性"循环运动，这与黑格尔关于宗教意识辩证法第二阶段的观察结果类似。因此，宗教意识的辩证法最终发展为"绝对宗教"，其中个体在绝对精神中发现了自己的真理，这体现在他自己和所有现实中。

具体而言，宗教的产生过程表现出以下几个特征：

> 第一，它（意识）放弃了它的自觉的独立性已经获得的真理；第二，它放弃了那些曾经通过劳动而占有的外在财富；第三，它通过绝食和苦行而把曾经到手的享受再次完全舍弃。经过一系列的环节到最后，经过一个肯定的环节，意识终于以一种真实而又完整的方式认识到了内在自由和外部自由，认识到现实性是它的自为存在。①

当自我意识发现，自觉获得的真理不足以解释这个世界，自己通过劳动获得财富与生命意义无关，它于是通过绝食和苦行放弃了曾经的享受，而投入上帝的怀抱中。这种回归上帝的过程是对自我意识的理性和对自我的社会实践的双重否定，这种否定意味着对现代性成果的否定。现代性最重要的两项成果即确立了自我的理性逻辑和实现了社会财富的疯狂增殖。因此，重新回归上帝之后所建立的宗教与传统宗教已经有了很大不同。传统宗教是被现代性所批判和否定的宗教，而现代宗教则是对现代性的批判和否定。

---

① ［德］黑格尔：《精神现象学》，先刚译，人民出版社2013年版，第143页。

第五章　黑格尔对宗教的现代性改造：宗教的理性化

但是需要指出的是对理性逻辑和社会财富进行双重否定的宗教是一种理性化了的宗教。"概念成为宗教哲学的开端，因为概念就是事物的本质。纯粹概念不仅是一般思维的基本规定，而且也是一般存在的基本规定。"①

对宗教的理性化一方面可以回应传统宗教遭受的现代性批判。传统宗教的根本特征是"实证性"或者说权威性，即上帝与人类、宗教教义与个人意志是对立的，人们只能无条件地服从权威的宗教和上帝。因此，黑格尔为了"和解"上帝与个体的对立，把对上帝的认识从直观式的信仰上升转变为概念的逻辑推理，上帝成为哲学中的最高真理而不再是神圣的启示。宗教神学的内容被黑格尔改造为运动发展着的概念式的逻辑范畴，圣父、圣子、圣灵"三位一体"的神学体系被改造为概念、判断、推理的逻辑的"三位一体"，逻辑学成为宗教神学的原则。马克思因此称黑格尔哲学是逻辑学的泛神论。现代性使得现代宗教更加注重"虔信主义"，而与现代性所标榜的"理性主义"相对立。现代宗教对"虔信主义"的坚持使得受启蒙理性影响的人们不再把宗教看作"心灵安家之处"，黑格尔试图把逻辑与理性付诸基督教信仰之中，使得信仰"理性化"。由此现代宗教就不再是"虔信主义"和"神秘主义"的宗教，而是被黑格尔改造为理性化的、概念逻辑的宗教，是理性与信仰相统一的宗教。

对传统宗教的理性化另一方面可以使得宗教现代化和科学化。黑格尔认为，"在一切科学之中，只能有一个方法，因为方法就是说明其自身的概念，并不是什么别的东西，而概念只有一个。即是说，唯一科学的方法就是凭借概念的辩证发展或者展示其自身，而理念（理性）或者精神是推动力，是运动，是活动，是活生生的，它借助于概念而

---

① 赵林：《黑格尔的宗教哲学》，武汉大学出版社2005年版，第175页。

成为必然的"①。只有通过概念和理性才能实现宗教的现代化。"在未能将概念表示为概念的情况下，在将概念的时刻降低到想象的思想水平时，宗教代表无法理解其自身的内容。哲学，作为一种理解这一内容（教会的教条）的思想，比起对宗教的表象思维，它具有优势，因为它既可以理解这两种知识，又可以理解宗教。因为它了解宗教并且可以为它伸张正义；它还了解理性主义和超自然主义；而且它了解自己。"② 对宗教的理性化不是要否定宗教，而是要对宗教进行重新理解和诠释，进而实现宗教的现代化。

黑格尔在寻找哲学中宗教的真理的同时，表明了宗教表达方式的不足。因此，将"在哲学中找到宗教的真相"解释为认可宗教话语的字面真相的一种回旋方式将是一个严重的错误。从问题上考虑，宗教的真理仅仅是宗教的可理解性，也就是说，它使我们能够将宗教理解为形式和内容。在理解宗教的形式和内容时，我们被迫认识到宗教表达和哲学内容之间的区别，这种内容只能以其自身的形式充分地表现出来，即以普遍的思想决定或观念的形式，以哲学的形式。③

黑格尔用理性替代了上帝，用绝对知识取代了神学大全，用理性的一元论来克服自我意识的二元论困境。有限与无限、主体与对象的矛盾被划归为人与神、人与世界的矛盾，而"人与神的和解就是绝对理性自身的神性（神的逻各斯）与自身的人性（人的逻各斯）的和解，人与世界的和解则是绝对理性自身的自觉（主观）理性与客观理

---

① 长河：《黑格尔的宗教哲学初探文集》，学林出版社1989年版，第50页。
② B. C. Birchall, "Hegel's Critique of Religion", *Man & World*, No. 13, Mar., 1980, p. 5.
③ B. C. Birchall, "Hegel's Critique of Religion", *Man & World*, No. 13, Mar., 1980, p. 6.

性的和解。神与人的同质同性、世界与人的同质同性，都只不过是绝对理性自己与自身的同质同性"①。

二 宗教的"概念化"改造

现代性使得宗教在现代社会更加注重"虔信主义"和表象性思维，从而实现与现代性所标榜的"理性主义"和概念思维的对立。现代宗教对虔信主义的坚持使得受启蒙理性影响的人们认为有两种生活——应该归为理性的日常生活，或信仰的宗教生活。

受到虔信主义的影响，黑格尔在法兰克福时期及其之前（1800年以前）试图从个体生命的主观体验出发实现理性与信仰、日常生活与宗教生活的统一。然而，黑格尔在耶拿时期以后发现这种尝试失败了，他在《精神现象学》中总结道，主观的生命体验，"这种无限的、纯粹的、内部的感触也有自己的对象，但由于它的对象并没有经过概念把握，所以就显现为一个陌生事物。这就出现了纯粹心灵的一个内在运动，这心灵为自己的分裂状态感到痛苦"②。生命体验是主观的表象思维，基于"生命"体验实现主观与客观相统一的努力只是主观生命对异己对象的一种主观意愿，而缺乏概念的确定性。

宗教的主要思维形式是表象思维。黑格尔在《宗教哲学讲演录》中认为，表象首先与形象相关，宗教表象表现为感性形象与思想之间的"论战"或"斗争"③。在这种"斗争"中，宗教表象实现了对感性形象的抽象否定，但这种抽象否定并不彻底，未能完全摆脱感性形象的束缚，反而与之纠缠在一起。宗教表象仍需要借助感性形象来规定

---

① 章忠民：《"上帝之死"与黑格尔的"苦恼意识"》，《复旦学报》（社会科学版）2013年第1期。
② [德]黑格尔：《精神现象学》，先刚译，人民出版社2013年版，第137页。
③ [德]黑格尔：《宗教哲学讲演录》Ⅰ，燕宏远、张国良译，人民出版社2015年版，第101页。

宗教内容中的普遍者和绝对者。例如，上帝概念的统一性要用父亲、儿子之间的关系来表达。依黑格尔之见，正是由于这种宗教表象，基督教作为精神—神教的上帝创世表象未能摆脱这种感性形象。上帝创世活动受到自然性的感性形象限制，而且它没有说明上帝创世的缘由，也没有解释六日中的创造活动彼此之间有何内在的必然联系，故上帝创世尚未在必然性的概念思维中来理解，以至于最后只好被视为不可理解的对象。所以，表象的感性、自然性、外在性、偶然性和直接性之缺陷满足不了理性必然性的内在要求，这就需要宗教意识提升至思维（或思想）的必然性形式。黑格尔认为宗教表象"尚未作为思想被设定出来"①，因此，宗教意识若要达到思维本身的这种纯粹思想规定，那么它就必须转向思维的必然性，即从表象思维上升到概念思维。

哲学的使命在于实现从表象思维到概念思维的跃迁，并将表象形式下所蕴含的精神内涵"提纯"，使之呈现在理性的概念思维中，进而认识到宗教表象中的哲学概念。哲学作为一种理解宗教内容的概念思维，比宗教思维更具优势的地方在于，它既可以理解概念化的思维，又可以理解宗教的表象思维。它理解宗教的表象并且可以把表象思维上升为概念思维。② 当然，黑格尔对宗教的概念化不是要否定宗教的表象思维，而是要对宗教进行重新理解和诠释，进而实现宗教的现代化。

黑格尔在寻找哲学中宗教的真理的同时，表明了宗教表达方式（表象思维）的不足。因此，将"在哲学中找到宗教的真相"

---

① 黑格尔认为，虽然宗教表象的内容是思想且有思想的某种形式，也自觉或不自觉地运用了知性范畴等一般思维规定，然而，这种思想形式还不是作为纯粹思维的思想本身，尚未从纯粹思想的逻辑规定来思维其内容，尚未使思想内容彻底摆脱和克服感性、自然性、外在偶然性和直接性等有限形式。

② B. C. Birchall, "Hegel's Critique of Religion", *Man & World*, No. 13, Mar., 1980, p. 6.

第五章 黑格尔对宗教的现代性改造：宗教的理性化

解释为认可宗教表达方式的字面真相的一种回旋方式将是一个严重的错误。从问题上考虑，宗教的真理仅仅是宗教的可理解性，也就是说，它使我们能够将宗教理解为形式和内容。在理解宗教的形式和内容时，我们被迫认识到宗教表达方式和哲学内容之间的区别，这种内容只能以其自身的形式充分地表现出来，即以普遍的思想范畴或观念的形式，以哲学的形式表现出来。①

因为宗教是准哲学，是宗教表象和哲学内容的混合，所以将宗教和哲学完全对立起来也将是一个严重的错误，这将在某种程度上将宗教真理看作哲学真理的对立面。黑格尔对宗教的概念化所反对的不是宗教的内容和真理，而是宗教内容表象思维形式的片面性。因此，黑格尔认为神学家们对其宗教概念化的批判是片面的，因为这种批判在强调表象性思维的同时，拒绝承认宗教内容的概念规定，将宗教内容降级为传统的思想遗产和历史性的构想。这样，宗教的内容只保留了纯粹出于信仰的东西，并将其保留为僵死且缺乏理性的东西。

黑格尔认为，我们要认识到宗教表象与哲学概念的一致性。他在《宗教哲学讲演录》中指出，概念是宗教哲学的开端，因为概念就是事物的本质。纯粹概念不仅是一般思维的基本规定，而且也是一般存在的基本规定；② 把宗教对上帝的认识从直观式的信仰上升转变为概念的逻辑推理。由此，上帝作为普遍性的宗教概念，成为宗教的开端。黑格尔在《宗教哲学讲演录》中"宗教的普遍概念"部分中认为，第一环节是处于纯粹普遍性中的上帝概念。"宗教的开端，按其一般内容，

---

① B. C. Birchall, "Hegel's Critique of Religion", *Man & World*, No. 13, Mar., 1980, p. 6.
② [德] 黑格尔：《宗教哲学讲演录》Ⅰ，燕宏远、张国良译，人民出版社 2015 年版，第 96 页。

是还被包装着的宗教概念本身，即上帝是绝对真理，是一切的真理，而且只有宗教才是绝对的真知。"① 从一般意识的直接形式上看，宗教的开端就是上帝概念，上帝此时是纯思维领域中的绝对者、普遍者。上帝概念，作为在纯粹思维领域中的绝对者、普遍者，就是绝对的实体。

从宗教的普遍概念出发，依据概念自身的辩证发展运动，黑格尔认为宗教的概念化可以分为三大部分进行考察："首先，我们在普遍中考察宗教概念，然后在其特殊性中将它视为与自身分开和与自身区别的概念，这一概念是判断、局限性、差别和有限性的方面，第三是考察自身跟自身结合起来的概念，考察概念从自己规定性中作出的推论或复归于自身……以致于概念与其形式等同起来，并扬弃其局限性。"② 此三部分依次为"宗教的普遍概念""普遍概念的特殊表现形态"和"绝对宗教或启示宗教"（绝对宗教是宗教概念和特殊形态的统一，是宗教概念的完美实现）。这三个部分涵括了从原初的直接宗教到宗教概念的完美实现等几个阶段。达到宗教概念的完美实现阶段时，就不再只从一般关系或意识的立场来看待上帝，而是从绝对精神的高度来认识上帝，亦即意识到宗教"是绝对精神的自我意识"③。所以，宗教的思辨概念便是自我意识的绝对精神。

在黑格尔眼中，基督教（尤其是新教）是历史上唯一完美实现了宗教概念的宗教，是表象思维与概念思维完美契合的宗教。在基督教中，人的理性与上帝的表象实现了和解，"人与上帝的和解就是绝对理

---

① ［德］黑格尔：《宗教哲学讲演录》Ⅰ，燕宏远、张国良译，人民出版社2015年版，第63页。
② ［德］黑格尔：《宗教哲学讲演录》Ⅰ，燕宏远、张国良译，人民出版社2015年版，第42页。
③ ［德］黑格尔：《宗教哲学讲演录》Ⅰ，燕宏远、张国良译，人民出版社2015年版，第145页。

性自身的神性（神的逻各斯）与自身的人性（人的逻各斯）的和解，人与世界的和解则是绝对理性自身的自觉（主观）理性与客观理性的和解。上帝与人的同质同性、世界与人的同质同性，都只不过是绝对理性自己与自身的同质同性"①。基督教之所以能够实现宗教的概念化，是因为基督教作为"宗教不仅是宗教，而且是宗教表象和哲学真理的混合，即形式和内容的混合"②。只有在基督教中，精神才在宗教表象的形式下达到其理想性和完善性，因而基督教是"完善的宗教"或"绝对的宗教"。基督教中的宗教真理与哲学真理是同一个真理，"在黑格尔看来，精神、神，作为绝对知识或真理，其基本特点就是自我认识。而这种自我认识之所以是可能的，正是因为精神或神的本质就是理性。因此，黑格尔坚信上帝的本质是能够为人类理性所认识的"③。无论是上帝还是精神都可以在理性中获得概念上的规定，人们可以通过自己的理性认识上帝的本质和绝对的真理。

同时，在黑格尔看来，即使是实现了概念性思维的基督教，也未能完全否定表象思维。所以，黑格尔认为宗教意识的概念化并不意味着要否定宗教的表象化思维。越是初级的宗教，其表象化思维占据的比重越大；越是高等级的宗教，其中概念化思维占据的比重越大。在中世纪的基督教中呈现出概念化思维与表象化思维并存的局面——对上帝的表象与对绝对真理的思辨同时并存。而经过了理性化之后的新教在黑格尔看来则实现了表象化思维与概念化思维的统一。

综上，黑格尔试图把逻辑与理性付诸基督教信仰，使得信仰"理性化"和宗教"概念化"。由此现代宗教就不再是虔信主义和神秘主义的宗教，而是被黑格尔改造为理性化的、概念逻辑的宗教，是理性与

---

① 章忠民：《"上帝之死"与黑格尔的"苦恼意识"》，《复旦学报》2013 年第 1 期。
② B. C. Birchall, "Hegel's Critique of Religion", *Man & World*, No. 13, Mar., 1980, p. 6.
③ 赵林：《黑格尔的宗教哲学》，武汉大学出版社 2005 年版，第 160—161 页。

信仰相统一的宗教。黑格尔对宗教的概念化描述在神学院中引起了一定的关注，因为黑格尔为他们提供了一种有力的叙述方法。黑格尔为基督教辩护的核心是把宗教概念化了。宗教概念化的结果是上帝被揭去了神秘的面纱，人们可以通过哲学的思辨来把握上帝的表象。不过对有些人来说，黑格尔在拯救宗教的同时牺牲了宗教。

三 宗教的"体系化"改造

黑格尔在对宗教理性化和概念化的同时，也实现了对宗教的体系化的改造，宗教成为黑格尔思想体系中的一个环节。黑格尔关于宗教体系化的尝试贯穿他从现象学体系（Phänomenologie – System）到哲学全书体系（Encyk-lopädie – System）形成过程。从现象学体系黑格尔侧重阐述了意识的经验中出现的宗教诸形态（Göttergestalten），到哲学全书体系黑格尔侧重以概念自身辩证运动去把握宗教的理念。从现象学体系到哲学全书体系，黑格尔基本上实现了对宗教的概念化和体系化改造；而到了柏林时期，黑格尔做了四次宗教哲学授课，关于宗教哲学的概念体系理论最终臻于完备。从《宗教哲学讲演录》我们可以发现，其对宗教本身的概念和体系都有了明确的规定，宗教与哲学最终实现完美的契合。

（一）现象学体系中宗教的"体系化"改造

在《精神现象学》中黑格尔通过精神蕴含的冲突和自我扬弃（Aufgehoben）实现了对整个精神体系的演绎。可以说，精神的自我扬弃和否定是充分理解精神辩证性发展的关键。随着精神自我否定每个特定环节所涉及的矛盾，就可以看到精神的辩证发展过程。精神通过扬弃矛盾来解决上一环节遭遇的冲突，扬弃不是完全抛弃，而是在更高的理解水平上将矛盾的要素与新生成的要素结合起来。精神扬弃自身向前发展的环节在《精神现象学》第七章中表现为自在的意识、自为的意识（自我意识）和绝对的自我意识三个阶段；与之相适应的是宗教的三种发展形态——自然宗教、艺术宗教和天启宗教。黑格尔指出：

> 精神的第一种现实性是宗教的概念本身，或者说是一种直接宗教或自然宗教……但在第二种现实性里，精神必然会知道，它自己作为对象是处于"遭到扬弃的自然性"或"自主体"这一形态之下，而这就是艺术宗教……最后，在第三种现实性里，前两种现实性的片面性都被扬弃了……如果说在第一种现实性里，精神的表现形式是意识，而在第二种现实性里，精神的表现形式是自我意识，那么在第三种现实性里，精神的表现形式就是意识和自我意识的统一。精神具有自在且自为的存在这一形态……就是天启宗教。①

精神发展到"意识"阶段是直接宗教或者"自然宗教"。自然宗教实现了关于宗教本身的概念。"在这里，精神知道它自己作为对象是处于一个自然的或直接的形态之下。"在"宗教"概念阶段，自我意识到自身即是一切真理，并且在真理中包含一切实在。但是这种认识还不能一下子完全达到，而只能首先以直接的自然形态达到，这就是"自然宗教"。精神在这一阶段只是一种自在的状态。

精神发展到自为的阶段或者自我意识的阶段就是"艺术宗教"。黑格尔认为最能代表"艺术宗教"这一形式的是希腊宗教。艺术宗教表象为伦理的现实精神，这种精神体现为希腊民族的民族精神。黑格尔把希腊民族看作具有美的个性形式的民族，认为希腊民族把自然

---

① ［德］黑格尔：《精神现象学》，先刚译，人民出版社2013年版，第423—424页。

与精神完美地结合起来，进而把美对象化，"艺术宗教"也就诞生了。

精神发展到理性阶段或者绝对自我意识阶段就是"天启宗教"。"艺术宗教"通过"精神的艺术品"（如史诗、悲剧、喜剧）在个别的自我里完成自身并且返回自身，进而，精神由实体状态进入主体状态，具备了自在自为的性质，这就进入"天启宗教"。天启宗教是自在的自我意识与自为的自我意识的统一，黑格尔认为"天启宗教"的现实形态是基督教。在"天启宗教"中，精神实现了自我意识与实体的统一，这种统一在基督教中表现为上帝的意志与个人意识的统一。"神性本质化身为人，换句话说，神性本质在本质上直接具有自我意识的形态，这些情况是绝对宗教的单纯内容。"① 在"天启宗教"中，绝对的精神实质被直观为一个现实的、一个单纯的保持自我意识并且意识到自我具有自我意识的人。

（二）《宗教哲学讲演录》中宗教的"体系化"改造

在耶拿时期，黑格尔已经有了要把所有历史上的宗教置于一个结构中进行考察的尝试。所以，在《精神现象学》中黑格尔把宗教分为自然宗教、艺术宗教和天启宗教。从哲学全书时期到柏林时期，黑格尔的概念思维进一步走向成熟。黑格尔在《宗教哲学讲演录》的第二部分描绘了从最直接的宗教形式到完美的宗教的历史发展逻辑。它研究了绝对的宗教意识的各种有限的、片面的形式，黑格尔认为，这种片面性在完美宗教中被克服。在这样的发展过程中，黑格尔研究了这些片面的意识形态在历史上出现的方式——世界各地和不同时期人们的宗教。黑格尔基于辩证法的思辨逻辑和绝对精神的基本原则，把全

---

① ［德］黑格尔：《精神现象学》，先刚译，人民出版社2013年版，第466页。

世界不同时期的宗教形态都纳入他的宗教哲学体系，从而构建了一个关于宗教的逻辑结构：

> 所有科学，所有知识只能有一种方法。方法只是概念的自我说明，仅此而已，而这个概念只是"一"。因此，在这里，第一个环节是（宗教）概念。第二环节是概念的确定性，即概念的确定形式……在第三环节，我们考虑的是概念的确定性和局限性，而概念是根据自身的确定性和局限性重新建立的。这个重新建立的概念是无限、真实的概念，绝对的观念或真实的宗教。①

宗教本身的概念是普遍性，各种具体的宗教是宗教概念的特殊性形态，普遍性与特殊性的统一是宗教的"个别性"显现，即显现为绝对宗教（基督教）。经过宗教概念运动的普遍性、特殊性和个别性环节，宗教形成了一个有机的体系：

首先，宗教概念以抽象的普遍性而不是确定的或实际存在的形式呈现宗教的要素。黑格尔总结他从《精神现象学》以来对宗教的特定形态的考察后认为，所有特定宗教的背后都有一个普遍性的概念。黑格尔喜欢用一个比喻说明宗教概念与特定宗教之间的关系，他说宗教概念包含了宗教的整个发展过程，"如同幼芽，由此可以长成大树。在这一大树中包含着所有的规定，树的整个本性，树叶的种类，其枝条的样式"②。就像种子一样，内容不仅仅以微型形式存在，它"尚未进到实存，还未予以阐明，还未予以解释"③，但是种子已经包含了从幼

---

① ［德］黑格尔：《宗教哲学讲演录》Ⅰ，燕宏远、张国良译，人民出版社2015年版，第42页。
② ［德］黑格尔：《宗教哲学讲演录》Ⅰ，燕宏远、张国良译，人民出版社2015年版，第43页。
③ ［德］黑格尔：《宗教哲学讲演录》Ⅰ，燕宏远、张国良译，人民出版社2015年版，第43页。

芽到巨树的所有本质。宗教的概念也是这样，它是历史上所有出现过的特殊宗教形态的普遍本性，各种特殊的宗教形态只不过是对宗教概念的展开和阐明。这种普遍概念是一种直接性，是潜在的、未展开的自我意识。"直接性"的实质在于主体的主观意识能够直接过渡到客观实体，这种过渡本身不需要借助任何中介就可实现。宗教概念中包含着三个环节：普遍性环节，意指宗教概念自身，是无限制的、普遍的、最高的绝对思想，尚未被区别为主观思想和客观思想；特殊性环节，是普遍性环节的对立，分别性的自我意识在这一环节中发展出来。扬弃特殊性的环节，此时宗教概念的运动自身成为客观的上帝理念的运动，并且上帝成为精神本身。

　　特定的宗教作为第二个环节是宗教概念的体现，宗教概念的第二个环节揭示了分离和差异。与《精神现象学》中关于宗教的划分不同，黑格尔在这里认为历史上出现过的所有宗教（包括自然宗教）都是特定实存的宗教。除基督教之外的其他宗教，都处于宗教概念未完全展开的状态或者处于概念与现实的对立中，因而它们的具体宗教形态只是作为宗教概念的偶然或外在的定在。黑格尔从这种偶然或对立入手，希望把人类历史上曾经出现过的宗教放在一个统一的体系中进行考察。所以有学者认为："黑格尔宗教哲学对宗教发展所做的历史性描述，却是以巨大的历史感作基础的；它所描述的宗教发展与实际历史发展相对应平行着，因而实在的内容渗透到其中。可以说，黑格尔宗教哲学中抽象概念的形成及其运用包含着一种关于世界客观联系的规律性的看法，贯穿着一种宏伟的历史观。"① 基于"精神的自我意识"，黑格尔把人类历史上所出现的不同阶段的宗教统摄在理性的体系中，不同的宗教都是宗教概念的反映。黑格尔的这一做法使得

---

① 长河：《黑格尔的宗教哲学初探文集》，学林出版社1989年版，第74—75页。

第五章　黑格尔对宗教的现代性改造：宗教的理性化

我们可以从理性层面清晰地把握到不同宗教的本质,然而这样做的另一个结果是,宗教思想中的非理性主义因素和神秘主义内容被理性化和体系化了。

概念发展的第三个环节是绝对宗教或最完美的宗教。绝对宗教是主体与客体、主观与客观的重新统一,这种绝对宗教的完美表现形态就是基督教。黑格尔在《哲学史讲演录》(*Vorlesungen Uber DieGeschichte der Philosophie*)中曾说道:"基督教的内容就是真理,它本身是保持不变的,因此它就没有或者等于没有历史。"① 基督教本身作为已经完成了的天启宗教,它的外在形态与其内在逻辑是统一起来的,因而它也是宗教概念与特定宗教形态的真正统一。所以基督教的形态或者历史,本身就是真理的一个阶段或者环节。黑格尔以历史主义的态度和辩证逻辑的方法思考宗教,从而把宗教的历史看作一个有规律、有逻辑的辩证发展过程。在黑格尔看来,宗教在发展到基督教这一最高环节之后,上帝的形象越来越明晰和接近于人,个人的自由随着宗教的历史发展不断被发展,最终实现上帝与人的统一。因此,基督教是自由的宗教,这种自由表现为不再把上帝看作异己的存在,而是把上帝看作与人相统一的存在。这种统一的基础是精神,精神一方面表现为现代人的自我意识,另一方面则表现为绝对的真理。这种真理是个人的理性通过概念、理念进行把握的真理,因此基督教又是真理的宗教。

当黑格尔以辩证法去梳理整个世界上的宗教发展历史时,各个时期的各种宗教好像成了一个有机的"体系"。"当他站在历史的原则上去梳理逻辑时,犹太教和基督教内在关联便成为断裂式的,罗马世界成为基督教的直接来源。同样,当黑格尔站在逻辑原则上去审视历史

---

① [德]黑格尔:《哲学史讲演录》第1卷,贺麟、王太庆译,商务印书馆1959年版,第15页。

时，罗马世界与基督教之间的联系又被逻辑所湮没，犹太教又成为基督教产生的直接前提。"① 这种历史的逻辑与辩证法的结合使得历史上的宗教好像是按照一定规律排列的。这是黑格尔把宗教纳入其思想体系的必然结果，经过理性化的结构和辩证法的逻辑重构，宗教成为人的意识发展的一个环节。

黑格尔对宗教进行的历史性描述实质是对宗教思想的理性化和逻辑化解构，这种解构背后隐藏着的是黑格尔对神秘天启学说的批判，以及试图使得基督教精神契合于现代社会精神的理想。所以，黑格尔以现代的理性精神实现了对宗教的理性化解构，这种对宗教思想的理性化解构是黑格尔从现代性出发对宗教何以现代化给出的一种回应，这种回应意味着对传统宗教的现代性反思。黑格尔认为他这样做可以使得宗教与现代性社会实现有机的结合，从而使得传统宗教继续适应于现代社会。为了做到这一点，黑格尔在对宗教进行理性化解构的基础上，进一步把宗教中的表象化语言概念化。以哲学的概念话语科学地表达宗教的真理，这在黑格尔看来更有利于宗教适应于以科学精神为最高原则的现代社会。在概念化的基础上，黑格尔以概念的自我运动和发展为逻辑，把历史上不同的具体宗教形态统一于一个有机体系之中。无论是古代宗教还是现代宗教，东方宗教还是西方宗教，都被黑格尔囊括在一个辩证体系之下。所以，黑格尔以辩证法实现了对宗教的理性化、概念化和体系化的解构，在解构的基础上宗教的思想和真理也被黑格尔进行了批判性的改造。

综上所述，黑格尔试图把逻辑与理性付诸基督教信仰，使得信仰"理性化"。由此现代宗教就不再是虔信主义和神秘主义的宗教，而是被黑格尔改造为理性化、概念化、体系化的宗教，是理性与信仰相统

---

① 叔贵峰：《青年黑格尔派宗教批判的逻辑演进》，人民出版社2014年版，第181页。

一的宗教。黑格尔成熟期的宗教批判尽管和早期以现代性的理性原则为武器进行批判的做法有所差异，但是这种批判并没有跳出现代性的视域。或言之，黑格尔是从当时的时代精神出发展开对宗教的批判。时代精神的诉求使得黑格尔希望把宗教与当时的时代联系起来发展成为现代宗教，使得宗教与现代人的理性和生活、认识和实践联系起来以便实现人的自由。

第二节　宗教在黑格尔思想体系中的地位

黑格尔的现代性批判思想既是对现代问题的分析和批判，也是对近代宗教观的批判和重构。从深度上来看，他的理性主义宗教哲学批判超越了康德的道德论宗教哲学，丰富了近代德国的宗教哲学思想。黑格尔以逻辑学为方法论，使理性宗教发展到了顶点。利文斯顿（James C. Livingston）将黑格尔的宗教哲学评价为"思辨观念主义"[1]。从这一点上看，他的思想客观上终结了近代宗教哲学的发展。

那么宗教在黑格尔的思想体系中究竟居于何种地位呢？黑格尔本人也曾在《宗教哲学讲演录》中论述宗教和哲学的关系，他说："哲学的内容、需要和兴趣与宗教的内容、需要和兴趣乃是共同的东西。"[2]同时，黑格尔又认为宗教和哲学之间存在着差别。为了精确把握黑格尔的宗教思想在其思想体系之后的地位，我们首先来探讨理性与信仰在黑格尔思想中的关系，因为黑格尔关于理性与信仰的关系问题的论述决定了他关于哲学和宗教关系的界定。

---

[1]　[美]利文斯顿：《现代基督教思想》上卷，何光沪、高师宁译，译林出版社2014年版，第239页。
[2]　[德]黑格尔：《宗教哲学讲演录》Ⅰ，燕宏远、张国良译，人民出版社2015年版，第13页。

一 理性与信仰的关系

黑格尔在《信仰与知识》一书中继续思考他在早期就关注的一个问题——如何实现人性与神性、有限与无限的统一。黑格尔认为康德式的理性无法完满解决理性与信仰的关系问题，当然也就无法实现人的有限性与神的无限性的完满统一。而黑格尔试图通过思辨理性超越康德式的形式理性实现理性与信仰的完美结合。

康德式的理性思想被黑格尔看作一种主观性的反思哲学，康德认为，从某种意义上说，理性所知道的是对自己主观范畴的"反思"。当然主观性的反思哲学不仅仅指康德，"主观性的反思性哲学，涵盖了康德、雅各比（F. H. Jacobi）和费希特（J. G. Fichte）哲学的所有形式"①。黑格尔在《信仰与知识》中认为，对康德来说，超自然的东西是理性无法企及的；对雅各比来说，理性沦为一种堕落的本能，上帝只能通过主观的感觉来认识；而对费希特来说，除了主观理性能够把握到的知识之外，什么都不知道。

由于受到康德式的理性思想的影响，甚至对上帝非常虔诚的人也陷入了一种二元论状态，他们打算承认科学揭示了关于有限的生活世界的一切真理，而把上帝看作一种无限和永恒的彼岸世界的真理。对于生活在有限的生活世界中的人而言，上帝成为一种不必要的存在，而对上帝的体验被简化为人们的主观感受。黑格尔指出："宗教在个人的心中建立了它的庙宇和圣殿。他在叹息和祈祷中寻找他在直觉中否认的神，因为理性有可能把直觉中的东西认识为单纯的东西，把神圣的树林减少为单纯的木材。"② 与宗教有关的一切认识都被要求限制在

---

① Raymond Keith Williamson, *Introduction to Hegel's Philosophy of Religion SUNY Series in Hegelian Studies*, New York: State University of New York Press, 1984, p. 68.

② Hegel, *Faith and Knowledge or the Reflective Philosophy of Subjectivity in the Complete Range of Its Forms as Kantian, Jacobian, and Fichtean Philosophy*, Trans by, Walter Cerf and H. S. Harris, Albany: State University of New York Press, 1977, p. 57.

第五章　黑格尔对宗教的现代性改造：宗教的理性化

主观感受的范围内，人们开始否认理性有把握宗教真理的能力。因而绝对的上帝在个人的意识中失去了存在的根基，只能作为一种"假设"而存在。

主体性的反思哲学共同持有这样一种观念，为了能够保证对上帝的信仰，上帝作为物自体必须独立于个人的理性之外。这种对上帝的"假设"，是通过对上帝的否定，亦即否定了上帝能够被人的理性所认识，而坚持自我理性认识能力的完全独立性来获得的。上帝在主体性的反思哲学中被否定了，自我的理性既不在上帝之内而构成关于上帝的知识，也不会在自身之中把握到关于上帝的内容。所以上帝被简单地否定了，无论其内容还是其形式都被自我的理性所否定。通过这种否定，人们不再通过理性而是通过"假设"重建信仰和上帝。黑格尔对此评价道：

> 启蒙理性赢得了一场光荣的胜利，它在其有限的宗教概念中认为信仰是与理性相对的。然而，从清晰的角度来看，这场胜利不过如此——理性忙于战斗的积极因素不再是宗教，而胜利的理性也不再是理性。①

这种限制理性从而实现理性与信仰共存的做法表面看来是一项非常聪明的解决方案，但却是以理性的妥协达成与信仰的和解，因而从根本上导致理性与信仰的对立。主观性的反思哲学强调科学知识只能通过对世界的经验实证调查才能获得，宗教信仰由于无法进行经验实证观察而只能通过情感和启示获得。在康德看来，人的理性仅限于有限经验的范围内，而不能触及无限性的知识和对象。康

---

① Hegel, *Faith and Knowledge or the Reflective Philosophy of Subjectivity in the Complete Range of Its Forms as Kantian, Jacobian, and Fichtean Philosophy*, Trans by, Walter Cerf and H. S. Harris, Albany: State University of New York Press, 1977, p. 55.

德当然强调人类宗教信仰的必要性,但是他认为人类理性在宗教中的作用仅限于"知道"信仰的主观感受,因为人类自身有限的理性永远无法获得对无限性的信仰对象的真正知识。换句话说,康德的理性意识到无法在经验之外把握任何对象。但是,对于黑格尔来说,这种受限制的理性不是真正的理性。黑格尔认为理性是关于"所有现实存在的意识,因此他意识到在本身之外无法把握任何他物"[①]。黑格尔渴望超越康德把知识限制在有限经验范围内的立场,因为在他看来这是一个错误的立场,这种立场减少了接近上帝的方式,人们只能通过信仰的方法接近上帝而不能通过理性去接近上帝,这使得信仰与理性脱节。

黑格尔认为,把宗教信仰局限于宗教生活中的主观感受,同时把科学认识局限于经验生活中的客观方法是不正确的,因为这种看法本质上是一种二元论。康德认为人类理性可以自我决定的理论依据来自他的先天综合判断,即人类知识依赖于人类理性并由人类理性塑造,而不依赖于自身外部的任何事物。这一判断涉及他对已知事物——(现象)和事物本身(物自体)之间的区分,前者是人类知识的唯一内容,受人为因素影响;而后者不可知。虽然这种自我决定的人类理性判断是必不可少的,而且得到了黑格尔的赞同;但黑格尔发现这种康德形式的理性无法解决主客二元对立的问题,并且否认人类对本体的认识能力是对人类理性能力的不必要的限制。

所以,黑格尔拒绝理性要为信仰腾出空间。在黑格尔看来,对有限知识采取反思态度的信仰并不能够使自己超越主观性和有限性。因此,要否定反思的有限性来恢复理性的本性和能力。黑格尔强调,我们别无选择只能超越现代启蒙主义的世界观。现代主义者

---

① Quentin Lauer, *Essays on Hegelian Dialectic*, New York: Fordham University Press, 1977, p. 140.

第五章　黑格尔对宗教的现代性改造：宗教的理性化

把"理性"局限在一个经验的有限性中，认为理性是人类经验的唯一背景，并因此满足于这种有限性。但是相反，信仰不满意于有限性，因此渴望发现无限并与之结合，这是信念与理性之间的重要差异。"精神表现得如此贫困，就像沙漠中的漫游者仅仅想喝一口水那样，只是渴望着对于神性事物获得哪怕一点点空泛贫瘠的感触，以此抚慰自己。"① 精神有着对神性的天然渴求，为了实现这种渴求，必须在统一性原则中克服有限与无限的对立，这是黑格尔不断重复出现的主题。

黑格尔在成熟时期的作品中，对康德式的理性思想提出了严厉批评。这并不是说黑格尔放弃了他对理性立场的坚持，因为坚持人类理性的自治仍然是他哲学的主要前提。对黑格尔来说，对主观性的反思性哲学进行系统的批判，并不是简单地否定康德式的理性逻辑，而是要保留这种知性反思式逻辑的固有的矛盾，从而剥去反思的外壳，使绝对的本质内核思辨地呈现出来。所以，黑格尔对知性反思的形式逻辑的批判本身就是对思辨性认识或绝对认识的揭示。在黑格尔看来只有沿着反思的道路从普通的形式理性上升到思辨理性，人们才能发现最初从片面性和有限性中提取出来的那个原始统一体所固有的目的或本质。也就是说，"理念"在"扬弃有限性"（Die Endlichkeit Aufzuzehren）② 的模式中，一方面否定了自身的有限性，另一方面又否定了对自身有限性的否定。按照黑格尔的思辨方法，这种双重否定显示了康德（即坏的无限性）和谢林（即抽象的普遍性）思想中的自我否定性因素，只不过他们自己都没有意识到这一点。

黑格尔试图在"思辨"精神中重新赋予信仰以理论基础，他认为

---

① ［德］黑格尔：《精神现象学》，先刚译，人民出版社2013年版，第6页。
② Hegel, *Faith and Knowledge or the Reflective Philosophy of Subjectivity in the Complete Range of Its Forms as Kantian, Jacobian, and Fichtean Philosophy*, Trans by, Walter Cerf and H. S. Harris, Albany: State University of New York Press, 1977, p. 66.

真理不是仅仅局限于其自身有限的主观性。宗教精神是使自己服从的内在绝对精神；而不是外来的、超然的、超世俗的绝对精神。因此，黑格尔力图超越现代性的理性逻辑，结束理性与信仰之间的冲突，并"克服雅各比或施莱尔·马赫的浪漫宗教直觉主义"①。黑格尔发现尽管康德尚未发掘其含义，但康德实际上已经对人类的理性认识能力进行了深入的考察。黑格尔的理性宗教观所承担的神圣使命就是在"对神秘主义的信仰进行理想化阐释的同时，完成理性的神秘化历程，从而最终实现信仰与理性、宗教与科学、神学与哲学的辩证统一"②。康德在现象和本体之间的区分，尽管是站不住脚的，但它仍然是对客观事物的认识，这些事物是人类理性的客观条件，不受人类理性的制约。不足之处在于，在康德的哲学中，人的理性只能够掌握有限经验范围内的知识，而不能肯定仅凭信念"知道"的无限的现实。黑格尔的目的是克服这些缺陷，抛开康德哲学中所包含的区别和冲突，而他用来实现这一目标的手段是辩证法。

黑格尔通过辩证法超越了主客体以及有限和无限的对立。"我思维地把自己提升为高居于所有有限者之上的绝对者，而且是无限的意识，同时，我也是有限的自我意识，而且按照我的整个经验的规定。"③ 通过辩证法，康德个人主观性的纽带被打破，因为主体与客体之间被看作一种辩证统一的关系。基于这样一个事实，即主体与客体都是统一现实的体现，每一个都在另一个身上找到了自身的实现和阐明（Clarification）。通过辩证法，有限和无限的分离被黑格尔超越了。因为有限与无限的分离关系被黑格尔看作有限和无限的辩证统一。基于这样一个事实，即"在有限自身中存在无限性的维度，没有无限性就不能把

---

① Quentin Lauer, *Essays on Hegelian Dialectic*, New York: Fordham University Press, 1977, p. 140.
② 赵林：《黑格尔的宗教哲学》，武汉大学出版社2005年版，第15页。
③ [德] 黑格尔：《精神现象学》，先刚译，人民出版社2013年版，第45页。

第五章 黑格尔对宗教的现代性改造：宗教的理性化

有限看作是有限的……有限的是足够真实的，它确实是有限的……但是它仅作为无限的'运动'才是真实的"①。通过辩证法，有限与无限之间的对立被黑格尔完全扬弃。黑格尔认为神与人之间的关系"是必不可少的，不需要向未知的（和/或不可知的）'超越'。上帝和人似乎不再从不可逾越的本体论鸿沟的相反两侧面对疏远的异己，而是被视为具有内在的统一。"②但是，黑格尔认为，并非所有证明上帝与个人相统一的努力都是成功的。例如，施莱尔马赫（Friedrich Daniel Ernst Schleiermacher）试图表达上帝与个人的统一性原则，以使人们对宗教有新的认识，并满足人们对上帝的认识和与之融合的渴望。但是施莱尔马赫的方法是通过直觉和绝对依赖的感觉来进行的，而黑格尔极为反对直觉和感觉作为真理的基础这一观点。黑格尔认为将真理基于纯粹的感觉就是将其锁定在主观性领域，因为这意味着个体理性无法真正超越自己，"仅仅扎根于我的感觉的东西，就仅仅为我、为我的事情而存在，而非它自身独立自在自为地存在着"③。康德式的理性不再以认知上帝为目标，而只是认知人的认识能力。在这里，人不再是永恒之美的闪光点，也不再是宇宙的精神焦点，而是一种绝对有限性的个体。

因此，黑格尔认为主观性的反思哲学与启蒙理性的逻辑一样是空洞的。"似乎有必要首先指明，上帝不仅仅根源于感觉，不仅仅是我的上帝。"④ 黑格尔毫不怀疑关于上帝的真理是由宗教表征的，尽管仅在

---

① Quentin Lauer, *Essays on Hegelian Dialectic*, New York: Fordham University Press, 1977, p. 143.

② Wayne P. Pomerleau, "The Accession and Dismissal of an Upstart Handmaid", *The Monist*, Vol. 60, Iss. 2, Apr., 1977, p. 217.

③ [德] 黑格尔：《宗教哲学讲演录》I，燕宏远、张国良译，人民出版社2015年版，第36页。

④ [德] 黑格尔：《宗教哲学讲演录》I，燕宏远、张国良译，人民出版社2015年版，第36页。

天启宗教实现了这一表征。这种表征证明了上帝即绝对的精神，在这种精神中个体精神可以与绝对精神实现统一。因此，绝对精神普遍存在于一切现实之中，并与现实世界合而为一。但是，黑格尔断言，即使在这种最高的宗教形式中（天启宗教），真理也会被宗教表征形式所掩盖。黑格尔认为，只有在绝对知识水平（哲学）上，这种模糊性才能被清晰度所取代，因此，可以说哲学以最清晰、最鲜明的形式展现了天启宗教的真相："上帝并非一个抽象概念，而是一个具体者，这个自在自为的真理为哲学所阐明，并且只有近代哲学达到了概念的这一深度。"①

黑格尔完全相信，信仰与理性之间的适当关系不是分离的关系，而是具有内在的凝聚力。我们要"使理性与宗教和解，认识到宗教在其杂多的形象中是必然的，并在启示的宗教中重获真理和理念"②。黑格尔对虔敬主义、自然神论、无神论、泛神论等割裂理性与信仰、哲学与宗教关系的观点进行了彻底的批判，最终的目的在于"通过概念自身的辩证运动来论证理性与信仰的统一性，把神等同于精神和理念本身，把真理说成是人对上帝的认识或上帝在人身上的自我认识"③。黑格尔试图通过辩证法反映有限的人类主体与无限的神性客体之间的辩证关系。同时，黑格尔断言，信仰的最高形式和理性的内容是相同的——它们都包含绝对精神的真理；但它们对真理的表现形式是不同的，哲学的表现形式最能证明内容的合理性并能科学阐释内容的合理性，这就是思辨精神的关键所在。

二 哲学与宗教的关系

黑格尔本人曾经明确地论述宗教在其哲学中的地位，他说，从宗

---

① ［德］黑格尔：《宗教哲学讲演录》Ⅱ，燕宏远、张松、郭成译，人民出版社2015年版，第228页。
② ［德］黑格尔：《宗教哲学讲演录》Ⅱ，燕宏远、张松、郭成译，人民出版社2015年版，第343页。
③ 长河：《黑格尔的宗教哲学初探文集》，学林出版社1989年版，第3页。

第五章　黑格尔对宗教的现代性改造：宗教的理性化

教意识的辩证法来看，个人和社会意识是辩证法的谓词，而宗教意识则是辩证法的主词。换句话说，当意识是宗教意识（即绝对存在的意识，尤其是在"天启宗教"中的"精神"的意识）时，意识发展的各个阶段（即个人意识和社会意识）便失去了片面性。此时，意识成为作为精神的自我意识，"成为一切现实的意识"。黑格尔在其关于宗教哲学的演讲中宣称："对哲学研究的结果是，应该绝对分离开的这些隔阂，正变得显而易见；如果我们察看一下原因，那么我们就在人们认为有最大对立的地方发现有绝对的一致。"① 在许多方面，这些话语体现了黑格尔整个哲学事业的永恒宗旨和主要目标。这些话语表明，激励和塑造他的哲学的根本关注点是"宗教"。基于此，黑格尔主要作品的研究主题被描述为"宗教"，他的哲学思想甚至被直接等同为宗教神学。黑格尔哲学的主要目的是超越宗教与哲学的对立，以便把握渗透于万物之中的统一性和总体性。

综合上述，黑格尔认为宗教与哲学具有相同的研究对象，完美的宗教作为宗教的最高形式，将上帝把握为精神，同时精神是我们每个人的本质。上帝是个人本质的最高表达，"他在对上帝的尊敬中表现自己，并以此享受上帝在个人自身中的这种显现"②。精神（上帝）是宗教的对象，同时是哲学和真理的对象，并且这个对象是绝对的。"哲学只是以它对宗教的解释方式来自我解释，并且以它的自我解释的方式来解释宗教。"③ 哲学与宗教的对象是相同的，不同之处在于哲学是以自己的方式来阐述宗教对象，因为哲学概念思辨式的阐释方式更具有

---

① ［德］黑格尔：《宗教哲学讲演录》Ⅰ，燕宏远、张国良译，人民出版社 2015 年版，第 33 页。
② ［德］黑格尔：《宗教哲学讲演录》Ⅱ，燕宏远、张松、郭成译，人民出版社 2015 年版，第 104 页。
③ 李鹏程：《信仰与革命——对 19 世纪上半叶德意志精神世俗化历史的理论考察》，人民出版社 1993 年版，第 78 页。

科学性。黑格尔认为这种宗教和哲学的统一性存在于以下事实，即万物都是精神的体现。精神应被理解为不排除任何事物的事件、生命、运动或过程。卡尔·巴特（Karl Barth）说，关于精神的思想表达是"黑格尔最勇敢、最沉重的创新，因此，它是绝对的，这是上帝"①。尽管必须严格限定使用"宗教"一词，例如使用"上帝"一词，但可以找到黑格尔哲学被视为宗教哲学的原因。

当然，黑格尔并不是把宗教和哲学看作无差别的统一物，而是认为在宗教和哲学之间保持着明确而重要的区别。尽管有许多学者认为黑格尔的哲学是理性神学，但是这不能表明宗教与哲学的区别在黑格尔思想中消逝了。黑格尔本人在《宗教哲学讲演录》之后曾明确指出，宗教和哲学之间存在明显的差别：

> a）思辨哲学是理念的意识，以致一切都被理解为理念；然而，理念就是思想中、而不是纯直观或表象中的真理……现在宗教本身就是自在自为存在的真理之意识的观点；因此，它是精神的阶段，在这一阶段上，对于意识来说，思辨的内容一般就是对象。……c）宗教仿佛是作为意识状态的这种思辨者，这种意识方面不是简单的、而是具体充实了的思维规定。这些环节无非思维的环节、能动的普遍性、思维的效力，和作为直接的、特殊的自我意识之现实。②

黑格尔基于思维方法的差异（思辨推理与直观表象），在其思想体系中的环节以及内容与思想的关系等方面区分了宗教与哲学的差异。

---

① Jahrhundert Karl Barth, *From Rousseau to Ritschl, Being the Translation of Eleven Chapters of Die Protestantische Theologie im* 19, Trans by, Brian Cozens, London: SCM Press, 1959, pp. 285 – 286.
② ［德］黑格尔：《宗教哲学讲演录》Ⅰ，燕宏远、张国良译，人民出版社2015年版，第15—16页。

第五章　黑格尔对宗教的现代性改造：宗教的理性化

所以黑格尔认为宗教和哲学在思维和理解方式上有着关键性的区别。在《小逻辑》的最后一节中，黑格尔明确阐明了他的观点，即绝对观念以不同的方式呈现其存在。自然、精神、艺术和宗教都是理解绝对精神的决定性模式，但哲学"是了解绝对理念最高的方式，因为它的方式是最高的，是理念"①。

黑格尔认为，对真理的理解水平的这种差异并不是宗教与哲学在当代产生对立的原因；这种对立是由于未能认识到二者在内容上的统一性导致的。随之而来的是，在人类意识中宗教实际上与哲学以及所有其他形式相对立。

在了解了宗教与哲学的对立之后，也就了解了黑格尔思想的基本维度和主要取向——和解对立。从某种意义上说，哲学是一种宗教，对哲学的追求就像对宗教的追求一样，是对生命和现实意义的整体理解。关于宗教，黑格尔本人说，在宗教"思想中，神的意识和感觉上"是"一切对人类有价值和尊严的事物的最终中心"，因为"上帝就是一切之始和一切之终，犹如一切源出于此一样，一切也复归于此"②。并且"在宗教中，人将自己置身于与这一中心的关系中，他所有别的关系，也都会合于这一中心，而人借此就提升到意识的最高层次，并提升到摆脱与他者之关系的领域，人是全然自足者、无限制者、自由者，而且是自为的最终目的"③。

黑格尔认为，宗教和哲学事实上有一个共同的对象，并具有相同的内容。在这个意义上，哲学与宗教、精神与上帝是一体之两面。当宗教通过上帝的概念理解万物的意义时，哲学通过绝对观念获得了对

---

① ［德］黑格尔：《逻辑学》下卷，杨一之译，商务印书馆1966年版，第530页。
② ［德］黑格尔：《宗教哲学讲演录》Ⅰ，燕宏远、张国良译，人民出版社2015年版，第1页。
③ ［德］黑格尔：《宗教哲学讲演录》Ⅰ，燕宏远、张国良译，人民出版社2015年版，第1—2页。

万物的理解，绝对观念是唯一的存在，是自否定的生命，是自我认识的真理，并且是一切的真理。这个真理在历史的进程和运动中是众所周知的，而且这个真理就是上帝本身。因此巴特可以将黑格尔的追求描述为"神学"，而布莱克通过提醒我们"费尔巴哈看到黑格尔的哲学是宗教的变相和伪装"①，同样强调了黑格尔的宗教与哲学之间的紧密联系。

　　回到《精神现象学》，我们可以进一步发现黑格尔关于哲学与宗教关系的观点。某种意义上可以说，黑格尔在《精神现象学》之后提出的整个宗教意识的辩证过程中都是为了理解和确定宗教环节在哲学体系中的位置。对于黑格尔来说，思想如果不是宗教性的，那么也不是哲学性的。在《精神现象学》中，黑格尔明显地揭示了他整个哲学的核心主题是一个宗教主题，即"当无限性的真实本质成为意识的对象，意识也就成为自我意识"②。《精神现象学》中对宗教的处理以其艰巨的复杂性和令人着迷的吸引力为特征，这表明宗教在黑格尔哲学中的作用。黑格尔将宗教视为"绝对存在的意识"，因此，由于《精神现象学》的整个辩证运动是朝着对绝对存在的完整理解的旅程，所以可以说，是宗教意识开始抓住整个现象学的目标。但是，宗教意识对"绝对"的理解并不是最高认识水平的理解，黑格尔通过宗教意识的辩证法指出，只有哲学才是理解绝对的最高认识水平。宗教意识发展的各个阶段通过辩证法的运动变化展现出来，《精神现象学》中宗教意识的辩证发展阶段表明了宗教思想的丰富内涵及其与哲学的内在联系。

　　在《精神现象学》中，黑格尔的主要目标是个人意识的理性自主

---

① Edward Black, "Religion and Philosophy in Hegel's Philosophy of Religion", *The Monist*, Vol. 60, No. 2, Apr., 1977, p. 207.
② ［德］黑格尔:《精神现象学》，先刚译，人民出版社2013年版，第105页。

性的实现，黑格尔试图通过对真正的宗教亦即基督教的现实整体性和统一性的认识来实现这一目标。可以说，对这一目标的实现工作很好地反映了黑格尔坚持的信念，即没有宗教，自主性和整体性就无法获得，绝对和精神也就不可能实现。《精神现象学》是关于精神在个人意识、社会意识以及作为自知的精神在意识中的进化。从某种意义上说，因为精神辩证法的这三个方面都反映了相同的基本模式，所以现象学可以从它们中的任何一个开始。黑格尔辩证法从意识开始展开不断循环往复的运动，确实暗示了辩证法的演绎逻辑——黑格尔基于辩证法的演绎表明绝对精神的每个环节都是绝对精神本身，这也是辩证法发展的目标。

在黑格尔的意义上考察了宗教和哲学各自的外部形态与发展的概念逻辑之后，我们重新回到问题本身——黑格尔的宗教与哲学关系如何？事实上单纯地做一个简单的断言是不合适的，因为断言只能是基于天真心灵的浅显意见，所以宗教和哲学的关系应当放在一个运动的过程中去考察。

宗教与哲学，就其单纯的早期形态和概念的初步演化过程而言，两者是天然统一起来的。宗教对神灵的崇拜实际上是对自然、社会或人生的思考，只不过借助神灵作为形式表达出来而已；而哲学的开端恰恰与此类似，它表达的同样是相关宗教问题的思考，只不过其表现形式做了改变而已。所以不论是中国古代的将感性形态的"人道"上升为普遍者的"天道"，或是希腊哲学中的"水是世界的本原"，都表现出了一种朴素的思考。更进一步说，这种朴素的思考之中都体现出了主体与客体的天然统一，即从主体可以直接过渡到客体。在这个阶段，作为客观实体的神与作为客观实体的世界是没有差别的，二者都严格作为真理存在。

在黑格尔那里，未经中介的统一必然迎来分离和差异，这是概念发展的方向，所以天然统一起来的宗教和哲学必然迎来对立。这种对立外在地被描述为"哲学本质上必为理性主义，而宗教本质上必为信仰主义"①。这种看似合理的总结在一定程度上成为分离和差异的基础。在中世纪，虽然神学一定意义上接受了哲学，但这种接受仅仅表现为神学通过哲学实现自身的论证，而非真正接受哲学本身，哲学在这种意义上成了神学的"婢女"。这种神学对哲学的偏见一直到黑格尔的时代乃至今天仍然存在，黑格尔批评道："他们对于哲学的尝试还无充分准备，然而他们可以毫不迟疑地，特别当他们为宗教的情绪所鼓动时，走出来讨论哲学，批评哲学。"② 针对神学对哲学的蔑视态度，15世纪文艺复兴以后，特别是启蒙运动时期的哲学家们展开回击，"霍布斯、笛卡儿、斯宾诺莎、伽桑弟、洛克为代表的机械唯物主义世界观……实质上是把整个自然世界置于自然律的支配之下，完全排除了上帝的作用"③。启蒙思想家们所呼吁的自由、平等、理性给了宗教神学重重一拳。

在这种偶然的历史事件背后，我们应当看到其内在必然性的发展逻辑，即概念的逻辑。在这个分离和差异的过程中，哲学强调理性的权威，而宗教强调信仰的权威。哲学与宗教严格不相容的知性思维中，理性主义和信仰主义被看作完全对立的。但在真正的理性概念之中，哲学与宗教实际上是可以统一起来的，这种统一在黑格尔看来源自绝对精神。

基于绝对概念的辩证运动，黑格尔提出宗教的内容可以在哲学上得到表达，哲学也可以思考宗教感觉和表象的内容。宗教不是一种与生活领域毫不相干的认知方式或体验方式，宗教就在世俗生活之中。同时，在概念的层次上完成了的宗教与完成了的哲学是统一的，这种

---

① 吕大吉、魏琪：《试论宗教与哲学的关系》，《世界宗教研究》2005年第2期。
② [德] 黑格尔：《小逻辑》，贺麟译，商务印书馆1980年版，第42页。
③ 吕大吉、魏琪：《试论宗教与哲学的关系》，《世界宗教研究》2005年第2期。

第五章　黑格尔对宗教的现代性改造：宗教的理性化

统一一方面表现为以情绪作为表象的宗教信仰进入真理王国之后必然扬弃掉情绪作为表象的外衣，从而实现自身作为上帝王国之中的真理；另一方面哲学通过反思进入真理王国也必将超越个体性的环节而达到普遍必然性。所以黑格尔在这个意义上将哲学和宗教都作为绝对精神自我运动过程中的一个环节。对于宗教"精神只有就它是为精神而言才是精神，正是在绝对宗教中绝对精神不再显示它的抽象环节，而是显示它自身"①。对于哲学"在这个概念里内容上有差异的东西被认识到是必然的，而这必然的东西被认识到是自由的"②。所以在黑格尔那里，"宗教就是绝对精神在表象中的自我认识，哲学就是绝对精神在概念形式中的自我认识"③，两者统一于绝对精神。

黑格尔的"宗教哲学"和"哲学的宗教"实际上有两重含义：第一重含义所指的是真正意义上的"宗教"（基督教），黑格尔揭示了基督教将"理性"神秘化的本质；第二重含义是指黑格尔通过概念推演的辩证法把"全体"作为真理，创立了一个"哲学的宗教"体系。这两个方面的内容不是对立的，而是统一起来的，亦即统一于"上帝"（或真理）本身。黑格尔强调思辨哲学的目的是提醒人们本性中存在着的宗教维度。对于黑格尔来说，将人性植根于宗教使他能够向人们展示他们是精神存在而不"仅仅"是自然存在。作为精神的存在者，人们可以"思考和掌握"他们自己的神圣性。然后，通过"超越当下的琐碎利益"，人们可以"回归"自己，成为"人"，根据黑格尔的说法，人们现在能够在地球上建立"上帝的王国"④。既然"人是精神"⑤，黑格尔

---

① ［德］黑格尔：《精神哲学》，杨祖陶译，人民出版社 2015 年版，第 331 页。
② ［德］黑格尔：《精神哲学》，杨祖陶译，人民出版社 2015 年版，第 335 页。
③ 赵林：《神秘主义与理性的双重扬弃》，《天津社会科学》2003 年第 5 期。
④ 参见 ［德］ 黑格尔《宗教哲学讲演录》Ⅰ，燕宏远、张国良译，人民出版社 2015 年版，第 283 页。
⑤ ［德］黑格尔：《宗教哲学讲演录》Ⅰ，燕宏远、张国良译，人民出版社 2015 年版，第 283 页。

宣称，"人应尊敬他自己，并应自视能配得上最高尚的东西。精神的伟大和力量是不可以低估和小视的"①。因此，黑格尔总结道，"追求真理的勇气，相信精神的力量，乃是哲学研究的第一条件"②。所以在某种意义上，黑格尔才成了"上帝在人间的代言人"。

综上所述，黑格尔的宗教和哲学是统一起来的，但这种统一绝不是抽象的，而是两者经历了分离和差异之后在概念的运动发展过程中的统一。黑格尔并没有以哲学片面否定宗教，有学者对此认为："如果只能从哲学的角度来理解宗教的内容，那么这使我们得出结论，即宗教的内容，无论它可能由宗教来表象，仅是哲学的概念。因此，正如黑格尔的辩证论点所揭示的那样，宗教的真理不是某种形式或外表的宗教真理，而是真理或本身具有适当形式或表象的哲学，即普遍思想形式决定的哲学。"③ 黑格尔一方面将神秘主义理性化，构成了宗教的哲学；另一方面将理性神秘化，构成了哲学的宗教。宗教的哲学和哲学的宗教在此统一起来，实现了"神秘主义和理性的双重扬弃"。当然，需要指出的是，黑格尔对宗教思想的理性化改造并不彻底，这是一项持久的任务。

长期以来人们只是简单地认为，黑格尔通过辩证法批判性地改造了宗教的思想和真理，但其背后的根源和改造逻辑并未被系统认知和熟识。对黑格尔来说，批判性的改造宗教并不是要否定宗教真理，而是要使得宗教真理适应于新的时代精神——以理性逻辑为基础的现代性社会。因此黑格尔的一生都在致力于把宗教中的非理性主义和神秘主义内容理性化；同时黑格尔希望把表达宗教真理的表象化语言概念化为哲学语言，以便人们可以科学地表达宗教的真理。

---

① [德] 黑格尔：《小逻辑》，贺麟译，商务印书馆1980年版，第36页。
② [德] 黑格尔：《小逻辑》，贺麟译，商务印书馆1980年版，第36页。
③ B. C. Birchall, "Hegel's Critique of Religion", *Man & World*, No. 13, Mar., 1980, p. 5.

第五章 黑格尔对宗教的现代性改造：宗教的理性化

在概念化的基础上，黑格尔将所有的宗教形态置于一个有机的辩证体系之中，进而为基督教作为绝对宗教可以成为现代宗教提供了合理性证明。

理性化改造意味着黑格尔试图通过辩证法实现对宗教思想的改造和发展。人们往往熟知黑格尔通过思辨逻辑对宗教进行解构的这三个阶段，并批评黑格尔对宗教的理性化改造是对宗教和上帝的亵渎。但是基于黑格尔本人的思想可知，黑格尔并不是要亵渎上帝和宗教，黑格尔基于当时西方的时代剧变，认为传统的宗教并不适应于新的时代需要。当时的西方社会自从启蒙运动开始，新的时代是以理性逻辑和主体性原则为统摄的现代性社会。①因此，黑格尔希望通过对宗教的理性化改造，以便使得宗教适应于现代性的原则。逐渐爆发的现代性危机和弊病使得黑格尔认为，宗教对现代人而言是必需的。这又反过来突显出黑格尔对宗教进行理性化改造的必要性。

思辨逻辑的特点决定了它要从不确定的思想内容和意见过渡到确定的知识和真理，这一特点从柏拉图②正式确立辩证法作为专有的哲学概念就确定下来，一直到黑格尔仍然坚持辩证法的这一特点。所以，黑格尔提出思辨逻辑即从不确定的矛盾上升到确定性的统一概念，从不确定的量的变化上升到确定的质的规定，从不确定的意见上升到确定的知识。基于辩证法的特性，黑格尔对宗教的理性化改造意味着，要把宗教思想中不确定的、非理性主义的神秘信仰解构为确定性的理性内容。从神秘主义的信仰到理性主义的思维意味着黑格尔把宗教语

---

① 黑格尔在《法哲学原理》中认为，主体的理性能力和自由是区别古代和现代的转折点和中心点。并在第162节中提出，现代性的原则是主体性原则。
② 柏拉图认为意见是不确定的、变化的、特殊的，而真理则是确定的、永恒的、普遍的，辩证法是一门进行"综合"（Synagoge）与"分析"（Diairesis）的逻辑学，辩证法的任务就是从不确定的意见综合和分析出确定性的真理。

言中的表象化语言解构为严谨的概念化语言。基于对宗教的概念化解构，黑格尔把历史发展过程中散乱的自然形成的宗教逻辑化为一个有机的思想体系。进而，黑格尔证明基督教作为宗教发展体系中的最高环节经过理性化和概念化的解构之后，能够成为适应于现代性原则的宗教。

第六章　黑格尔对现代性的救赎：
理性与信仰的联姻

现代性问题归根结底是由理性逻辑导致的危机。具体而言，人们基于理性的逻辑认为每一个人都是理性的存在者，而忽视和否认了人的价值伦理维度。人成了理性主体，并且认为基于理性主体就可以构建当代社会的价值伦理体系，进而认为理性主体就是价值主体。对价值主体的遮蔽和忽视反过来使得人类遭遇了虚无主义、价值混乱、个人中心主义等一系列现代性问题。因此，黑格尔试图从宗教信仰中发现重建价值主体的可能性——在黑格尔看来没有信仰的现代国家不能保证个人的真正自由。黑格尔把信仰和价值看作非常相近的两个概念，只有经由信仰检验的价值才是合乎人类理性的价值，反过来说，只有经由价值认同了的信仰才是人类需要的信仰。

为此，黑格尔提出要重新构建价值主体，需要首先构建一个可供人们信仰的对象，以重建信仰对价值主体的重建。现代性使得人们在世俗生活中从信仰上帝到开始信仰自己的理性，黑格尔则使得理性绝对化为绝对精神，认为人们在世俗生活中只有信仰绝对精神才能够克服现代性的弊病。同时世俗生活之后的绝对精神就是宗教生活之后的上帝，二者是一体之两面。由此，黑格尔试图打破信仰生活和世俗生活相互割裂的局面，实现了信仰与生活的统一。

第一节　对现代性"理性危机"的宗教救赎

现代性的诞生是建立在传统时代不断消亡的基础上，而传统时代可以看作以基督教精神为根本精神的时代。因此，现代性的诞生可以看作对基督教精神的瓦解，以及理性精神的诞生。然而现代性的危机，不断促使人们去反思现代性的优点与不足，基督教的精神重新回到了思想家们的视野之内。人们试图从基督教精神中找到回应现代性危机的答案。有些西方学者提出，如果说现代性是理性战胜了信仰，那么现代性的危机也是由于信仰被排除于理性的逻辑原则之外而导致。基于此，黑格尔对现代性危机的救赎实质上是对现代性理性逻辑的救赎，而理性逻辑的救赎需要信仰。① 黑格尔通过对现代性逻辑的分析以及对现代性逻辑的宗教救赎为我们探讨现代性问题提供了一条重要线索。

一　现代性危机的理性根源

在传统社会，人们是靠信仰和宗教律法来维持社会伦理秩序的。但是现在启蒙理性否定了信仰和宗教。在《法哲学原理》中，黑格尔指出启蒙理性一方面成为知识的出发点和基础，另一方面又成为人们道德法则的制定者和评判者。理性逻辑作为基础带来的结果，一方面，无限性的客观世界究竟为何因为个体理性的有限性而无法认知；另一方面，个体的理性作为道德依据使得客观普遍性的道德法则失去了约束。因此，主体高于一切便会导致主体没有了一个可以慰藉自身、安

---

① 在这里，黑格尔试图通过思辨理性重新构建人们的信仰，这种信仰是对宗教的理性化改造。马克思则认为宗教只不过是自我意识的"抽象"，我们需要抛弃宗教，基于人类理想和社会现实问题的批判重新确立自己的信仰。

定自身的根基和"家园",虚无主义等恶果正是产生于此。

但是黑格尔在法兰克福时期已经意识到,理性作为时代精神的原则具有内在的缺陷。"在《基督教的精神及其命运》一文中,黑格尔认为主观理性作为与原子式'权本位社会'密切联系的基础,没有能力去建立和理解这个有意义的和令人满意的社会基础。"[①] 有学者指出,黑格尔已经意识到当时社会的逻辑基础就是主观理性,但是这种理性不能够建立一种让人满意的社会秩序。正如上文所言,理性一方面不能够建立一种让人信服的道德伦理秩序,因为没有情感认同的道德秩序只是僵化的命令;另一方面也不能建立一种让人认同的价值信仰体系,因为人们对于普遍性的绝对上帝没有情感。

对理性主义的极度推崇,正是导致现代性危机的主要因素。而现代性正随着资本主义秩序在全球的扩张,裹挟了世界与人本身。现代世界是一个理性异质的世界,工具理性在现代化进程中统治着现实中的人。这样人类所寻求的依托要么是理性逻辑,要么是资本的生产逻辑。人的生存境遇就在传统与现代的断裂和技术与虚无的缝隙中扭曲了。当人不得不与自然对立的时候,人所遭遇的结果或许只能是异化和扭曲。因为表现人类本体论意义的劳动已经变成了异化劳动,人的一切行为都在表明人在本体论意义上的死亡。人的存在境遇从根本上是建立在人与自然力之间非平衡的基础上,人想要做的是去寻求一种平衡。但是寻求的过程中,人已然处于被奴役的状态。劳动的本体论意义已然被异化,人被自然地奴役,并沦为了生产性、功能性的"动物"。概言之,人的生存境遇在本体上已经扭曲了。

而对现代性的分裂、扭曲和贫乏,人们期望得到站在善与恶彼岸

---

① Ormiston Alice, "The Spirit of Christianity and Its Fate: Towards a Reconsideration of the Role of Love in Hegel", *Canadian Journal of Political Science*, Vol. 35, No. 3, Sep., 2002, p. 499.

的上帝的拯救。阿多诺在《最低限度的道德》中提道：

> 在绝望面前，唯一可以尽责履行的哲学就是，站在救赎的立场上，按照它们自己将会呈现的那种样子去沉思一切事物。知识唯有通过救赎来照亮世界，除此之外的都是纯粹的技术与重建。必须形成这样的洞察力，置换或疏远这个世界，揭示出它的裂缝、它的扭曲和贫乏，就像它有朝一日将在救世主的祥光中所呈现出的那样。①

但是这个救赎的渴望，或许也将被淹没在现代性的理性逻辑之中。因为这是个理性走向成熟的世界，理性和资本的逻辑告诉人们，他们不再需要上帝。而一些神学家也要求把上帝从此岸的世界排挤出去之后再进行信仰。同时，取消理性形而上学的上帝，而只保留信仰的上帝对于基督徒来说，似乎也是极为可能的。但马克斯·韦伯（Maximilian Karl Emil "Max" Weber）指出，这是一个祛魅的世界，新教伦理催生了资本主义精神，而资本主义精神又改造了新教伦理。这样自以为把理性逻辑作为自己行为基础的人，却在与社会交互活动中被淹没，社会性的张扬就是社会对主体的入侵，彻底的社会化就是彻底的异化。进而，人成为抽象的人，而不再是本体论意义上的人。环境的非实在化，生存的去语境化，人本身的非人化，这些都是现代性的后果。

黑格尔认为，康德式的理性逻辑是造成社会中矛盾对立的根源。"他愈来愈强烈地体验到生活的基础是矛盾，而这种矛盾几乎表现成为矛盾的一种悲剧性和不可消除性，并恰恰在这样一种历史时期，有一种关于宗教生活的神秘观念变成他的哲学高峰。"② 随着对现实认识的

---

① Theodor W. Adorno, *Minima Moralia*; *Reflections from Damaged Life*, Trans by E. F. N. Jephcott, New Left Books, 1974, p. 247.

② ［匈］卢卡奇：《青年黑格尔》，王玖兴译，商务印书馆1963年版，第93页。

深入，黑格尔越来越发现现实生活中的矛盾性，这种矛盾的根源是理性原则。理性作为黑格尔批判社会矛盾的理论武器不仅仅没有化解矛盾，自身却导致更严重的矛盾。因为，康德理性思想以无视现实世界的客观性为前提。在康德那里，"我们不接受我们经验到的世界的内容，就如同我们不借助一种自发活动来接受我们的经验一样"①。康德理性中的先验法则，是可以指导人们在现实生活中进行实践的先验法则，并不是来自我们的生活世界，而是来自先天机能。并且，我们不接受客观世界的内容，因为我们根本无须遵从客观世界的规律，我们要做的是遵从理性的先验法则然后去指导现实的实践。理性不再考虑现实的偶然性和丰富性是怎样，而只考虑是否服从绝对的道德律令。"理性是排他性的，从而是自我限制的，嗜好是被压制的……义务命令以理性与嗜好的分离为前提……"② 理性对现实生活与感性的压制造成理性与嗜好、普遍与特殊、无限与有限、主体与客体之间的对立。因此，所谓的理性只是抽象的主观统一性。道德律排除了同一性、自我一致性的形式之外没有任何外在的东西。实践理性的根据"A = A"是形式的同一性与其所表达的现实内容是无关的，但是当实践理性指导现实实践的时候却把形式的绝对性强加给其内容，偶然的内容由此而成为一个外在的东西。康德的实践理性完全缺乏内容又无法摆脱内容，最终陷入规定性和有限性中，无法自拔。

二 对理性逻辑的宗教救赎

法兰克福时期的黑格尔从《基督教的精神及其命运》到《1800年体系残篇》中已经蕴含着一个重大转向，即从"宗教高于哲学"到

---

① ［美］特里·平卡德：《黑格尔传》，朱进东、朱天幸译，商务印书馆2015年版，第175页。
② 参见［德］黑格尔《黑格尔早期神学著作》，贺麟译，上海人民出版社2012年版，第298—300页。

"哲学高于宗教"的转向。我们知道从伯尔尼时期的《耶稣传》《基督教的实证性》到法兰克福时期的《基督教的精神及其命运》已经有过一次转折,即从"哲学高于宗教"到"宗教高于哲学"的转折。前面的章节中,我们已经做出分析,黑格尔在伯尔尼时期之所以发生这种转折,是因为他对康德理性哲学的不满,黑格尔认为康德的理性思想是导致主体与客体二元对立的根源。法兰克福时期,黑格尔思想的再次转折则是由于黑格尔对康德理性哲学的再次反思,黑格尔认为康德的哲学并不代表全部哲学,康德的理性也并不代表理性本身的内涵。黑格尔试图提出一种全新的理性,即主体与客体、人与世界有机统一的理性,无论是前面提及的"爱""生命"还是"精神",都是黑格尔试图建构一种异于康德的全新理性的尝试。黑格尔在耶拿时期对以前的种种尝试和想法进行了一个细致的梳理——这体现在这一时期写作的《费希特与谢林哲学体系的差别》(*Differenz Des Fichteschen Und Schellingschen Systems Der Philosophie*,1801)[①]一书中——黑格尔认为康德的理性思想是一种停留在反思层面的知性思想,而真正的思辨理性则是超越了知性之二元性的思想。在这里,黑格尔以严格的哲学形式发表了自己的哲学思想。

在《差别》中,黑格尔一方面辨析了费希特与谢林思想的差异,另一方面则是重新梳理和批判了康德的理性思想。康德理性思想虽然提出了四个二律背反,指出人类认识中不可避免的矛盾。但是康德一方面把矛盾看作人类理性认识的主观"假相",否认矛盾的客观实在性;另一方面则认为矛盾是理性认识导致的必然结果,无可更改。这些在黑格尔看来,都充分表明康德理性思想只是黑格尔所谓的"知

[①] 该书在黑格尔刚到耶拿不久即问世,我们有理由相信,该书中的大部分内容是黑格尔在法兰克福时期甚至在更早的时期即开始思考的问题。中文译本参考[德]黑格尔《费希特与谢林哲学体系的差别》,宋祖良、程志民译,商务印书馆1999年版。

性"。"在《哲学史讲演录》中,黑格尔尖锐地指出,这完全是知性哲学。尽管康德自称自己的哲学中有理性,但在黑格尔那里却得到了这样一个评价,这表明两人所说的理性具有不同的含义。"① 黑格尔认为,康德的理性仅仅局限于坚持对立,而没有上升到克服对立形成统一的层面。真正的理性是克服对立上升到统一的理性,而不是仅仅停留于对立层面的理性。固执地坚持限制和对立的思想,就是知性。黑格尔在《差别》中对知性做了明确的解释:"限制力,即知性。"② 知性的本质即限制和对立,尽管知性也设置无限,但是这种无限(物自体)是与认识主体对立的无限。宋祖良先生认为,虽然在康德、费希特哲学中设立了作为无限的物自体和作为无限的理念自身,"在康德、费希特哲学中有作为理念的绝对物,有作为自我＝自我的绝对物,但是由于这种绝对物与自在之物、非我的具体的和有限的认识过程是完全割裂开来、对立起来的,坚持的是主体与客体的对立,正因为此,黑格尔才认为,康德、费希特哲学仍然采用了知性的方法"③。只有上升到统一之后的理性才是真正的理性,停留于对立层面的只能称为知性。

当然黑格尔并没有完全否定知性,而是认为知性是理性的一个重要环节。知性必然导致矛盾的产生,而矛盾和对立是哲学产生的源泉。黑格尔认为:"分裂是哲学需要的源泉。"④ 哲学的任务就是扬弃分离,"知性的大厦越是坚牢越是辉煌,作为部分拘禁于知性大厦的生命要摆

---

① 宋祖良:《青年黑格尔的哲学思想》,湖南教育出版社1989年版,第124页。
② [德]黑格尔:《费希特与谢林哲学体系的差别》,宋祖良、程志民译,商务印书馆1994年版,第9页。
③ 宋祖良:《青年黑格尔的哲学思想》,湖南教育出版社1989年版,第126页。
④ [德]黑格尔:《费希特与谢林哲学体系的差别》,宋祖良、程志民译,商务印书馆1994年版,第9页。

脱知性进入自由的努力就越是不停息"①。理性的任务和兴趣就是要扬弃知性的对立。知性尽管设置了绝对，但是在知性中绝对是绝对的对立（作为绝对观念的主体与作为物自体的客体的对立）。因此，黑格尔认为，康德的反思理性思想仅仅是一种知性逻辑，或者说只是思辨理性思想的一个环节。理性需要先设定对立，然后扬弃对立、实现统一。康德的理性仅仅达到了理性思想的一个层面，即设定对立层面。因此康德理性是一种未完成的理性，一种没有达到完美性的理性。追求完美性或者说追求绝对的真理，是理性的任务和旨趣。所以，理性必然不会停滞在对立层面，而是进一步向前发展，直至达到绝对和真理。由此，黑格尔改变了在耶拿时期之前仅仅把理性看作对立的就加以否定的思想。耶拿时期之前，黑格尔把理性仅仅停留于对立层面看作理性本身的缺陷，而否定了整个理性思想，甚至否定了整个哲学而转向宗教思想中寻找解决时代问题的方案。因而，从伯尔尼时期开始，黑格尔先后从宗教思想中借鉴了"爱"和"无限生命"等思想资源。"爱"和"无限生命"尽管可以实现主体与客体的统一，但是"爱"和"无限生命"只是宗教体验式的东西。因此，当黑格尔发现理性的对立性不是理性的缺陷而是理性的优势，是理性实现统一、达到绝对的必要前提时，黑格尔便从直观体验转向了概念思辨，从宗教转向了哲学。因为概念的思辨可以通过一种确定性的、科学的方式实现主体与客体的统一。

并且，唯有理性才能够在摆脱知性对立的基础上建立起绝对物（绝对精神或者上帝）。"只有通过理性把意识从限制那里解脱出来，理性才产生绝对物。"② 只有从对立的限制中摆脱出来，上升到绝对和

---

① ［德］黑格尔：《费希特与谢林哲学体系的差别》，宋祖良、程志民译，商务印书馆1994年版，第9页。
② ［德］黑格尔：《费希特与谢林哲学体系的差别》，宋祖良、程志民译，商务印书馆1994年版，第12页。

自由的层面才能够达到绝对。或言之，只有理性才能够通达绝对的真理，知性无法达到这一点，知性只会陷入绝对的矛盾。黑格尔认为："孤立的反思，作为对立物的设置，是绝对物的扬弃。它是存在与限制的能力。"① 知性的反思无法达到绝对的真理，而只能达到对立与限制；唯有扬弃对立、实现统一才能够达到绝对的真理。表面看来黑格尔是站在谢林的立场批判康德和费希特，实际上黑格尔同时也不赞同谢林的观点。因为谢林强调的绝对是一种无差别的统一性，即"纯粹统一性"；而康德、费希特则强调"实在的对立性"，即主体与客体的对立。黑格尔实质上是把实在的对立性与统一性结合起来，实现主体与客体的对立统一。换言之，黑格尔借鉴了谢林的统一性与康德思想的对立性，而把二者统一起来。因此，黑格尔是把谢林和康德思想结合起来建立自己的思想。

主体与客体的对立统一，即黑格尔在思辨的角度实现绝对的路径。这里的绝对既是指绝对真理，也是指绝对上帝。黑格尔认为："哲学作为由反思产生的知识总体，就成为一个体系，一个概念的有机整体，其最高的法则不是知性，而是理性。知性必须正确指出它的被设置物的诸对立物、它的界限、根据和条件。但理性却统一了这些相矛盾的东西，同时设置两者并且扬弃两者……构成反思基础的绝对物，也按反思的方式，要作为最高的绝对的原理而存在。"② 这种最高的绝对原理在黑格尔看来就是理性化了的上帝，因此黑格尔对现代性理性逻辑遭遇的危机所做出的回应是建立一个超越反思理性的绝对（上帝）。这种绝对作为一种最高原理实现了理性与信仰、普遍与特殊的统一。

黑格尔在哲学思辨的维度超越了现代性理性逻辑的形式主义和对

---

① ［德］黑格尔：《费希特与谢林哲学体系的差别》，宋祖良、程志民译，商务印书馆1994年版，第13页。
② ［德］黑格尔：《费希特与谢林哲学体系的差别》，宋祖良、程志民译，商务印书馆1994年版，第21页。

立性，而提出思辨理性。在此基础上黑格尔进一步探讨了如何在价值领域实现对理性逻辑的救赎。

现代性的价值危机是现代性危机的最集中体现，有些激进的学者甚至认为现代性的危机就是价值危机。这种激进的看法有着一定的合理性，因为现代性危机的一切表现都与价值危机存在着密切的关联。尽管有些危机表现在自然环境方面，比如环境污染；有些危机表现在国家之间的冲突，比如中美贸易战，这些危机的背后都与价值危机有着密切的关系。而价值危机的产生根源就是现代性危机的产生根源，在上一节中我们已经分析了现代性危机的一个最重要的表现就是理性危机。因此，现代性价值危机的根源在于理性逻辑。具体而言，理性逻辑对基于宗教信仰建立的价值体系进行片面否定，进而建立新的价值体系的做法导致了现代性价值危机的诞生。因此，本书接下来试图探讨现代性价值危机的宗教维度，进而分析黑格尔对现代性价值危机的宗教救赎。

之所以人们受到新的"抽象物"的统治则是因为人们不再是"上帝"的奴仆，人们放弃了以上帝为中心构建的普遍性价值体系，从而受到新的"抽象物"的统治。这种新的"抽象物"就是人们以为会解放自身、实现自由的理性，人们首先认为理性能够取代上帝和宗教构建一套新的价值伦理体系，在构建这一体系的过程中把人看作理性的存在者，进而遮蔽人的伦理价值内涵。简言之，人们以理性主体取代和否定了价值主体。价值主体的丧失使得人们陷入了虚无主义的深渊，而要解决这一问题就需要重新回到宗教之中。

黑格尔在其思想早期就已经意识到当时社会的危机中最重要的是价值危机，并把耶稣比作"爱之师"而不再作为康德意义上的"理性之师"。黑格尔认为耶稣是道德宗教的老师，并否认他是实证性信仰的老师；但是黑格尔承认，有些人不同意这种观点，并声称耶稣所教导的宗教"的本质在于空口说教、外表的行为、内心的感情和历史性的信仰"①。但是，在不同意他的观点的人中，黑格尔区分了两种意见。第一种人认为"在一个纯粹宗教中的权威因素是非本质的，甚至是应受到谴责的，基于这个理由他们不愿承认耶稣的宗教具有道德宗教的显著特点"；第二种意见认为"耶稣的宗教的突出特点恰好正在这一权威因素，认为权威因素和道德原则是同样神圣不可侵犯的"。②但是这两者都不是黑格尔的观点，黑格尔对耶稣的解释不可避免地提出了一个问题——为什么耶稣的教训最终导致实证性宗教的建立？

黑格尔对此问题的一般回答是，这是由于外部环境和时代精神所致。这些因素意味着即使耶稣本人也存在实证性因素，尽管他教导理性道德的主要目的是反实证性。但是犹太人的精神"只要求基于权威去信仰宗教"③，因此，人民对道德的基本自由视而不见。相反，他们认为美德在于对僵死律法的奴性服从，而僵死律法被认为是从神圣旨意中获得了权威性。在这种情况下，理性已经消散了，因此，耶稣将道德诉诸理性是徒劳的。取而代之的是，"耶稣只是基于自己的权威，要求人民去信仰"④，以使人们能够理解他的启示。

当黑格尔思想成熟之后，对现代性道德困境进行宗教救赎的总体思想并未发生变化。黑格尔认为，启蒙运动所代表的理性逻辑之所以造成现代性的价值危机主要是因为启蒙理性对宗教信仰的完全否定。启蒙理性否定了宗教信仰的价值体系，而基于理性的逻辑重新构建了

---

① [德] 黑格尔：《黑格尔早期神学著作》，贺麟译，上海人民出版社2012年版，第178页。
② [德] 黑格尔：《黑格尔早期神学著作》，贺麟译，上海人民出版社2012年版，第171页。
③ [德] 黑格尔：《黑格尔早期神学著作》，贺麟译，上海人民出版社2012年版，第173页。
④ [德] 黑格尔：《黑格尔早期神学著作》，贺麟译，上海人民出版社2012年版，第171页。

一套新的价值伦理体系。因为启蒙理性认为宗教缺乏理性的维度，同时，宗教受到这一观念的影响也自觉地否定了理性在神学思想中的作用，从而坚持以直观、表象等形式去进行宗教生活。进言之，神职人员放弃了对宗教进行理性化解读的任务。"它们向哲学提出抗议，不过仅仅为了保持其推理的专断。它们把哲学称之为某种个别者（Partikulares），然而这哲学无非是理性的、真正普遍的思维。它们把哲学看作某种幽灵般的东西，从中人们不知道它是什么，因此它根本不是可怕的；但它们借助这种表象仅仅在表明它们觉得适于留在其无规则的专断的反思中，哲学则不让这些反思起作用。"① 哲学，作为理解上帝的思辨思想，与宗教的表象思维相比具有优势，因为它既可以理解宗教，也可以理解哲学。哲学能够理解宗教思想并且可以为公正地对待宗教；它还能够理解理性主义和超自然主义，而且它还能够理解自己的思想。但是反过来说是不成立的，宗教因为它的观点是表象思维的观点，所以只在这种思维中才认识到自己；而不是在哲学中，即在观念上和在思想的普遍性决定中才认识到自己。通常，一种哲学因其对宗教的反对而受到宗教的谴责，但是通常这些谴责是无效的。从宗教的角度来看，只是因为宗教不了解哲学才进行谴责。神职人员受到启蒙理性的影响，强调基于个人感觉和个人道德建立某种组合的信仰。总的来说，神职人员的做法被认知的知性（Verstand）模式和单纯的反思所束缚。黑格尔认为这种知性和反思模式受到启蒙理性的影响，是一种有限性和主观性的模式。这种知性认知和反思的模式导致思想的对立和分离。

无论是启蒙理性，还是现代宗教在某种意义上都否定了理性在宗教信仰中的重要意义。黑格尔则试图打通理性与信仰之间的壁垒。一方面黑格尔试图对宗教进行理性化、思辨化和体系化的改造（具体分

---

① ［德］黑格尔：《宗教哲学讲演录》Ⅰ，燕宏远、张国良译，人民出版社2015年版，第22页。

析可见第五章第一节），另一方面黑格尔试图批判启蒙理性对理性逻辑的片面坚守和对宗教信仰的片面否定。因此黑格尔认为，宗教精神与理性逻辑之间并不是相互对立的，二者具有内在的关联。哲学的根源在于知性反思，因为知性反思是一种基本的二元对立，这种二元对立在语境中表现为一种与信仰之间的分离，而这种信仰本质超越主体的理性。黑格尔在《信仰与知识》中辨析了康德、费希特和雅各比之间的差异。基于对这些思想的分析，黑格尔发现他们的观点构想了知性、感觉或主观的性情，而这些都缺乏与世界相关的实际内容。

结果是，基于这些启蒙思想家的观点，宗教徒通过更为传统的基督教形式轻易地否认了理性与信仰之间和解的可能性。因此，这些对启蒙思想的宗教回应都没有成为社会公共生活的基础："当福音不再布道给穷人，当精英变得愚蠢了，一切基础被悄无声息地抽走时，民众——对于其仍旧敦实的理性而言，真理只能存在于表象中——就对其内心的渴望不知所措。最近还有无限的痛苦；但在此情况下，对某种爱之爱和对毫无痛苦的某种享受之爱被颠倒了，于是民众就看到自己被其导师们所遗弃。导师们虽然通过反思得以自救，并在有限性中，在主体性及其精湛技巧中，正因此也在爱虚荣中得到了其满足，然而民众的那种实体的核心在其中并不能得到其满足。"[①] 这些神学上的启蒙使宗教从根本上是主观的，从而破坏了宗教为世俗生活提供安全稳定的观念的能力。

黑格尔认为我们需要把信仰与理性、宗教与国家结合起来。黑格尔宗教哲学"讲演的目的正在于，使理性与宗教和解，认识到宗教在其杂多的形象中是必然的，并在启示的宗教中重获真理和理念"[②]。宗

[①] ［德］黑格尔：《宗教哲学讲演录》Ⅱ，燕宏远、张松、郭成译，人民出版社2015年版，第251—252页。

[②] ［德］黑格尔：《宗教哲学讲演录》Ⅱ，燕宏远、张松、郭成译，人民出版社2015年版，第252页。

教表征的形式据说基本上是表象思维的形式，它不同于哲学代表的形式，即概念的形式。但是宗教交流的表象思想不是概念思维，它不具有必然性的内容；与概念形式的领域相反，它把父子的自然关系带入了纯意识的领域。"表象思维不仅与哲学表征在形式上不同，而且还被认为不足以表示概念形式。"① 信仰不是脱离世俗生活的彼岸幻想，世俗生活也不是无信仰的虚无主义。只有在世俗生活中重新建立信仰的权威，我们才能够克服虚无主义导致的价值危机。而要树立信仰的权威需要在每一个人心中树立起一种绝对的"精神"，这种绝对精神不仅仅是绝对的理性同时也是绝对的上帝。

但是作为和解理性矛盾的绝对上帝并不是要完全否定理性，而是包容各种内容于自身之内。"由于被设置物与绝对物的联系是一个多样性的物，既然被限制物是这个东西，那么哲学探讨的目的在于把这种多样性本身置于联系之中……当那些联系在知识的客观总体的联系中得到自己的地位，它们的客观完美性得到完成时，它们的多样性才会由此从偶然性中摆脱出来。"② 黑格尔在这里重新理解了哲学和宗教、理性与信仰之间的关系，黑格尔不再认为哲学仅仅是康德意义上的哲学，仅仅是一种知性意义上的坚守对立和限制的哲学；而是认为，哲学是一种思辨的、理性的坚守统一的哲学，这种哲学是把宗教包容于自身之内的哲学。

当黑格尔赋予了哲学与理性以新的内涵之后，黑格尔在耶拿时期又重新回归到哲学的怀抱之中。黑格尔试图把早期思想中的直觉体验式的宗教情怀上升到辩证理性的哲学概念。由此，黑格尔在耶拿时期的一个主要任务，即对其之前的宗教直观体验思想做一个系统的梳理

---

① B. C. Birchall, "Hegel's Critique of Religion", *Man and World*, Vol. 13, No. 1, 1980, pp. 1–18.
② ［德］黑格尔：《费希特与谢林哲学体系的差别》，宋祖良、程志民译，商务印书馆1994年版，第29页。

和反思，以上升到哲学和思辨的层面。这便为黑格尔从"直观体验"的精神过渡到"思辨概念"的精神提供了前提条件。

第二节 绝对精神：理性与信仰的统一体

黑格尔通过把现代性的理性原则改造为思辨理性，实现了对现代性逻辑的哲学改造；同时，黑格尔试图通过思辨逻辑把信仰与理性结合起来，以克服人类中心主义、价值虚无主义、工具主义等诸多现代性难题。而理性与信仰相结合的载体即绝对精神。尽管黑格尔强调他的哲学体系并没有绝对的起点，但是我们可以发现绝对精神在黑格尔思想体系中拥有至高无上的地位，这不仅是因为黑格尔把绝对精神看作思想的制高点，同样也因为绝对精神在推动黑格尔思想体系进行自否定运动时起到"第一因"的作用。因此黑格尔在有些场合直言，绝对精神就是上帝。所以，黑格尔一方面希望跳出现代性的理性逻辑框架，提出一种基于绝对精神的理论体系；另一方面，又把绝对精神"神圣化"为上帝，进而希望以宗教伦理体系对抗理性逻辑的价值体系。事实上，黑格尔对绝对精神"神圣化"的努力与他对现代性的理性逻辑进行批判的努力具有内在的一致性。要对抗现代性的理性逻辑需要提出一套超越理性逻辑的绝对逻辑，而这种绝对逻辑在黑格尔的思想早期就已经开始孕育，就是基于宗教的绝对精神。所以绝对精神是黑格尔实现理性与信仰之统一的载体和中介，绝对精神一方面具有理性的内涵，另一方面又具有神学的内涵。

一 绝对精神的理性内涵

如果说黑格尔对宗教思想的批判是把宗教思想"理性化"，那么他对现代性的原则——主体理性的批判则是把理性"思辨化"。黑格尔认为现代性的逻辑基础是主体性原则，而这种主体性原则来源于启蒙运动、法国大革命、英国工业革命等政治、思想、经济运动对个体理性的推崇。强调理性与信仰的对立使人们不再把宗教精神作为道德伦理依据的主要原因，自我的理性取代了上帝成为一切知识与道德的出发点。主体理性失去了普遍性的道德原则的约束，并失去了心灵可以安家之处的彼岸世界。因此，黑格尔提出理性与信仰必须重新统一起来，赋予主体理性以"道德律令"和"普遍的法则"，这种统一就是"绝对精神"。

绝对精神既然是一种自我否定又自我肯定的思辨运动，那么我们就不必通过直观的方式去认识精神或者神，而是通过思辨的精神去认识神。"精神或神说到底就是一种活动，这种活动说到底就是精神或神自我规定并在自我规定中实现自身的过程。"[①] 只要理解了精神的自我否定又自我肯定的思辨运动，也便理解了精神自身。既然精神的运动是思辨的运动，那么对神的认识就由精神的直观让位于精神的思辨。黑格尔把绝对精神展现自身的过程同时理解为人认识绝对精神的过程。人对绝对精神的认识之所以是可能的，就是因为精神的本质就是理性。通过理性能够认识绝对精神才是绝对精神之本质。理性是绝对精神所创造世界的本质，"理性是世界的灵魂，理性居住在世界中，理性构成世界的内在的、固有的、深邃的本性，或者说理性是世界的共性"[②]。绝对精神赋予世界以理性，整个世界都是思辨的、理性的。因此，我们只有通过思辨的理性才能认识绝对精神，绝对精神本身就是思辨的。当黑格尔认为应该通过思辨的精神去把握绝对精神的时候，精神的思辨性就完全显露出来了。

---

① 赵林：《黑格尔的宗教哲学》，武汉大学出版社 2005 年版，第 158 页。
② ［德］黑格尔：《小逻辑》，贺麟译，商务印书馆 1980 年版，第 80 页。

第六章　黑格尔对现代性的救赎：理性与信仰的联姻

(一) 绝对精神是主体与客体、思维与存在的对立统一

绝对精神是包含对立统一的整体。相较于费希特"主观的统一性"而忽视了客体，以及谢林的"绝对统一"而忽视了过程，黑格尔认为绝对精神实现自身获得统一性的方式是主客体对立统一的辩证运动。绝对精神首先是一种内在于事物的本质规定的潜在状态，然后以外化自身为客体的方式实现自身的存在。外在的客体的一切运动变化发展都遵循着"绝对"的精神。外在客体通过生灭变化最终实现绝对的规定而回归绝对。绝对就是在这种自我否定、自我外化，又自我回归的辩证运动中实现了主体与客体的统一。

黑格尔既不同意费希特主观的统一，也不同意谢林客观的同一，认为二人的"同一思想"只是"抽象的同一"。之所以是"抽象同一"，是因为费希特与谢林的统一思想都坚持了同一律"A = A"，同一律只是逻辑形式自身的等同性，存在者之间的同一"A = A"实际上只是两个规定简单的并列。这种抽象的同一只注重思维规定之间的"统一"，而忽视了诸存在的差别。黑格尔认为费希特把"绝对同一"理解为"自我 = 自我"的圆圈式运动，非我被排除在自我之外，只注重了主体，而忽视了客体。同理，谢林"主—客无差异的绝对同一"造成主体与客体之间的差异成了偶然的量的区别，而没有质的对立，黑夜观牛、其色如墨："它宣称它的绝对者是一个黑夜，在其中，就像人们惯常说的那样，所有母牛都是黑的。"① 主客体的绝对无差异就是绝对的静止，"个体性"的差别与自由被忽视无助于阐明真理的发展过程。无论是主观同一还是绝对同一都只坚持思维规定中的片面性，而忽略了个体存在内容的丰富性和差异性，无法达到真正同一。

---

① [德] 黑格尔：《精神现象学》，先刚译，人民出版社 2013 年版，第 10 页。

主体与客体的对立统一，即思维与存在的统一。黑格尔认为思维与存在作为哲学的起点，"这个起点构成哲学的全部意义。对立的一面是存在，对立的另一面是思维。包括对立的两面于自身内就是绝对。——这个概念同时包含它自身的存在于它自身之内"①。思维与存在的统一即绝对全体，绝对统一即思维认识到思维自身即为存在着的事物的本质，思维即存在本身，思维即存在，存在即思维。但是思维和存在的关系并不像谢林那里的主体与客体是绝对的无差别。思维与存在既是相互对立，又是相互转化的，即思维通过外化自身而产生自己的对立面——存在，又通过对存在的否定和扬弃而回归自身。正是在这个否定自身，又否定外化的过程中思维与存在实现统一。因此，思维与存在的统一是一个主体与客体对立统一的矛盾发展的过程。

（二）绝对精神是差别与无差别的统一

主体与客体、思维与存在的对立统一，强调了统一是有差别的统一。谢林主客无差异的"绝对统一"意味着主体与客体都是绝对的外在形式，客体的流变性和偶然性无法在绝对统一的静止性中显现，偶然性的外在事物便无法过渡到绝对，绝对也无法推导出事物的流变，这与绝对是万事万物之根据相矛盾。因此谢林的绝对统一是抽象的绝对统一，是把主体排除在绝对自身之外的客观绝对统一。黑格尔认为"绝对统一"应该是"本身已经包含各种差异的内在统一，因此它是一个具体的整体"②。黑格尔把差别引入绝对精神，认为"个体性"的内在差别和矛盾使得绝对蕴含具体的内容。正是差别和矛盾使得对立面的双方可以相互作用，为事物的辩证运动提供动力。"这个绝对的差别概念是一个内在的差别，也就是说，真正的自身一致者是自己排斥自

---

① ［德］黑格尔：《自然哲学》，先刚译，人民出版社2013年版，第262页。
② ［德］黑格尔：《美学》第1卷，朱光潜等译，商务印书馆1996年版，第137页。

第六章　黑格尔对现代性的救赎：理性与信仰的联姻

己的，真正的自身不一致者是与自己一致的。我们必须去思考一种纯粹的更替，亦即一种内在的对立或矛盾。因为，在一个内在的差别里，对立双方并不是两个孤立的单一体——否则它们只能被称作存在者而不能被称作'对立面'——毋宁说，任何对立面都是一个与它的对立面相反的东西，换言之，任何对立面在其自身内就直接包含着一个他者。"① 黑格尔认为，绝对的统一就在于在差别中去认识这种统一，因为在差别和对立中绝对得以把握思辨的统一。

绝对是包含对立和差别于自身之内的整体。相较于费希特"主观的统一性"而忽视了客体，以及谢林的"绝对统一"而忽视了过程，黑格尔认为绝对实现自身获得统一性的方式是主客体对立统一的辩证运动。绝对是内在于事物的本质规定处于潜在状态，通过外化自身为客体的方式实现存在。外在的客体的一切运动变化发展都遵循着"绝对"的精神。外在客体通过生灭变化最终实现绝对的规定而回归绝对。绝对就是在这种自我否定、自我外化，又自我回归的辩证运动中实现了主体与客体的统一。主体与客体的对立统一，即思维与存在的统一。黑格尔认为思维与存在作为哲学的起点，"这个起点构成哲学的全部意义。对立的一面是存在，对立的另一面是思维。包括对立的两面于自身内就是绝对。——这个概念同时包含它自身的存在于它自身之内"②。思维与存在的统一即绝对全体，绝对统一即思维认识到思维自身即为存在着的事物的本质，思维即存在本身，思维即存在，存在即思维。但是思维和存在的关系并不像谢林那里的主体与客体是绝对的无差别。思维与存在既是相互对立，又是相互转化的。思维通过外化自身而产生自己的对立面——存在，又通过对存在的否定和扬弃而回归自身。正是在这个否定自身，又否定外化的过程中思维与存

---

① ［德］黑格尔：《精神现象学》，贺麟、王玖兴译，商务印书馆1979年版，第103页。
② ［德］黑格尔：《自然哲学》，梁志学、薛华等译，商务印书馆1980年版，第262页。

在实现了统一。因此,思维与存在的统一是主体与客体对立统一的矛盾发展的过程。

黑格尔尤其重视强调个人的差异性和个性,为此不惜以"精神"来拔高个人的主体性。或者说,个人需要以一种从自身出发的总体性的绝对精神来对抗现实社会中的法律。如果没有这种绝对精神的支撑,"当个人被利益的对抗推到法的领域时,个人很容易发现自己是错的——正如黑格尔想说服个人相信的那样。这并不是个人的过失,因为个人太宽厚了,以致在客观的法律规范及其保证那里看不到他自身的利益。那种再生产着生命的保存的普遍性同时又在愈发造成威胁的程度上消灭了生命。正如黑格尔所认为的那样,自我实现的普遍之权力和自在的个人的本质不仅不是统一的,而且总是相反的。他们越是和普遍相统一,作为无望地顺从的奴仆的他们就越和普遍不相统一"①。总体性的普遍意志有着消灭个体性的威胁,因此,需要以绝对精神来反过来对抗普遍性的集体利益。而绝对精神与个人的精神是内在统一的,从这一意义出发,黑格尔以绝对精神的体系固定了个人的独立性地位,从而保证了个人的自由。

黑格尔认为绝对精神之所以能够保证个人和集体的特性并使得二者统一起来,是因为绝对精神"本身已经包含各种差异的内在统一,因此它是一个具体的整体"②。黑格尔把差别引入绝对,认为"个体性"的内在差别和矛盾使得绝对蕴含具体的内容。正是差别和矛盾使得对立面的双方可以相互作用,为事物的辩证运动提供动力。"在一个作为内在差别的差别里,那对立的一面不仅仅是两个中的一个——如果是这样,那差别就不是一个对立的东西,而是一个存在着的东

---

① [德]特奥多·阿多尔诺:《否定的辩证法》,张峰译,重庆出版社1993年版,第308页。
② [德]黑格尔:《美学》第1卷,朱光潜等译,商务印书馆1996年版,第137页。

西——而乃是对立面的一个对立面，换句话说，那对方是直接地存在于它自身之内。"①绝对的统一就是在差别中的统一，因为在差别和对立中绝对得以把握思辨的统一。因此，思辨统一并没有扼杀个体的特殊性和自由，而是在保证"特殊主体"与"普遍个体"差别性的同时，实现二者的统一。

基于绝对精神的运动发展，黑格尔在《精神现象学》中提出了"历史与逻辑的统一"的形而上学体系。黑格尔形而上学体系的所有内容都是以"绝对精神"作支撑，他指出，"绝对理念的内容就是我们迄今所有的全部生活经历（decursus vitae）"②。黑格尔认可现实世界是发展着的，但是发展的现实世界是"绝对精神"这个实体在运动发展过程中产生的内容。精神的自否性运动逻辑，即世界的运动发展逻辑，绝对精神的展开就是世界的展开。

二　绝对精神的神学内涵

法兰克福时期的"精神"作为一种直观的生命体验被黑格尔等同于"神"。"神"在黑格尔一生的思想中一直处于至高无上的地位，"神"被黑格尔看作至高真理，是绝对精神的代称。这一点在青年黑格尔思想形成之初尤为如此，黑格尔在批判传统的犹太教和基督教时反而在维护神的地位的合法性。并且，"神"成为黑格尔批判传统宗教的理论依据和论证前提。

首先，黑格尔批判传统宗教的武器是上帝。伯尔尼时期黑格尔批判基督教，他认为上帝是理性的化身，以理性和解基督教的对立性。"打破一切限制的纯粹理性即上帝，因此世界的规划一般讲来是按照理

---

① ［德］黑格尔：《精神现象学》，先刚译，人民出版社2013年版，第103页。
② ［德］黑格尔：《小逻辑》，贺麟译，商务印书馆1980年版，第423页。在黑格尔思想中，绝对理念和绝对精神可以看作同义词。

性制定的","理性世界的精神即上帝的精神。"① 同时，上帝赋予人以理性，人们理性中的神圣法则来自上帝，上帝成为康德道德律的最高标准和最终依据。法兰克福时期黑格尔批判犹太教，犹太教的对立性被黑格尔以上帝之"爱"和解。"神"在黑格尔思想中的地位依然牢不可破。

其次，黑格尔提出耶稣之"爱"，一方面和解宗教的"实证性"，另一方面和解道德主义的实证性。上帝之子耶稣行走世间意图解救陷入"实证性"命运的犹太人，解救的武器即"爱"。同时，当时的人们受到道德主义的影响，道德主义坚持的理性造成一种内在对立——人的理性与人的感性欲望的对立。爱包容一切的统一性也化解了道德主义的这种实证性。上帝之"爱"和解了道德主义的"实证性"。

因此，从伯尔尼到法兰克福时期，绝对的"神"一直是黑格尔思想的理论立足点和出发点。随着思想的发展，黑格尔在法兰克福后期把神等同于"精神"。黑格尔说，"爱是精神、神性的统一"②，以生命之爱为中介，神即精神。黑格尔认为无限的生命就是神，这一观点也符合西方宗教传统。"爱"现实化的表现是生命，无限性的生命即神；同时，无限性的生命即精神。黑格尔说："我们可以把无限的生命（神）叫做精神，因为精神乃是多样之物的活生生的统一，精神的这种统一性与多样性的对立乃是与它自己的表现形态相对立（这种形态构成了包含在生命的概念中的多样性）。"③ 黑格尔把神与精神看作一个东西。上帝就是精神，精神就是上帝。"精神成为绝对的东西，这精神

---

① ［德］黑格尔：《黑格尔早期神学著作》，贺麟译，上海人民出版社2012年版，第80、86页。
② ［德］黑格尔：《黑格尔早期神学著作》，贺麟译，上海人民出版社2012年版，第360页。
③ ［德］黑格尔：《黑格尔早期神学著作》，贺麟译，上海人民出版社2012年版，第387页。

第六章 黑格尔对现代性的救赎：理性与信仰的联姻

由于其绝对性同时就是上帝，而上帝之所以是上帝，只是因为他是思想着的精神。"①绝对精神即上帝，上帝即思想着的精神。二者具有相同的性质。一方面，二者都是无限的，上帝是无限的生命，精神具有无限的统摄万物的特性；另一方面，二者都具有绝对的统一性，上帝作为无限的生命是主体与客体、普遍与特殊的统一，个体的生命是一，是联系，而相对于总体的生命——上帝，又是多，是对立。"因而生命个体之间本身就是一与多、联系与对立的统一，个体与生命总体之间同时也处于对立统一之中。"② 生命表现形式的多样性和对立性恰恰是因为生命的内在统一性。多样性和对立是生命客观化自身而变化为现实世界的表现，现实世界的多样性和对立不能遮掩其背后精神的统一性。同样，精神是多样之物的活生生的统一，精神能够把有限与无限、复杂与单纯都纳入自己的体系中进行思考。

当黑格尔把绝对精神等同于神，绝对精神在一方面具有了生命所具有的统一性，即主体与客体的统一；另一方面又具有了"神性"。"神性"是统一性的前提，因为神创造万物，万物天然地具有与神相统一的特性，而绝对精神具有的"神性"保证了绝对精神本身的这种绝对统一。因此，绝对精神原初具备了统一对立之二元的特性，但是等同于"神"的绝对精神，其统一性只是一种神秘主义的统一。

精神、生命、上帝、绝对等概念在黑格尔看来本质上都是统一的。黑格尔这种观点并非独创，而是借鉴了基督教的观点。"基督教出现了拿撒勒的耶稣教义中的'启示'：上帝是精神，他的秉性向我们显露无遗，对神性的关注与对人性的关注不是相互抵触的，神实际上早就变

---

① 赵林：《黑格尔的宗教哲学》，武汉大学出版社 2005 年版，第 243 页。
② 朱学平：《古典与现代的冲突与融合——青年黑格尔思想的形成与演进》，湖南教育出版社 2010 年版，第 122 页。

成了人。"① 因为神爱世人，世人同样爱神，通过爱，神与人已然实现了统一；通过爱，世人可以去理解和思考神的伟大与宽恕；通过爱，神性已经传播到每一个"爱"神的子民的内心深处，神性与人性实现了统一。而这种统一之所以可能需要人用自己的精神去理解上帝的精神，是因为上帝的精神与人的精神是统一的。因此，"神，黑格尔论证道，因此被使得显露为合理的自我意识的精神本身"②。人的精神可以思考和理解无限的生命（上帝）。

黑格尔对神（或者精神）的思辨性认识这样评价："上帝只有就其知自己本身而言才是上帝；进而上帝的自知就是上帝在人里面的自我意识和人对于上帝的知，而人对于上帝的知则进展到人在上帝中的自知。"③ 上帝不再是通过直观去认识，而是通过精神的思辨理性去认识，因为直观会导致认识的神秘性，进而导致认识的模糊。"那种断言人不能够认识神的观点是不合逻辑的，他直接与天启宗教相矛盾。真正的知识能够而且必须从神那里开始，因为一切知识说到底就是神或者精神关于自身的知识。如果神不能够被理性所认识，那么他就只剩下妒忌了。"④ 黑格尔把神等同于精神，其基本特征就是精神关于自我的认识。这种自我认识之所以是可能的，就是因为精神或者神的本质就是理性。通过理性能够认识上帝才是对上帝存在的有效证明，否则就是对上帝的"妒忌"。

不过，当我们说人的精神可以通达上帝、精神与上帝是一个东西的时候，并不意味着人就是上帝本身。因为，"在基督教里，黑格尔力

---

① ［美］特里·平卡德：《黑格尔传》，朱进东、朱天幸译，商务印书馆2015年版，第234页。
② ［美］特里·平卡德：《黑格尔传》，朱进东、朱天幸译，商务印书馆2015年版，第235页。
③ ［德］黑格尔：《精神哲学》，杨祖陶译，人民出版社2015年版，第331—332页。
④ 赵林：《黑格尔的宗教哲学》，武汉大学出版社2005年版，第158页。

第六章 黑格尔对现代性的救赎：理性与信仰的联姻

主，我们承认不崇拜我们自己，自我崇拜当然是荒谬绝伦的，但我们崇拜自己心中的'神的原则'，一种被黑格尔后来试图在他的《自然哲学》中所证实的主张"①。黑格尔并没有把人提高到与上帝等同的地位，黑格尔之所以说神即精神，是因为每一个的精神中都赋有和体会到"神的原则"。"神从某种意义上来说只是特定的路径，借此路径，世界本质上体现为精神的潜在物，体现为我们的'精神'和'似精神'的潜在物，这种潜在物终于在人类宗教共同体中达到近乎完满的实现。"② 神（或者说无限生命）作为一种中介，使得世界与精神发生关联，世界成为精神的潜在物，黑格尔后来称之为"世界精神"。人在认识世界的过程中去体验和把握上帝，同时，上帝作为一种启示和中介使得人能够更好地去理解和把握世界。

无限的生命之所以能够与上帝是统一的，因为这一时期的精神与上帝在黑格尔看来都是绝对。"在法兰克福时期，黑格尔首次确定这一原则，即绝对的统一就是特定意义上的真正的无限性，这种坚持甚至一直持续到他后来的思想中：无限必须包含有限的和它的对立于自身之中，因而无限占有［übergreifen］有限。"③ 绝对即无限的统一性，这种思想可以被视为控制整个黑格尔形而上学体系的基本原则。精神与无限的生命在本质上都是绝对统一的，这使得黑格尔认为无限的生命就是精神实体本身。

《精神现象学》对绝对精神的神圣化进一步进行解释，黑格尔在这里证明有限和无限构成的辩证性统一过程构成了宗教的最基本问题。

---

① ［美］特里·平卡德：《黑格尔传》，朱进东、朱天幸译，商务印书馆2015年版，第234页。
② ［美］特里·平卡德：《黑格尔传》，朱进东、朱天幸译，商务印书馆2015年版，第235页。
③ Egan Matthew Paul, *The Apotheosis of a Human Ideal: the Young Hegel's Conception of the Absolute*, University of California Press, 2008, p.11.

有限细节与无限普遍或绝对之间关系的性质，就宗教而言，表现为个人与上帝之间的关系。黑格尔认为，将上帝和个人分开是虚假的，因此将信仰和知识分开也是虚假的。只有通过辩证法实现上帝与个人、信仰与知识的统一，并且只有通过这个统一过程超越所有这些对立和分离才能实现现实的真理，并实现绝对精神的自我实现。这是黑格尔在《精神现象学》中的明显意图。正如卢卡奇所说，黑格尔为了促进对真理的追求，从而为自己设定的思想体系"是为普通意识提供一个提升到哲学立场的阶梯"①。

因此，黑格尔以意识或意识的形式作为人类存在的开端，通过最基本的意识形态，"我们对事物的普通意识［希望］把我们带到精神的真实视野。"② 黑格尔在《早期神学著作》中指出，这种关于事物的常识性观点是知性的观点——它对理智主体的看法是作为一个相对于外部世界的有限个人的有限认识。但是，与之形成鲜明对比的是，精神的观点是爱的观点，黑格尔也在《早期神学著作》中提出基督之爱是获取知识的真正目标，基督之爱"向我们展示了一种在世界上也表达出来的精神的载体，因此这个世界不再与我们不同"③。黑格尔的《精神现象学》旨在展示从普通意识发展到绝对精神的可能性，并以此证明其具有非常明确的宗教意义。

正如黑格尔所说，"真理是整体"，他的哲学思想的宗教性质在《宗教哲学讲演录》中变得更加明显，即"至于唯有此理念是绝对真理，此乃整个哲学的结果；就其纯粹形式而言，它是逻辑的东西，但同时也是对具体世界考察的结果。这就是真理，即自然、生命、精神完全是有机的，每一个差别只是此理念的镜子，以至于理念在镜子中

---

① György Lukács, *The Young Hegel*, Trans by R. Livingstone, London: Merlin Press, 1975, p. 468.
② Charles Taylor, *Hegel*, Cambridge: Cambridge University Press, 1975, p. 128.
③ Charles Taylor, *Hegel*, Cambridge: Cambridge University Press, 1975, p. 128.

第六章 黑格尔对现代性的救赎：理性与信仰的联姻

呈现为个别者，呈现为其中的过程，以至于该统一呈现于镜子本身中"①。这种发展体现在人类自我意识经历的辩证过程中，通过这种过程，只有绝对的上帝才能认识自己并认识到自己是精神。

只有在将"绝对"视为无限现实时，个人的自我意识才能真正实现（成为精神）。因此，黑格尔的哲学是关于"思想上升到绝对或神性"的哲学②，正是这一点使黑格尔的绝对精神具有了神学内涵。虽然黑格尔确实认为有必要超越（尽管不能丧失）宗教立场，劳尔（Lauer）对此指出，"对人类意识的完整性而言，宗教是必不可少的，绝对的，无限的，就是上帝的意识"③。如黑格尔所见，人类意识可以抓住上帝或绝对者，哲学意识所知的绝对精神与宗教意识所知的上帝之间没有区别，知识与信仰之间也没有任何差距。这种把握绝对精神的努力和尝试是可以实现的，因为有限的现实是无限的自我体现，而有限的人类意识可以上升到无限。

在这种思辨辩证法中，绝对精神实现自身的过程正是人对绝对精神的认识过程。此外，在宗教中，人的意识首先是对无限的认识，意识逐渐从有限意识"传递"到无限。劳尔这样评价黑格尔哲学的这些特征，"对于黑格尔来说，宗教意识是迈向充分自我意识的必经阶段，自我意识被充分的认识所确定；除非意识在其发展过程中成为宗教，否则它所意识的自我将仅是部分自我，而不是像精神一样的全部自我"④。绝对精神和上帝在某种意义上就是一个东西，但是黑格尔出于

---

① [德] 黑格尔：《宗教哲学讲演录》Ⅱ，燕宏远、张松、郭成译，人民出版社 2015 年版，第 153 页。
② Fackenheim Emil L., *The Religious Dimension in Hegel's Thought*, Boston: Beacon Press, 1970, p. 10.
③ Quentin Lauer, *Essays on Hegelian Dialectic*, New York: Fordham University Press, 1977, p. 92.
④ Quentin Lauer, *Essays on Hegelian Dialectic*, New York: Fordham University Press, 1977, pp. 93 – 94.

科学表达的需要,往往只提及绝对精神,而不再提及上帝。"在科学知识中,它知道仅仅自己是绝对的精神。这种知识或精神是它唯一的真实存在。我试图发展和提出与哲学有关的一系列连续的精神形态,并将它们之间的联系显示在大家的思想面前。这个系列是真正的精神王国,是唯一的精神王国。出于这个原因,它将避免使用例如'上帝'这个语词,因为这个词不是重要的概念运用。这些陈述以及更多的陈述似乎都证实了这样的观点,即无论发生任何变形,宗教真理的概念都不会保留,因为支持'真理'解释的陈述可能表明,但在某种意义上宗教解释被哲学真理的概念所取代。"[1] 绝对精神既可以科学地表达上帝的内容,又可以构建一个庞大的精神王国指导人们的世俗生活。不过,绝对精神的哲学表征并不意味着要否定上帝和神圣性的维度,因为承认绝对精神的神学维度对个人而言至关重要。

尽管黑格尔声称他的思想体系中已经没有了神话和表象的语言,但是他仍然使用绝对精神(Geist)概念这一表象语言。因为关于绝对存在的任何说法本身就具有神话或表象意义,即使在黑格尔的体系中它被表达为哲学的思辨语言也是如此。该术语从认识论的角度而言,同样具有表象的意义,只有辩证思维极为高超的人或者具有深奥哲学水平的人才能理解它,然而相信通过提升至深奥的哲学水平就可以摆脱这种局限性,那只是自欺欺人罢了。《宗教哲学讲演录》的结尾表明,黑格尔终于意识到了这一事实——绝对精神就是上帝。

黑格尔的"绝对精神"可以借用蒂利希(Paul Tillich)的话来形容为"上帝之上的上帝"(God above God),黑格尔的"绝对知识"被形容为"信仰之上的信仰"(Faith above faith)。[2] 没有思想的信仰根本

---

[1] B. C. Birchall, "Hegel's Critique of Religion", *Man & World*, No. 13, Mar., 1980, p. 10.

[2] Raymond Keith Williamson, *Introduction to Hegel's Philosophy of Religion SUNY Series in Hegelian Studies*, New York: State University of New York Press, 1984, p. 301.

不是真正的信仰。在文字和符号层面上接受宗教的神话和象征而不理解其内容，仅仅是拥有一种真正盲人化的"盲目"信仰。因为人类有思考的能力，而且只有通过运用这种能力，这个人才可以获得理性的信念，黑格尔将这种信念确定为对绝对精神的认识。

综合来看，黑格尔将绝对精神神圣化的一个重要原因是为了实现个人理性的绝对化，进而为个人重新构建一套具有普遍性意义的价值伦理体系。因此，"黑格尔在寻找哲学中宗教的真理的同时，表明了宗教思想的不足。因此，将黑格尔'在哲学中发现宗教的真理'解释为黑格尔在某种回旋方式上认可宗教思想的表面真理将是一个严重的错误"[①]。黑格尔并不是为宗教的合理性进行辩护，正如黑格尔并不是为了国家存在的合理性进行辩护一样，黑格尔的目的是实现个人的真正自由。而在实现人的自由的过程中，黑格尔一方面批判了现代性的理性逻辑，另一方面批判了宗教的神秘主义内涵。在这个批判的过程中，黑格尔通过对绝对精神的神圣化建构了一套可以指导人们行为实践的道德伦理体系和价值信仰体系。同时，黑格尔在这里实现了理性与信仰、哲学与宗教的融合。

---

① B. C. Birchall, "Hegel's Critique of Religion", *Man & World*, No.13, Mar., 1980.

第七章　黑格尔现代性批判思想的意义与反思

　　经济全球化的趋势在资本逻辑的推动下日益明显，跨国公司把全世界变成一个市场，不过同时逆全球化的趋势在近些年来逐渐抬头；和平与发展成为时代主题，资本逻辑对利益的追求消弭了世界大战爆发的可能性，同时局地冲突近年来却在加剧；科学技术发展日新月异，资本逻辑对科技的推动带来了人类认识的进步，同时"蒙昧"和"迷信"却在不断侵蚀人类的内心世界。

　　传统宗教思想已经逐渐无法满足人们对信仰的需求和对心灵的慰藉。传统宗教中的神秘主义因素在科学和理性精神的冲击之下无法为自己的理论做出回应，以至于部分人逐渐把宗教信仰与迷信等同起来。一方面黑格尔现代性批判思想就是要扬弃宗教思想中的神秘主义内容，使得宗教理性化和科学化以适应现代社会的信仰需求；另一方面黑格尔又对现代性危机提出了宗教方面的救赎。因此，黑格尔现代性批判思想无疑具有重要的时代意义和价值。基于当今时代的复杂背景探讨黑格尔现代性批判思想，为透视和解决现代社会诸多现代性问题提供重要思想资源，成为我们思考时代问题时的重要使命。

　　同时需要指出的是，黑格尔现代性批判由于其形而上学的思辨性质导致其对现代性的意义和价值更多的存在于理论关切维度。与之相对，马克思的现代性批判思想一方面受到了黑格尔思想的影响；另一方面则超越了黑格尔的形而上学维度，进入社会现实批判视域。

第一节　黑格尔现代性批判思想的当代价值

黑格尔现代性批判思想究竟为后人留下了何种遗产，这一点一直饱受争议。尤其是关于黑格尔究竟是一名反现代性的斗士，还是一名捍卫现代性原则的理性主义者一直没有一个统一的答案。一方面，他生命的最后十年，一直在对现代性的理性逻辑进行辩护，这种辩护过程中所提出的思想可以与启蒙运动时期的现代主义者媲美。另一方面，黑格尔催生了各种批判现代性思想的观点和方法，这些方法似乎不符合他的保守主义立场，而是更偏向于激进的批判主义。1831年他突然去世后的十年中，他的门徒们进行了许多激进的批判工作很难说与黑格尔毫无关联。因此，黑格尔究竟是现代性原则的捍卫者，还是现代性思想的批判者？关于这一问题的争论仍未获得统一的答案，那么我们应该如何评价黑格尔的现代性批判思想？

一　黑格尔现代性批判思想的理论评价

从1818年到1840年，黑格尔哲学在德国占据了最高地位，并通过多种形式传播了他对后继哲学家的影响。黑格尔学派的成员一方面整理出版黑格尔的著述、讲课笔记或讲座笔记，另一方面也在积极学习和推广黑格尔的思想。黑格尔的影响在他去世后的十年间在德国达到了顶峰。黑格尔的现代性批判思想被认为是对他那个时代的时代精神的高度概括和对时代问题的批判回应。几乎所有黑格尔的早期追随者都把黑格尔的现代性批判思想看作对当时社会进行合理化改革的指导纲领。黑格尔学派的大多数成员都相信,黑格尔的哲学体系发现了从有限现实到无限理想的桥梁,"黑格尔的转换并没有把个人从经验世界的有限关系(Diesseits)中运送到超验世界的无限统一体(Jenseits)中,而是在精神(Geist)实际存在于世界中的和解性认识中达到顶峰"①。可以说,黑格尔的现代性批判思想在起初并不被定义为抽象的形而上学,而是被看作对现实的系统理解。

在黑格尔去世后的最初十年(1831—1839),他的思想遗产不属于人们所接受的反思历史和时代的哲学思想,他的门徒们反而对圣经的历史学和历史批评理论产生了浓厚兴趣。1835年施特劳斯(David Strauss)出版的《耶稣传》(Life of Jesus)中认为,《圣经》中的耶稣故事是神话,他把目光更多地投向了宗教与神学,而不是社会改变问题。施特劳斯试图通过证明《圣经》中记载的关于耶稣故事不足之处来为黑格尔辩护,他以历史主张的虚假支持了黑格尔的神话解释。

施特劳斯的思想导致并且加剧了黑格尔派内部的两极分化。一些人认为施特劳斯的论点是对黑格尔思想遗产的背叛,而另一些人则将其视为黑格尔思想遗产的实现。布鲁诺·鲍威尔(Bruno Bauer)还试图代表黑格尔回应,《圣经》中历史的真相需要在哲学上得到证明。施特劳斯认为事实的虚假证明了哲学理论的真实性,而鲍威尔则认为哲学理论证明了《圣经》中的历史事实。这场令人费解的辩论表明了有关黑格尔现代性批判思想中对宗教的改造影响了青年黑格尔派的判断。施特劳斯和鲍威尔都没有成功地解决信仰和理性之间的关系问题。

黑格尔在《宗教哲学讲演录》中提出,他的思辨理性将宗教信仰和教条提升到知识和真理的范畴,以提供一种对宗教信仰的概念性理解。因此,信仰与理性的和解可以在思辨理性的历史发展过程中得到

---

① John Edwards Toews, *Hegelianism: The Path Toward Dialectical Humanism, 1805 – 1841*, Cambridge: Cambridge University Press, 1980, p. 93.

第七章　黑格尔现代性批判思想的意义与反思

证明。马尔海内克（K. P. Marheineke）认为，黑格尔对信仰的理性化改造并不会威胁基督教信仰的存在根基，反而为其复兴提供了基础。[①] 基督教的形象和叙事被理解为绝对精神自我发展的对象化。所以在马尔海内克看来，与启蒙理性的逻辑完全不同，黑格尔的思辨理性并不否定基督教的真理。黑格尔右派也强调黑格尔的思辨理性和基督教精神的一致性。马尔海内克和黑格尔右派把黑格尔哲学解释为基督教辩护学的一种现代形式。他们进一步认为，基督教的历史事实和普鲁士的现况是对黑格尔理性思想的实现。他们有意或无意地无视了黑格尔现代性批判思想中的批判性、动态性和历史性。

与之相对的是，另外一派学者则试图探索黑格尔思想中的理性与信仰的关联所导致的缺陷。费尔巴哈和卢卡奇是诸多评论者中的典型代表。卢卡奇提到"黑格尔哲学的双重运动"是"对宗教的否定和恢复"时提醒我们，是费尔巴哈最先观察和批评黑格尔哲学中理性与信仰的紧密关联。卢卡奇指出，费尔巴哈的主要观点（黑格尔首先扬弃并恢复了基督教神学）无疑适用于黑格尔对时代反思的现象学，特别是如果我们牢记黑格尔相信理性中存在神学因素就会得出这一结论。费尔巴哈和卢卡奇显然无法真正理解黑格尔的绝对精神，这可能与他们对绝对精神的天然排斥相关。费尔巴哈希望将绝对精神转化为人类精神，认为绝对不过是人类精神的投射。但是黑格尔希望保持一种理性的绝对性，即以人类的主观性来确定绝对性，但他说绝对存在于世界之中，并且是世界的基础；绝对精神不仅是世界的精神，而且是我们每一个人的精神。研究黑格尔的现代性批判思想有利于澄清费尔巴哈、机械唯物主义和后现代主义对黑格尔的误读，发现黑格尔现代性批判能够作为扬弃启蒙思想家的宗教批判，同时又作为马克思宗教批

[①] *Hegelianism: The Path Toward Dialectical Humanism*, 1805–1841, Cambridge: Cambridge University Press, 1980, p. 148.

判重要理论来源的原因。

随着人们开始关注和强调黑格尔现代性批判思想的不同方面,他们对黑格尔思想的其他方面也产生了分歧。"生活在不同政治和文化环境中的不同历史世代的成员对黑格尔主义的占有,自然加剧了现有的紧张关系,并在黑格尔学派内部产生了新的冲突。"[1] 尽管同为黑格尔思想的传承者,但他们的思想观点从一开始就存在着分歧和矛盾。而且,黑格尔在进行现代性批判的同时,试图在理性与信仰之间建立特殊关系,这影响了他的追随者们对社会现实问题的看法。

可以看到,在认识上对黑格尔思想的矛盾分歧虽然开始于神学问题,但很快就扩大到了对黑格尔现代性批判思想的理解问题。黑格尔右派认为普鲁士的社会改革是在践行黑格尔对现代社会的理想设计。普鲁士的法律制度和政治秩序构成了黑格尔理性思想在现实世界中的现实化,普鲁士的国家精神代表了黑格尔绝对精神的具体化。黑格尔左派则认为普鲁士并没有实现黑格尔的理性思想,未来也不会按照黑格尔的理性思想进行社会的变革。黑格尔左派提出,在黑格尔的思想中普遍性的理性是历史的最终目的,现代社会中的一切最终都必须符合它;进而他们强化和发展了黑格尔的辩证法中的批判性和革命性,把它变为对现代社会进行批判的革命武器。对于年轻的青年黑格尔左派成员来说,现代国家并非历史的终结,因为现代国家的法律和政治秩序距离黑格尔的理性的设定还有很大距离,因此对现代社会的批判远远还未结束。

今天,黑格尔的现代性批判思想受到的批评多于阐释。对黑格尔的看法参差不齐,人们要么认为黑格尔具备了哲学家的所有优点,要么认为黑格尔的哲学思想是最错误的代表。黑格尔被视为神学家、历

---

[1] *Hegelianism: The Path Toward Dialectical Humanism, 1805–1841*, Cambridge: Cambridge University Press, 1980, p. 88.

第七章　黑格尔现代性批判思想的意义与反思

史学家、社会批评家、保守主义者、历史主义者或过分热心的理性主义者等多种角色。如果黑格尔能够回应这些看法，可能他并不认同大多数对他的评价，即使这些观点自认为是客观的。仔细阅读黑格尔的著作就会发现他的思想中具有"论证的力量和视野的深度，而不是他经常被描绘成的那个自负且有偏见的蒙昧主义者"[①]。

同时，黑格尔究竟是现代性的捍卫者还是批判者这一点一直存在争论。因为对黑格尔现代性批判思想的评价，始终取决于人们看的是哪些文本，以及人们如何理解"现代性问题"本身。很明显，黑格尔的前耶拿和早期耶拿著作中确实部分反映了尼采所说的一种德国"乡愁"，一种对启蒙运动"积极性"的厌恶，以及对希腊城邦和早期基督教共同体模式的向往。在这些文本中，启蒙运动对宗教的胜利被描绘成一种计算的、矛盾的、理想化的理性模型的现实实现。所有这些都只是将一个权威性的、外来的法律制定者从外部转移到内部。这种启蒙理性是"虚无主义"的，是对传统宗教和习俗的纯粹"否定"。就此而言，黑格尔与席勒、谢林等人一起，代表了一种对现代性的"浪漫主义反应"，这种反应拒绝现代性的抽象同一性和"非人性化"性质，同时呼吁回归到古希腊和早期基督教模式。

黑格尔在耶拿期间，虽然并未完全放弃这些希腊和早期基督教的情感，但他开始拒绝基于怀旧或审美的角度批判现代性。黑格尔对政治经济学的解读以及对"市民社会"的日益关注使他相信现代社会和经济生活形式的独特性和优越性。此外，更重要的是耶拿时期及之后，黑格尔遭遇的现代性问题扩大到多个方面。除了他对现代社会"异化"特征的著名分析之外，黑格尔开始更加关注现代性的"理性逻辑"和主体性原则。黑格尔认为，"现代性问题"是典型的现代理性逻辑，即

[①] Terry Pinkard, *Hegel's Dialectic: The Explanation of Possibility*, Philadelphia: Temple University Press, 1988, p. 4.

康德的自我立法或自我为基础的纯粹理性导致的"异化"。这种理性逻辑将自己"伪装"成一个没有保障的至高权威,与自然或自然界的事物隔绝。所以现代性的理性逻辑尽管倡导了个体的绝对自由,但是却导致个人自由受限。

黑格尔的现代性批判思想源于现代性的认识论和实践问题。随后,尽管他对现代性的理性逻辑和主体性原则持批评态度,但他并不是反现代性的。反现代性始于克尔凯郭尔(Kierkegaard)、马克思和尼采,他们每个人都认为现代资产阶级是空洞和腐败的。自尼采以来,现代性的理性逻辑与主体性原则受到越来越大的挑战。在20世纪后期,从海德格尔(Heidegger)、伽达默尔、福柯(Foucault)、利奥塔(Lyotard)、德里达、维特根斯坦(Wittgenstein)到其他后现代思想家共同表现出对现代性的批判,可以将解释学、解构主义、后结构主义、后人文主义、后现代主义、新实用主义、后分析哲学等结合在一起,是因为他们共同批判了现代性的理性主义。在这个批判的过程中,黑格尔被看作理性主义的代表,同样遭到了批判。

法兰克福学派在批判笛卡儿现代主义思想的过程中,重新阐释了黑格尔的现代性思想。西奥多·阿多诺(Theodor Adorno)、马克斯·霍克海默(Max Horkheimer)、赫伯特·马尔库塞(Herbert Marcuse)和尤尔根·哈贝马斯(Jürgen Habermas)等法兰克福学派的成员相信真理的展开只有在把真理的内容与社会背景联系起来才有可能。就像黑格尔的辩证法,正是通过对历史和社会状况的认识,才显现出真理具有普遍性。此外,他们认为,黑格尔对思想和现实所固有的否定之否定矛盾的关注,是将否定形式从现代工业社会压倒性的肯定力量中解救出来的关键。赫伯特·马尔库塞(Herbert Marcuse,1898—1979)和阿多诺(Theodor Adorno,1903—1969)将黑格尔视为真正拯救现代性的革命思想家。尽管黑格尔思想中有保守主义的倾向,尤其是他把批判学说植根于神秘的宗教神学思想中。但是在法兰克福学派的解释中，黑格尔为"否定思维"或"确定的否定"提供了哲学基础，可以作为从现有现实的统治中解放出来的基础。由于我们目前生活在一个矛盾的、对立的现代社会中，否定的体验是我们体验的真实形式。在康德那里，批判仍然是对理性的批判；在黑格尔那里，他批评了康德的理性与现实的分离，对理性的批判同时也是对社会现实的批判。

20 世纪 20 年代，马丁·海德格尔在批判现代性问题的过程中开始追寻被西方形而上学长期忽视的"存在问题"。与黑格尔一样，海德格尔试图证明现代性的原则是主体性和理性逻辑。黑格尔想要纠正现代性的问题，而海德格尔则感叹现代性的方向。海德格尔和黑格尔一样，将现代主体性的兴起视为从古希腊人开始的理性逻辑的现实化。他们一致认为，区分现代性最明显的现象是空洞的理性主义，并且都强调需要超越现代无内容的自我。现代人所谓的理性的自给自足是虚幻的，人类只有寄居于比主客关系更深层次的东西，例如道德中才能存在。尽管海德格尔与黑格尔的思想之间存在重大差异，但他与黑格尔对现代性的批判相似。

不管黑格尔批判现代性的努力多么不完整和被误解，但是黑格尔提供了一种解决后现代思想困境的策略。黑格尔预见了构成对现代性理性逻辑的后现代批评存在许多问题，并指出了他们的缺点。黑格尔不同意后现代主义者关于理性有限性的观点，他认为，主体理性的客观性立场是可以实现的，现代性的许多特征可以被证明是理性的逻辑。因此，黑格尔的任务是捍卫理性的独立性和思辨性，"精神的自我意识在这个时代也已经通过自己而达到了一个更高的立场"[①]。威廉·梅克（William Maker）认为，黑格尔通过对形式理性的认识论和逻辑原则进

---

① ［德］黑格尔：《逻辑学》Ⅰ，先刚译，人民出版社 2019 年版，第 3 页。

行激进而彻底的破坏性批判，引入了思辨理性和哲学科学的立场。他进一步断言，黑格尔对现代性的批判已经包含了对后现代主义的回应，而且黑格尔这样做并没有屈服于后现代主义的问题特征，例如过度的相对主义。黑格尔不是尼采（Nietzsche）、海德格尔（Heidegger）或德里达（Derrida）攻击的那种意义上的理性主义者。"他反对哲学必须从一开始就从被接受的前提或'第一原则'开始，然后推导出或推导出一系列作为其'结果'的后果的观点。"① 黑格尔也批判启蒙理性所倡导的理性基础主义。在黑格尔看来，如果有什么东西可以导致现实的确定性，那它一定是什么都不是。也就是说，任何理性观念如果独立于社会现实之外就不是真实的。黑格尔的《逻辑学》和《百科全书》可以被看作反理性基础主义的规划。

尽管黑格尔承认他之前的现代性主义者的一些不足，并批判他们的理性基础主义的观点。不过黑格尔拒绝将理性臣服于非理性主义的权威对象。他的哲学体系从思辨理性的角度首先承认现实的基础性和客观性，而不是像他之前的现代主义者那样首先假定理性的基础立场。黑格尔关于道德（Sittlichkeit）和法（Rechtsstaat）的概念源自现实社会中没有被理性规定的个性和自由的概念。他的体系否认可以证明任何此类给定的确定基础的理性观念。

然而，黑格尔没有意识到思辨理性所带来的困难和悖论。主张理性的思辨性导致的代价是容易沉溺于自我封闭性的体系中。换言之，黑格尔的体系并没有否认理性是有任何限制的意义上"绝对化"理性。因此，虽然黑格尔是一个绝对的理性主义者，但他的哲学仍然是一种批判性的哲学，不属于相对主义。

---

① Robert C. Solomon, *In the Spirit of Hegel: A Study of G. W. F. Hegel's Phenomenology of Spirit*, New York: Oxford University Press, 1983, p. 229.

二 黑格尔现代性批判对马克思的影响

黑格尔的现代性批判思想直接影响了青年黑格尔派关注问题的视域。19世纪40年代，青年黑格尔派的现代性批判不仅是在批判黑格尔哲学理念基础上形成的新启蒙运动，更是早期马克思走向历史唯物主义的肇基之处。黑格尔现代性批判思想在青年黑格尔派那里分裂成三种形态。第一，囿于主观精神的理念，以施特劳斯人化（Menschenwerdung）与费尔巴哈类哲学（Die Gattung）的现代性批判为代表；第二，囿于客观精神的理念，以赫斯基督教的小商人世界（Krämmerwelt）的现代性批判为代表；第三，囿于绝对精神的理念，以鲍威尔自我意识（SelbBewußtsein）与施蒂纳唯一者（Der Einzige）的现代性批判为代表。应该指出，在马克思尚未针对黑格尔法哲学的伦理法体系展开全面批判之前，一度秉持了鲍威尔的"自我意识观"（Die Religion als Produkt des SelbBewußtseins），这是黑格尔现代性批判的理性意识在早期马克思思想中仅存的骸骨。《德法年鉴》前后，鲍威尔与赫斯为马克思的政治经济学批判转向提供了双重逻辑进路，前者凸显了黑格尔理性国家中政治制度解决现代性问题的困境，后者则蕴含了市民社会的经济性质制约现代社会的可能性，这对于判断历史唯物主义的原初形态极为重要。

黑格尔现代性批判思想是马克思现代性批判思想的重要前提和理论源泉。费尔巴哈在《基督教的本质》中试图解构基督教的神秘性，重新解释人本主义并取代基督教的信仰。马克思通过黑格尔的辩证法扬弃了费尔巴哈的人本主义并建构了科学的历史唯物主义。马克思认为资本主义下的技术进步及其巨大的生产能力，是人类从苦役中解放出来的源泉。然而，这种解放只有在资本主义的经济和社会秩序被共产主义取代之后才能实现。

马克思对资本主义社会进行批判的同时也受黑格尔主义的影响；直到突出黑格尔主义的"重围"，黑格尔主义的影响仍然存在。不过，如果没有黑格尔对现代性批判思想的研究，也就没有青年黑格尔派对社会的激进批判思想；那么，马克思的政治经济学批判就会缺乏理论借鉴和批判靶向。可以说，黑格尔的现代性批判思想对马克思有着重要的意义和影响，我们不能因为黑格尔现代性批判思想中的形而上学维度就忽视了其理论的意义和价值。

马克思在借鉴黑格尔现代性批判思想的基础上进一步提出，对现代性的批判必须在实践中进行，亦即要直面那个承载着现代性危机的现实的、苦难的世界，并思考解决的方案。如果基于理性的批判反思，那么现代性批判所获得的最终结果只能是形上性的抽象规定，只有面向社会现实本身进行实践，进而把偶然性和特殊性看作社会现实的本质才能够克服这种形上性的局限。

因为在马克思看来，现代性的弊病源于人类对自然界存在着的超人力量的歪曲认识，这种歪曲认识是人类自我意识的主观假定。或者说现代性的逻辑是人类自我意识的外化。进入现代社会之后，宗教之所以仍然存在是由于宗教同政治"合谋"以便从意识形态的角度统治普通民众。所以，马克思认为我们在今天不能再把批判的靶向指向宗教，而是把批判的靶向指向现代社会和现代国家。现代社会建立在资本主义生产方式之上，因此现代社会中人的异化是资本主义生产关系的必然产物。

如果说黑格尔试图通过对宗教理性化改造实现其与现代社会的合流，进而在现代社会中保留宗教的一席之地。马克思则完全否定了宗教存在的必要性，马克思指出："非常明显，随着每一次社会制度的巨大历史变革，人们的观点和观念也会发生变革，这就是说，人们的宗教观念也会发生变革。但是变革的不同地方在于人们最终识破了这种历史变革过程中的秘密,因而他们不再以崇尚辞藻的超验形式的新宗教来崇拜这种实际的'外在的'过程,而是抛弃一切宗教。"① 因此,马克思提出要从社会历史现实出发去分析宗教最终走向灭亡的原因。黑格尔基于历史的发展逻辑认为宗教仍然会存在于当代社会,马克思则基于历史的发展逻辑认为宗教在未来必然走向灭亡。我们可以在这里既看到黑格尔对马克思的影响,又看到马克思对黑格尔的批判。

第二节 黑格尔现代性批判思想的当代反思

在19世纪20年代的普鲁士,对黑格尔相关的批判不仅包括"理性主义",而且还包括"理性神学"及其更具体的"斯宾诺莎主义"。从19世纪20年代他的同代反对者开始一直到今天为止,一直都有人称黑格尔为"理性主义者"。黑格尔的现代性批判思想中对理性逻辑的改造在当代也面临着诸多批判。正如人们总是批评"这个或那个"基督教制度一样,黑格尔的现代性批判思想也不是为所有人所认可。当成熟时期的黑格尔最终在柏林大学的哲学讲坛上进行现代性批判的同时,也为理性主义进行辩护,这种辩护使他自己暴露于当时的非理性主义的批判靶向之下。后现代主义批判黑格尔是理性主义的坚定捍卫者,是现代性的维护者。将近两个世纪以来对黑格尔的批判所带来的主要区别只是从虔信,到谴责,再到称赞的态度变化。当然,我们不可否认的是,黑格尔的现代性批判思想确实存在不足之处。

一 现代性批判思想的形而上学性

需要指出的是,黑格尔的现代性批判思想在现实实践中仍然具有

---

① 《马克思恩格斯全集》第7卷,人民出版社1959年版,第240页。

内在的局限。因为"一旦人们了解了普遍性的优势地位，他们也就不可避免地要把普遍性美化成精神，成为他们必须去抚慰的更高存在物。强制对他们来说有了意义。这不是没有理由的：因为那种使用强制力的整体的抽象普遍性类似于思想的普遍性、即精神"①。黑格尔思想体系最终关注的对象则是绝对精神及其绝对精神的运动发展，社会现实问题在黑格尔那里只是绝对精神运动发展的环节。绝对精神在自否定的运动中不断生成、发展自身，在一个个的由低级到高级的运动过程中完成了范畴之间的推演。基于绝对精神的运动发展，黑格尔在《精神现象学》中提出了"历史与逻辑的统一"的形而上学体系。黑格尔形而上学体系的所有内容都是以"绝对精神"来支撑，他指出，"绝对理念的内容就是我们迄今所有的全部生活经历（decursus vitae）"②。黑格尔认可现实世界是发展着的，但是发展的现实世界是"绝对精神"这个实体在运动发展过程中产生的内容。

黑格尔这套逻辑体系把世界的历史过程看作"不过是抽象的、绝对的思维的生产史，即逻辑的思维思辨的产生史"③。当人们意识到最高的普遍性即绝对精神之后，反过来会以绝对精神对整个社会进行普遍性的规定，这种规定一方面保证了个人主观精神的独立地位，另一方面则导致不符合普遍性规定的特殊事实被排除于绝对精神之外。抽象的逻辑体系无差别地割裂世界历史发展的现实性，现实的人以及其所处的世界历史的合理关系被抽象的思辨逻辑颠倒，"现实的历史"变成了"抽象的历史"。黑格尔在形而上学领域做出了历史性的巨大革新，但他仍然走不出抽象思维的局限——尽管思辨的形而上学具有能

---

① ［德］特奥多·阿多尔诺：《否定的辩证法》，张峰译，重庆出版社1993年版，第314页。
② ［德］黑格尔：《小逻辑》，贺麟译，商务印书馆1980年版，第423页。在黑格尔思想中，绝对理念和绝对精神可以看作同义词。
③ ［德］马克思：《1844年经济学哲学手稿》，人民出版社2018年版，第96页。

第七章 黑格尔现代性批判思想的意义与反思

动的辩证作用，但是抽象的神秘主义扼杀了思辨逻辑的革命性和批判性。

在对社会现实进行普遍性规定的同时，对特殊性和个体性的否定也发生了。这种否定了社会具体现实的绝对精神不可避免地导致黑格尔的现代性批判思想陷入了形而上的抽象窠臼。这种形上性表现在他对社会现实的态度上，尽管黑格尔非常尊重社会现实的客观性，但是他认为社会现实本身只是"现存"的，这意味着，社会现实只是一种偶然性的存在，这种偶然性的存在有可能是合乎理性的，也有更大可能是违背了理性的。如果社会现实违背了理性的规定，那么就只是"现存"，只有社会现实符合理性的规定才是"现实"。但是这种合乎理性的现实性意味着普遍性和对具体内容的抽象规定。就这一意义而言，社会现实的具体丰富内容被抽象化为普遍的理性规定，其特殊性和偶然性全都被否定了，而特殊性和偶然性恰恰是社会现实本身的真实客观内容。所以，黑格尔不同情那种被埋在普遍性之下的特殊性的乌托邦，不同情那种只有到了实现了的理性把普遍性的特殊理性甩在背后时才开始存在的非统一性。

马克思指出，"黑格尔认为，世界上过去发生的一切和现在还在发生的一切，就是他自己的思维中发生的一切。因此，历史的哲学仅仅是哲学的历史，即他自己的哲学的历史"[1]。世界历史中发生的一切都是绝对精神的发展环节，世界历史的发展规律只是人们头脑中的思想进行改组和排列的结果。黑格尔认为，精神的展开就是现实历史的展开，黑格尔企图将这种精神展开的模式放到现实生活和各个领域当中去。马克思认为，这是一种主客观的颠倒，"并不是'历史'把人当做手段来达到自己——仿佛历史是一个独具魅力的人——的目的。历史

---

[1] 《马克思恩格斯文集》第 1 卷，人民出版社 2009 年版，第 602 页。

不过是追求着自己目的的人的活动而已"①。历史由人的实践活动所造就，自然界也因人类历史的存在而存在。历史的产生与发展就是人实践活动的过程，历史存在的前提与条件就是人以及人的实践活动。

黑格尔由于其理论体系的需要对传统理性逻辑进行批判，从而把现代性批判思想置于其思想体系的一个环节，而整个思想环节都被黑格尔纳入形而上的思辨体系。这样做的好处是明显的，即通过形而上学的思辨对社会现实问题无疑更具有批判性，特殊性的社会现实在普遍性的形而上学思想面前，任何缺点都无法遮蔽；但是这样做的坏处也同样明显，即凡是不符合普遍性形而上学思想的特殊具体现实全都被忽视或者否定了。所以，我们需要综合看待黑格尔现代性批判思想，为今天的时代汲取有营养的思想资源。

二 现代性批判之未竟事业

对现代性问题进行批判和拯救是黑格尔一生的事业，他一直在探讨如何"和解"快速发展变化、同时经常分裂的现代社会的内在矛盾。尽管目标始终如一，但是黑格尔批判现代性的方法却一直在变化。18世纪90年代的黑格尔尝试了两种方法——首先用康德主义的理性逻辑，然后用浪漫主义的基督教原初精神作为拯救现代性逻辑、"和解"现代性冲突的基础。尽管两次尝试最终失败，但是黑格尔意识到克服社会矛盾的基础在于构建一种克服主客二元对立逻辑的理论哲学。1800年以后，黑格尔在耶拿提出思辨逻辑是和解理性矛盾的根本方法，到1827年黑格尔把思辨逻辑在《宗教哲学讲演录》中完全体现出来。黑格尔在这里认为，宗教不仅仅是一种和解现代性弊病的工具，宗教信仰应该与现代性的理性逻辑紧密结合在一起，最终重塑理性逻辑的

---

① 《马克思恩格斯文集》第 1 卷，人民出版社 2009 年版，第 295 页。

第七章　黑格尔现代性批判思想的意义与反思

权威，克服现代性的弊病。

黑格尔称现代社会的这种缺陷是"异化"（Entfremdung），"异化"直到今天仍然是最重要的时代问题。许多人都意识到人与社会、人与自然、人与自己的关系是异化的。黑格尔现代性批判的一个主要目标是和解人与现代社会的异化，具体而言，黑格尔试图克服人与家庭、市民社会和国家之间的异化，实现人与这些伦理关系之间的有机统一。因为家庭、市民社会和国家都是绝对精神在客观精神环节的一个个子环节。因此，基于绝对精神可以实现人与诸伦理关系的和解（Versöhnung）。

Versöhnung 通常被翻译成"和解"，但就像大多数外文概念翻译成中文所招致的结果一样，这种翻译并不是一个完美匹配的翻译。与"和解"相比，Versöhnung 强调的是一个不断发展变化的"螺旋式上升"的过程。当矛盾双方因为某种冲突或分歧而产生对立时，黑格尔要强调的不是不加改变地恢复他们旧的统一关系。黑格尔试图表明，在 Versöhnung 中矛盾双方重新统一起来之后，它们的基本状态和关系相较于旧的范畴而言已经发生了改变。也就是说，经过和解之后，它们形成了一种新的状态。[①] 尽管"和解"这个中文词并不否认在化解矛盾过程中的变化，但它并没有表达出像 Versöhnung 那样发生的"质"的上升和发展过程。Versöhnung 在"黑格尔的辩证法中可以被描述为一个试图克服冲突、分裂和异化，恢复和谐、统一和和平的过程"[②]。黑格尔的 Versöhnung 一词并不以屈服和妥协为目的，它不是让自己简单地屈服于现状；Versöhnung 一词更多地强调对矛盾的克服、对现状的批判、对社会的变革。本书为了阅读之便，直接以"和解"这一中

[①] Timothy C. Luther, *Hegel's Critique of Modernity: Reconciling Individual Freedom and the Community*, Lanham, MD: Lexington Books, 2009, p. 247.

[②] Timothy C. Luther, *Hegel's Critique of Modernity: Reconciling Individual Freedom and the Community*, Lanham, MD: Lexington Books, 2009, pp. 247 – 248.

文概念指代黑格尔的"Versöhnung",但是我们需要明晰"和解"所具有的思辨性内涵。

需要指出,黑格尔并未真正完成对现代性的批判。黑格尔通过理性与信仰的"和解"拯救现代性的弊病。在精神信仰方面,黑格尔通过对宗教思想的"理性化"揭露了"天上神国"的谎言,进而指出人应该是现实的、活生生的个人,同时希望通过绝对理念重塑每个人在生活中的信仰;在理性实践方面,黑格尔以绝对精神的普遍性批判理性主体的中心主义和主观主义,进而实现对理性逻辑的重构,重塑指导人类实践的现代性原则。

但是,"理性"与"信仰"并未在现实生活中达成完美的"和解"。当今世界最发达资本主义国家的代表,诸如美国、德国、法国、英国等都未能实现黑格尔的理性设想。甚至,这些国家也未能实现他们在自己国家宪法中规定的理想,现代资本主义国家现有的政治、经济和法律制度在某些方面不可避免地无法实现其宣传的本质。"黑格尔认为,这种实践上的失败是不可避免的,因为现有的制度存在于由人类行为构成的任意性、偶然性和错误的有限领域中,在这个领域中存在的任何东西都必然会表现出缺陷和不完美。"[①] 由于现代世界中的一切事物都存在着有限性、偶然性或片面性。因此,既然现代性存在于有限的世界中,它们在某些方面必然存在着缺陷。黑格尔现代性批判思想发展到最后所存在的遗憾之处是,他希望能够说服公民理解现代性存在缺陷和弊病是一个事实,并继续接受现代社会制度的基本合理性。

同时,黑格尔的批判更多的是在理论与哲学中进行。黑格尔在现代性批判后所建立的思想体系,是一种形而上学的思辨演绎体系,尽

---

① Timothy C. Luther, *Hegel's Critique of Modernity: Reconciling Individual Freedom and the Community*, Lanham, MD: Lexington Books, 2009, p.247.

管这一体系是从社会现实问题出发的理论反思，但是这种反思的形而上学因素遮蔽了人类历史实践的现实性。

虽然黑格尔希望通过精神信仰超越理性逻辑、通过哲学的思辨超越宗教的信仰，进而达成理性与信仰的"和解"。但很明显，这种宣称"和解"的结果是通过把绝对精神推向最高的王座取代了上帝在人类心中的地位。因为黑格尔完全避免使用表象语言和神话的做法使得宗教信仰完全理性化了。从这个意义上讲，宗教信仰永远不能转化为理性的知识。因为信仰是直观体验式的，可以直接通达无限的上帝，而理性则是反思推理式的，其基础是有限的主体。没有任何有限的头脑可以完全掌握绝对，也没有任何有限的语言可以充分表达"绝对"。黑格尔试图实现的理性与信仰合流的努力最终无法避免使用表象语言。

黑格尔对待宗教现代性的批判可以用"理性化""概念化""体系化""去神秘主义"等概念进行描述。但是无论哪种情况，黑格尔都没有强调要完全否定基督教的存在，也没有强调完全尊重理性逻辑的权威。可以看出，黑格尔所做的不过是把宗教信仰和理性逻辑结合起来而已。在哲学领域，20世纪的许多学者都在尝试对宗教符号和神话进行重新解读，以发现神话在现代社会的合理内核。这种重新解读的原因不过是把宗教与时代和历史结合起来。

但是，毫无疑问，黑格尔现代性批判思想的特征是敞开的，或者说，对它可以有多种解释，尤其是黑格尔有意或者无意地把信仰与理性结合起来。本书从头到尾一直在努力论证黑格尔思想中理性与信仰的和解。这种论证不是基于后现代主义的立场，不是基于现代基督教神学的立场，也不是基于传统理性主义的立场，而只是基于黑格尔思想本身来阐释黑格尔的现代性批判思想。

黑格尔现代性批判思想中所关注的许多问题在今天继续引起共鸣。在今天理性逻辑的原则已经被后现代主义瓦解和否定。理性主义已经放弃了其实质内容，只剩下主观信念和抽象的空壳。理性主义哲学同样变得空洞——理性放弃了对实质性真理的主张，取而代之的是一种意识形态灌输。黑格尔在他那个时代已经开始批判理性的瓦解与信仰的虚无，以及我们丧失了对真理、至善和美的追求。真理不能被人们的认识所把握已成为公认的"真相"，好像这已经成为一段共识，人民已经承认自己在认识能力上的缺陷。因此，人的精神只停留在表象和感情上。这种情况是由内部产生的，即哲学科学和普通常识的合作因此导致形而上学的衰落。没有形而上学的民族和现代文明国家就像是在其他方面装饰丰富但没有任何神像的庙宇。所以某种意义上现代社会即意味着世俗社会，即意味着一切世俗化，神圣性被消解。

  这并不一定意味着信仰已完全从现代性中消失。与之相反，黑格尔观察到，我们时代的文化精神特有的现象如下：一方面关于信仰，信仰对社会和历史有用性的讨论从未停止；另一方面人们又认为理性无关紧要，甚至不应该阐释，诸如真理、义务、爱、忠诚等"神圣性"信念已经失去了实质性内容。黑格尔指出，现代社会中的"神圣性"一词不再具有任何特殊的意义。与理性相分离的理解对这种内容是消极的，并且仅将凭经验给出并在数学上可形式化和可量化的内容视为真实的内容同样是对人的异化。这种消极和异化剥夺了人们对神圣性的信仰和关注。

  精神信仰被剥夺了实质性的内容，反而变成了懦弱的情感；哲学变成了语言哲学或哲学人类学。知性的怀疑论已经超越哲学的形而上学的真理，以至于黑格尔提出以下问题。当信仰和理性之间不再具有任何客观内容，或者换言之，它们不再具有任何可能引起争议的东西时，在信仰与理性之间如何仍然存在着巨大的争议？因此信仰与理性的关系问题仍然是今天关注的和思考的时代问题，对这一问题的争论意味着人类需要进一步思考宗教与现实、信仰与理性的关系问题。

第七章　黑格尔现代性批判思想的意义与反思

今天，资本逻辑推动下的全球化造成人类生产生活秩序发生根本转变，它将遥远的共同体联系起来，并扩大了世界各地区和大陆的经济权力关系的范围。"资产阶级在它的不到一百年的阶级统治中所创造的生产力，比过去一切世代创造的全部生产力还要多，还要大。自然力的征服，机器的采用，化学在工业和农业中的应用，轮船的行驶，铁路的通行，电报的使用，整个大陆的开垦，河川的通航，仿佛用法术从地下呼唤出来的大量人口——过去哪一个世纪料想到在社会劳动里蕴藏有这样的生产力呢？"① 资本主义的现代化在不到一百年的时间内所取得的成就超过了人类历史上任何时代的成就。如今，工业革命已经过去两百多年，资本主义现代化更是深刻地改变了整个世界。随着苏联式的共产主义被瓦解，现代自由市场资本主义宣布了全球胜利。马克思主义意识形态表面看来受到重创、国家作为重要权力机构走向衰落、经济全球化和新自由主义消除国界，许多人得出结论，现在可以释放自由市场的全部力量，将人类的注意力完全集中在无穷无尽的物质财富的生产和消费上。哈贝马斯（Jürgen Habermas）指出，"全球化引发了对经典国际法基本前提的质疑——国家主权以及国内政策和外交政策之间的尖锐分歧"②。他进一步断言："跨国公司和具有国际影响力的私人银行等非政府行为者破坏了民族国家的正式主权。今天，在全球范围内运营的 30 家最大的公司中，每家公司的年营业额都超过了联合国 90 个国家的国内生产总值。但是，即使是经济最强大的国家的政府也敏锐地意识到，在民族国家行动范围的界限与必要性之间的鸿沟，不是世界贸易，而是全球生产关系网络。"③

---

① 《马克思恩格斯文集》第 2 卷，人民出版社 2009 年版，第 36 页。
② Jürgen Habermas, *The Inclusion of the Other: Studies in Political Theory*, Edit by Ciaran Cronin and Pablo De Greiff, Cambridge: MIT Press, 1998, p. 174.
③ Jürgen Habermas, *The Inclusion of the Other: Studies in Political Theory*, Edit by Ciaran Cronin and Pablo De Greiff, Cambridge: MIT Press, 1998, p. 174.

因此，资本逻辑的全球化扩张为现代性带来了新的挑战。哈贝马斯认为，个人的理性与自由只有在现代伦理国家发挥作用的时候才能够完全实现。然而，"随着经济的非国有化，特别是随着全球金融市场和工业生产本身日益相互联系，国家政治失去了对一般生产条件的控制"①。随之而来的是，国家受到资本逻辑的挟持进而侵害个人的理性与自由。现代性的主要口号是觉醒人的理性能力，解放人的自由，使得每一个人成为自己的主人。现在却是资本逻辑"遮蔽"人的理性能力，人们的意识形态与思维方式都被资本逻辑所统治。因而，个人不再是自己的主人反而成为奴隶，这与现代性的口号背道而驰。

今天个人的理性不仅受到现代性逻辑的影响，而且受后现代主义的影响。这一切促使我们沿着黑格尔批判现代性的道路继续前进，既修正现代性带来的弊病，又促使现代性继续为人类追求幸福美好的生活提供便利。为了对抗现代性造成的矛盾和分裂（Entzweiungen），黑格尔在不放弃现代性逻辑的情况下，试图通过理性与信仰的和解来调和自然与精神、感性与理性、知性与理性、理论理性与实践理性、判断力与想象力、有限与无限、知识与信仰的二元对立。这很明显是一项任务艰巨的实践。如果我们认为黑格尔的实践是有意义的，那么我们就需要循着黑格尔方法继续前进；如果我们认为黑格尔的实践毫无意义，那么我们就需要发现一种新的方法去拯救现代性。无论如何，现代性的批判与拯救是一项未竟的事业。

---

① Jürgen Habermas, *The Inclusion of the Other: Studies in Political Theory*, Edit by Ciaran Cronin and Pablo De Greiff, Cambridge: MIT Press, 1998, p. 174.

参考文献

一　主要中文著作

《马克思恩格斯全集》第 1 卷，人民出版社 2001 年版。
《马克思恩格斯全集》第 2 卷，人民出版社 1972 年版。
《马克思恩格斯全集》第 3 卷，人民出版社 2002 年版。
《马克思恩格斯全集》第 7 卷，人民出版社 1959 年版。
《马克思恩格斯全集》第 23 卷，人民出版社 1972 年版。
《马克思恩格斯全集》第 30 卷，人民出版社 1995 年版。
《马克思恩格斯全集》第 44 卷，人民出版社 2001 年版。
《马克思恩格斯文集》第 1 卷，人民出版社 2009 年版。
《马克思恩格斯文集》第 2 卷，人民出版社 2009 年版。
《马克思恩格斯文集》第 3 卷，人民出版社 2009 年版。
［德］马克思：《1844 年经济学哲学手稿》，中共中央马克思恩格斯列宁斯大林著作编译局编译，人民出版社 2018 年版。
［德］康德：《道德形而上学原理》，苗力田译，上海人民出版社 1986 年版。
［德］康德：《实践理性批判》，韩水法译，商务印书馆 1999 年版。
［德］康德：《实践理性批判》，邓晓芒译，人民出版社 2003 年版。

［德］康德：《康德著作全集》第2—6卷，李秋零主编，中国人民大学出版社。

［德］康德：《历史理性批判文集》，何兆武译，商务印书馆1990年版。

［德］康德：《单纯理性限度内的宗教》，李秋零译，人民出版社2003年版。

［德］黑格尔：《精神哲学》，杨祖陶译，人民出版社2015年版。

［德］黑格尔：《黑格尔早期神学著作》，贺麟译，上海人民出版社2012年版。

［德］黑格尔：《黑格尔早期著作集》上卷，贺麟译，商务印书馆1997年版。

［德］黑格尔：《黑格尔早期神学著作》，贺麟译，商务印书馆1988年版。

［德］黑格尔：《自然哲学》，梁志学等译，商务印书馆1980年版。

［德］黑格尔：《精神现象学》，贺麟、王玖兴译，商务印书馆1979年版。

［德］黑格尔：《美学》第1卷，朱光潜译，商务印书馆1996年版。

［德］黑格尔：《宗教哲学》，魏庆征译，中国社会出版社2005年版。

［德］黑格尔：《小逻辑》，贺麟译，商务印书馆1980年版。

［德］黑格尔：《哲学史讲演录》第1卷，贺麟、王太庆译，商务印书馆1959年版。

［德］黑格尔：《哲学史讲演录》第3卷，贺麟、王太庆译，商务印书馆1959年版。

［德］黑格尔：《哲学史讲演录》第4卷，贺麟、王太庆译，商务印书馆1978年版。

［德］黑格尔：《法哲学原理》，范扬、张企泰译，商务印书馆1961年版。

［德］黑格尔：《法哲学原理》，邓安庆译，人民出版社2017年版。

［德］黑格尔：《宗教哲学讲演录》Ⅰ，燕宏远、张国良译，人民出版社2015年版。

［德］黑格尔：《宗教哲学讲演录》Ⅱ，燕宏远、张松、郭成译，人民出版社2015年版。

［德］里夏德·克朗纳：《论康德与黑格尔》，关子尹译，同济大学出版社2004年版。

［德］莉塔·古金斯基：《与黑格尔同在的夜晚》，林敏雅译，（台北）玉山社出版事业股份有限公司2009年版。

［德］雅斯贝尔斯：《历史的起源与目标》，魏楚雄、俞新天译，华夏出版社1989年版。

［德］特奥多·阿多尔诺：《否定的辩证法》，张峰译，重庆出版社1993年版。

［德］特奥多·阿多尔诺：《黑格尔三论》，谢永康译，上海人民出版社2020年版。

刘小枫选编：《施米特与政治法学》，上海三联书店2002年版。

［德］卡尔·施密特：《政治的浪漫派》，冯克利、刘锋译，上海人民出版社2004年版。

［德］路德维希·费尔巴哈：《费尔巴哈哲学史著作选》，涂纪亮译，商务印书馆1978年版。

［德］米勒：《另一个国度》，马俊、谢青译，新星出版社2008年版。

［德］霍克海默、阿多尔诺：《启蒙辩证法》，洪佩郁、蔺月峰译，重庆出版社1990年版。

［德］A. 施莱格尔：《启蒙运动批判》，载孙凤城编选《德国浪漫主义作品选》，人民文学出版社1997年版。

［德］阿尔布莱希特·维尔默：《论现代与后现代的辩证法：遵循阿多诺的理性批判》，钦文译，商务印书馆2003年版。

［德］库诺·菲舍尔：《青年黑格尔的哲学思想》，张世英译，吉林人民出版社1983年版。

［德］查尔斯·泰勒：《黑格尔》，张国清、朱进东译，译林出版社2009年版。

［德］卡尔·洛维特：《从黑格尔到尼采：19世纪思维中的革命性决裂》，李秋零译，生活·读书·新知三联书店2006年版。

［法］安托瓦纳·贡巴尼翁：《反现代派：从约瑟夫·德·迈斯特到罗兰·巴特》，郭宏安译，生活·读书·新知三联书店2009年版。

［美］列奥·施特劳斯：《斯宾诺莎的宗教批判》，李永晶译，华夏出版社2013年版。

［美］列奥·施特劳斯：《自然权利与历史》，彭刚译，生活·读书·新知三联书店2016年版。

［美］特里·平卡德：《黑格尔传》，朱进东、朱天幸译，商务印书馆2015年版。

［美］大卫·雷·格里芬编：《后现代精神》，王成兵译，中央编译出版社1998年版。

［美］罗尔斯：《道德哲学史讲义》，张国清译，上海三联书店2002年版。

［美］克雷格·B. 马塔雷斯：《从黑格尔出发》，陈明瑶、叶卫挺译，黑龙江教育出版社2017年版。

［美］利文斯顿：《现代基督教思想》上卷，何光沪、高师宁译，译林出版社2014年版。

［美］布尔克：《西方伦理学史》，黄慰愿译，华东师范大学出版社2016年版。

［英］霍布斯：《利维坦》，黎思复、黎廷弼译，商务印书馆1983年版。

［英］开尔德：《黑格尔》，贺麟译，上海人民出版社2012年版

［英］阿利斯特·E. 麦格拉思：《基督教概论》，孙毅、马树林、李洪昌译，上海人民出版社2013年版。

［匈］卢卡奇：《青年黑格尔》，王玖兴译，商务出版社1963年版。

薛华：《黑格尔、哈贝马斯与自由意识》，中国法制出版社2008年版。

赵敦华：《基督教哲学1500年》，人民出版社2007年版。

郭湛：《主体性哲学》，中国人民大学出版社2011年版。

邓晓芒：《德国古典哲学讲演录》，湖南教育出版社2010年版。

邓晓芒：《康德哲学讲演录》，广西师范大学出版社2006年版。

赵林：《黑格尔的宗教哲学》，武汉大学出版2005年版。

张慎：《西方哲学史》第6卷（学术版），凤凰出版社、江苏人民出版社2005年版。

傅永军：《绝对视域中的康德宗教哲学》，社会科学文献出版社2015年版。

贺来：《"主体性"的当代哲学视域》，北京师范大学出版社2013年版。

李鹏程：《信仰与革命——对19世纪上半叶德意志精神世俗化历史的理论考察》，人民出版社1993年版。

叔贵峰：《青年黑格尔派宗教批判的逻辑演进》，人民出版社2014年版。

朱学平：《古典与现代的冲突与融合——青年黑格尔思想的形成与演进》，湖南教育出版社2010年版。

张广智：《世界文化史》古代卷，浙江人民出版社2000年版。

长河：《黑格尔宗教哲学初探文集》，学林出版社1989年版。

陈士聪：《黑格尔早期辩证法思想》，人民出版社2020年版。

陈果：《寻找通往真理之路——青年黑格尔基督教宗教思想发展》，博士学位论文，复旦大学，2008年。

二 主要外文著作

Immanuel Kant, *Critique of Pure Reason*, Edit. and Trans by Paul Guyer and Allen W. Wood, Cambridge: Cambridge University Press, 1998.

Immanuel Kant, *Critique of Practical Reason*, Trans by Lewis W. Beck, Upper Saddle River, NJ: Library of Liberal Arts, Prentice – Hall, 1993.

Immanuel Kant, "Religion Within the Boundaries of Mere Reason", Trans by G. Di Giovani, in Immanuel Kant, *Religion and Rational Theology*, Edit by A. W. Wood and G. Di Giovani, Cambridge: Cambridge University Press, 1996.

Immanuel Kant, *Herausgegeben von Wilhelm Weischedel*, Band 9, Wissenschaft liche Buchgesellschaft, Darmstadt, 1968.

Hegel, *Early Theological Writings*, Trans by T. M. Knox, Chicago: University of Chicago Press, 1948.

Hegel, *The Difference Between Fichte's and Schelling's System of Philosophy*, Trans by H. S. Harris and Walter Cerf, Albany: State University of New York Press, 1977.

Hegel, *Faith and Knowledge*, Trans by Walter Cerf and H. S. Harris, Albany: State University of New York Press, 1977.

Hegel, Lectures on the Philosophy of Religion, *Vol. 1*, Edit by P. C. Hodgson, Trans by R. F. Brown, P. C. Hodgson, and J. M. Stewart, Oxford: Oxford University Press, 2005.

Hegel, Lectures on the History of Philosophy, *Hoffmeister's Edition*, The Hague: Martinus Nijhoff, 1974.

Hegel, Encyclopedia Logic, *Trans by T. F. Geraets, W. A. Suchting, and H. S. Harris*, Indianapolis: Hackett Publishing, 1991.

Hegel, Lectures on the Proofs for the Existence of God, *Trans by P. C. Hodgson*, Oxford: Oxford University Press, 2007.

Hegel, Science of Logic, *Trans by A. V. Miller*, London: Allen &

Unwin, 1969.

Hegel, Philosophy of Right, *Trans by H. B. Nisbet*, *Cambridge*: *Cambridge University Press*, 1991.

Charles Taylor, Hegel, *Cambridge*: *Cambridge University Press*, 1975.

Charles Taylor, Hegel and Modern Society, *Cambridge*: *Cambridge University Press*, 1979,

Dieter Henrich, Die Grundstruktur der Modernen Philosophie, *Stuttgart*: *philipp Reclam jun*, 1982.

Dieter Henrich, Hegel im Kontext, *Suhrkamp Verlag Frankfurt am Main*, 2010.

Egan Matthew Paul, The Apotheosis of a Human Ideal: the Young Hegel's Conception of the Absolute, *San Diego*: *University of California*, 2008.

Emil L. Fackenheim, The Religious Dimension in Hegel's Thought, *Boston*: *Beacon Press*, 1970.

Emil L. Fackenheim, The Religious Dimension in Hegel's Thought, *Boston*: *Beacon Press*, 1970.

F. W. J. Schelling, Schellings Werke, *Edit by Manfred Schröter*, *München*: *Becke*, 1965.

György Lukács, The Young Hegel, *Trans by R. Livingstone*, *London*: *Merlin Press*, 1975.

Hyppolite, Studies on Marx and Hegel, *Trans by John O'Neill*, *London*: *Heinemann*, 1969.

Harris, Hegel's Development: Toward the Sunlight, 1770 – 1801, *Oxford*: *Clarendon Press*, 1972.

John N. Findlay, Hegel: A Re – examination, *New York*: *Oxford University Press*, 1958.

Joseph McCarney, Hegel: On History, London: Routledge, 2000.

Judith N. Shklar, Freedom and Independence: A Study of the Political Ideas of Hegel's Phenomenology of Mind, Cambridge: Cambridge University Press, 1976.

Jürgen Habermas, The Inclusion of the Other: Studies in Political Theory, Edity by Ciaran Cronin and Pablo De Greiff, Cambridge: MIT Press, 1998.

Karl Heinz Bohrer, Die Kritikder Romantik, Frankfurtam Main: Suhrkamp Verlag, 1989.

Jahrhundert Karl Barth, From Rousseau to Ritschl, being the Translation of Eleven Chapters of Die Protestantische Theologie im 19, Trans by Brian Cozens, London: SCM Press, 1959.

Martin Heidegger, Gesamtausgabe, Bd68: Hegel, Frankfary am Main: Vittorio Klostermann Gmbh, 1993.

Martin Heidegger, What is a Thing, Trans by W. B. Barton & V. Deutsch, Indiana: Gateway Editions Ltd., 1967.

Herbert Marcuse, Reason and Revolution: Hegel and the Rise of Social Theory, London: Routledge and Keagan Paul, 1967.

Michael Fox, The Accessible Hegel, Amherst, MA: Humanity Books, 2005.

Paul Tillich, The Courage To Be, Glasgow: Collins, 1962.

Quentin Lauer, A Reading of Hegel's Phenomenology of Spirit, New York: Fordham University Press, 1993.

Quentin Lauer, Essays on Hegelian Dialectic, New York: Fordham University Press, 1977.

Quentin Lauer, Hegel's Idea of Philosophy, New York: Fordham University Press, 1983.

Richard Norman, Hegel's Phenomenology: A Philosophical Introduction, London: Sussex University Press, 1976.

Raymond Keith Williamson, Introduction to Hegel's Philosophy of Religion SUNY Series in Hegelian Studies, State University of New York Press, 1984.

R. Langthaier, Kants Ethik als System der Zwecke, De Gruyter Press, 1991.

Robert B. Pippin, Hegel's Idealism: The Satisfactions of Self-Consciousness, New York: Cambridge University Press, 1989.

Robert Stern, Hegel and the Phenomenology of Spirit, London: Routledge, 2002.

Robert C. Solomon, In the Spirit of Hegel: A Study of G. W. F. Hegel's Phenomenology of Spirit, New York: Oxford University Press, 1983.

Theodor W. Adorno, Minima Moralia: Reflections from Damaged Life, Trans by E. F. N. Jephcott, New Left Books, 1974.

Thomas A. Lewis, Religion, Modernity, and Politics in Hegel, New York: Oxford University Press, 2011.

Timothy C. Luther, Hegel's Critique of Modernity: Reconciling Individual Freedom and the Community, Lanham, MD: Lexington books, 2009.

Warren E. Steinkraus, New Studies in Hegel's Philosophy, New York: Holt, Rinehart & Winston, 1971.

三 主要参考论文

梁志学:《关于黑格尔〈宗教哲学手稿〉》,《世界哲学》2011年第5期。

俞吾金:《略论新黑格尔主义的非理性化倾向》,《江淮论坛》1985年第3期。

张一兵:《反人类中心主义:工具理性与市场逻辑批判——〈启蒙辩证

法〉中的一条逻辑主线》，《求是学刊》2000 年第 5 期。

韩庆祥：《现代性的本质、矛盾及其时空分析》，《中国社会科学》2016 年第 2 期。

张汝伦：《西方现代性与哲学的危机》，《中国社会科学》2018 年第 5 期。

赵林：《神秘主义与理性的双重扬弃》，《天津社会科学》2003 年第 5 期。

吴晓明：《论马克思对现代性的双重批判》，《学术月刊》2006 年第 2 期。

吕大吉、魏琪：《试论宗教与哲学的关系》，《世界宗教研究》2005 年第 2 期。

刘森林：《启蒙主义、浪漫主义与唯物史观》，《南京大学学报》2010 年第 3 期。

章忠民：《"上帝之死"与黑格尔的"哀怨意识"》，《复旦学报》（社会科学版）2013 年第 1 期。

胡海波：《中国精神的实践本性与文化传统》，《哲学研究》2015 年第 12 期。

庞立生：《历史唯物主义与精神生活的现代性处境》，《哲学研究》2012 年第 2 期。

庞立生：《历史唯物主义怎样照亮现代精神生活》，《吉林大学社会科学学报》2020 年第 4 期。

刘同舫：《启蒙理性及现代性：马克思的批判性重构》，《中国社会科学》2015 年第 2 期。

王晓升：《黑格尔与法兰克福学派的现代性批判理论》，《社会科学战线》2019 年第 1 期。

萧诗美：《论黑格尔辩证法的基督教神学起源——从"爱的宗教"到

"爱的哲学"》,《湖北大学学报》(哲学社会科学版) 2019 年第 3 期。

孙向晨:《黑格尔论国家与宗教——〈法哲学原理〉第 270 节附释解读》,《学术月刊》2019 年第 4 期。

李鹏程:《论黑格尔宗教哲学的形而上学建构》,《云南大学学报》(社会科学版) 2002 年第 2 期。

潘斌:《黑格尔自我意识的辩证进路及其批判》,《贵州大学学报》(社会科学版) 2020 年第 5 期。

李成龙、李晓东:《论黑格尔哲学及其宗教观》,《理论观察》2019 年第 3 期。

洪楼:《论黑格尔宗教哲学视域中的政教关系》,《求是学刊》2018 年第 5 期。

包大为:《宗教在黑格尔法哲学体系中的启蒙特质与发展理路》,《北京社会科学》2018 年第 8 期。

尹曦雯、王晓东:《黑格尔理性宗教观论析》,《学习与探索》2018 年第 4 期。

张云凯:《黑格尔论宗教与政治的关系》,《基督教学术》2017 年第 2 期。

赵浩:《道德之后：道德通向宗教的康德式与黑格尔式》,《东南大学学报》(哲学社会科学版) 2017 年第 6 期。

陈士聪:《从"基督之爱"到"理性之爱"——论黑格尔"理性"思想之宗教起源》,《西南大学学报》(社会科学版) 2016 年第 6 期。

陈士聪:《从"绝对的神"到"绝对精神"——论黑格尔思想的起源之谜》,《海南大学学报》(人文社会科学版) 2015 年第 4 期。

陈士聪:《论资本的"自否定"逻辑——从〈逻辑学〉到〈资本论〉》,《理论月刊》2018 年第 5 期。

Birchall B. C., "Hegel's Critique of Religion", *Man and World*, *Vol.* 13,

Mar., 1980.

Dieter Henrich, "Hegel and Höderlin", Idealistic Studies, Vol. 2, Iss. 2, May, 1972.

Edward Black, "Religion and Philosophy in Hegel's Philosophy of Religion", The Monist, Vol. 60, Iss., 2, Apr, 1977.

Ormiston Alice, "The Spirit of Christianity and Its Fate: Towards a Reconsideration of the Role of Love in Hegel", Canadian Journal of Political Science, Vol. 35, No. 3, Sep., 2002.

Paul Redding, "Hegel's Philosophy of Religion", in Nineteenth-Century Philosophy of Religion: The History of Western Philosophy of Religion, Vol. 4, 2009.

Wayne P. Pomerleau, "The Accession and Dismissal of an Upstart Handmaid", The Monist, Vol. 60, Iss., 2, Apr, 1977.

后　　记

本书的前期研究基础是我的国家社科基金青年项目"现代性视域下黑格尔宗教批判思想研究"的结项成果。由于结项成果涉及宗教信仰等敏感话题，在中国社会科学出版社杨晓芳老师的指导与建议下，本书在结项成果的基础上做了大幅的修改，形成了现在的文本。

黑格尔现代性批判思想研究是我读博士研究生以后到今天为止一直在思考和关注的一个问题。毕竟对现代性的反思和批判是每一个处于现代性中的"现代人"都需要一直面对的问题。在研究这个问题的过程中，本书受到了我的博士生导师王天成教授、博士后导师胡海波教授以及学部学术带头人庞立生教授的悉心指导；在写作本书的过程中，汲取多位老师的中肯建议和意见；在出版本书的过程中，本书得到了学部和学院的经费支持，以及各位老师的耐心帮助。可以说，学部和学院良好而温馨的学术氛围和工作氛围是我可以安心研究、写作、出版本书的重要基础。在此，我郑重感谢学部和学院的领导与老师们。另外，我还要感谢我的研究生郭雨瑶、杨晓春和闫慧勇为本书的修改完善所做的细致工作。中国社会科学出版社杨晓芳老师从出版立项、审稿校对到最终编辑出版等各个环节做了大量细致而耗费精力的工作，在此也表示深挚的感谢。

最后感谢我的妻子孙孝玉女士和我的女儿陈元尧，感谢她们的陪伴与支持。

2022 年 10 月 21 日于长春